奈良女子大学叢書 7

歴史学の感性

西谷地晴美・西村さとみ・田中希生 編

敬文舎

奈良女子大学叢書 7

歴史学の感性

西谷地晴美・
西村さとみ・
田中希生 編

敬文舎

装幀・デザイン　姥谷 英子
図版作成　蓬生 雄司
編集　阿部 いづみ

カバー写真
王塚古墳内部 復元模写(日下八光 画)部分
国立歴史民俗博物館所蔵

目次

第二部

ことばと思想――113

第三部

近代のゆくえ

第四部

自然史的転回 283

まえがき

私たちはどこへ向かって歩いているのだろうか。

私たちと同じ現生人類が地球上に登場したのは、今からおよそ二〇万年前のアフリカ東部ないし東南部とみられている。氷床コア分析から得られた気温代替データによれば、当時は比較的暖かな間氷期だったが、大きな気候変動期でもあり、その後しばらくすると、地球は長期にわたる寒冷な氷期に入っていく。私たちと同じ能力を有した当時の現生人類は、基本的にはその間ずっと、食料獲得条件のよいアフリカの地で狩猟採集の生活を続けていたと思われる。

地球にはその後、一三万～一一万五〇〇〇年前に、エーミアン間氷期と呼ばれる気温上昇期が訪れたが、このときに現生人類が農耕牧畜を開始した形跡はない。このエーミアン間氷期の気温推移グラフは、氷期のなかでもっとも低い気温レベルから温暖期の頂点まで気温が一気に上昇したのち、すぐに次の氷期めがけて急激に気温が下降していくという、先のとがった割れたガラス、あるいは削りすぎた鉛筆の先端のような形をしている。私たちと同じ知能しかもたない当時の現生人類が、このような厳しい気候変動期に文明を立ち上げることはできなかった。

エーミアン間氷期が終わると、地球はまた長期にわたる寒冷な氷期に入っていく。その途中の七万五〇〇〇～七万年前に、スマトラ島のトバ火山が驚異的な大噴火を起こした。この火山から噴き上がる信じがたい量の火山灰と火山性ガスによって地球は急激に寒冷化し、人類の存続そのものが脅かされる厳しい事態が発生したとみられている。しかし現生人類はその危機を生き延びると、その後に到来する氷期の気候激変期のなかでユーラシア大陸への進出を続けていった。人類が温暖な間氷期を迎えたのは、今から一万二〇〇〇年前であり、狩猟採集から農耕牧畜への転換がはじまっていく。

このように現生人類は、一九万年の長きにわたって狩猟採集の生活を送ってきた。その期間のほとんどが、地球レベルでいえば厳しい気候変動期だった。私たちと同様にことばを操り会話ができる彼らは、日の出から日没まで大自然のなかで活動しながら、あるいは闇夜を照らす月や満天の星空を見上げながら、日々なにを思い、なにに感動し、友人たちとどんな会話をしていたのだろうか。文字史料が残ってさえいれば、ぜひとも解明したいところだが、しょせんは見果てぬ夢である。

およそ七〇〇〇年前に気候が奇跡的に安定すると、世界各地で農耕牧畜を基盤とする新しい社会が次々に立ち上がり、文字が発明され、国家がつくられていった。日本列島では、およそ三〇〇〇年前に北九州に水田稲作が伝えられたが、日本列島の情報が中国の文献に残りはじめるのは、今から二〇〇〇年前からである。現生人類が地球上で活動してきた期間が仮に二〇万年だとすると、日本史学が対象としえる過去二〇〇〇年間の歴史は、そのわずか一％にすぎない。世界に目を転じても、その時間は数％に延びるだけだ。

文字が使われはじめ、国家が運営される段階になると、社会の構造は一挙に複雑化していく。近代歴史学は、この複雑さを増していく社会の変化を研究対象に据えてきた。自分たちの複雑化した社会を歴史の到達点とみなし、それを基準として過去数千年の歴史を評価するという近代歴史学の学問的構えは、日本史学にも大きな影響をもたらし、研究が進展した現在では、日本の歴史は古代から現代へ至る一つの発展的ストーリーに収斂《しゅうれん》している。

しかし、今の社会を歴史の頂点に据えたり、理想的未来社会の前段階に置き直したりする近代歴史学の発想が十全でないことは、すでに明らかである。そもそも近代歴史学は、前述した現生人類の歴史を知らず、人類を生物進化度の違いとしての「人種」に分類し優劣をつけるという近代的誤謬《ごびゅう》に立脚していた。氷床コア分析や人のＤＮＡ分析によってそれが科学的に是正されはじめるのは、一九八〇年代以降にすぎない。

だから私たちには、歴史学が対象としてきたこの数千年という時間、現生人類にとってのわずかな時間がもつもう一つの意味の追究が重要になる。複雑化していく社会が生み出す一つひとつの出来事が、現生人類の長大な歩みのなかでは驚愕《きょうがく》すべき事象である点を再認識しなければならない。そのためには、歴史は驚きに満ちているという、いつのまにかどこかに置き忘れてしまった感覚を取り戻す必要があるだろう。

私たちは、過去数千年の歴史を、現在に至る道を選び取っていく時間の積み重ねとしてだけではなく、驚くべき事態が連続する時間としても感じ取れる感性を、すなわち学問における本質的な感性をもち続けたいと思う。そうすれば、歴史は再び問いの宝庫に転生するだろうし、ひいては地球に人類が存在している意味と私たちの進むべき方向を、より深く知ることもできるようになるだろう。

本書には、奈良女子大学日本史グループの若手研究者の論考を収録した。論点は多岐にわたるが、歴史に対する鋭敏な感性を読み取っていただければ幸いである。

西谷地　晴美

第一部

心とかたち

心とかたち。歴史学のなかにそれらのことばをおくのは、不協和音を奏でるようなものであろうか。一〇世紀頃から残りはじめる仮名文には、「心」や「かたち」が散見される。ひとたび書かれてしまえば、時とともにそれは当然のことと受けとめられていく。しかし、それまで語られなかったことがことばにされ、書き綴られた。その歴史的な出来事への驚きを忘れてはなるまい。

『古今和歌集』の編者のひとりである紀貫之は、その序に、人は「心に思ふ事を、見るもの、聞くものに付けて言ひ出」す存在であると述べた。また『土佐日記』においては、誰しもがもつ、その「心」が、身分の差を、さらに国の境を越えて人びとを等しく結び合わせることを語っている。

その一方で、目に映るのは表出された「心」であるかのように、人の「かたち」が描かれるようになった。人は容貌や装束により描き分けられ、また相互に関係づけられた。まさしく人間模様が、草創期の仮名文に彩りを添えていたのである。

ところで、「古の世」の君主が「歌を奉ら」せて「心々を見」、「賢し、愚かなり」と判断していたかは疑わしい。しかし、『古今和歌集』にそう謳《うた》われた時期には、君主もまた不完全な人であるとされ、臣下の意見を聞き、人の心を慮ることが求められていた。

こうした君主観の変容は、当然ながら、さまざまな社会関係のありように作用する。おのおの異なる「かたち」と、その多様性を越えて同じ「心」をもちうる人びとが語られはじめた時代は、社会関係の転換の時代でもあった。人の感覚、感情への着目と新たな関係の構築は不可分であったはずである。

平安中期は、これまで政治、経済的関係の変化をふまえ、古代から中世への転換期とみなされてきた。いわゆる文学として語られた人間観の変容からみる転換は、そうした時代認識とどのように関わり、またそれをどう問い直すものとなるのか。

文学作品に歴史をみることは、作品を創造し享受する人びとを、作品を離れて分析することではなく、作品のなかに史実を見いだすことでもない。新たな文字や文体、内容をもつ作品に結実した時代を、歴史のなかでとらえることである。

（西村 さとみ）

第一章

詩・申文・物語

――平安期の漢文学と仮名文学

長田　明日華

はじめに

平安時代中頃、新たに仮名を用いた文学作品が書かれるようになった。筆者はこれまで『うつほ物語』に、人が日常的に話し、その内容を仮名で一字一句書きだすことのできることばによって、あらゆる人びとが共感する社会が象徴的に表現されていることを論じた。当時、皇族・貴族といった知識のある身分の高い人びとは漢字を用いることで意思疎通が可能であったものの、そのような統治者層に限らず、身分の低い人びとを含めた共感がこの時期に必要とされるようになり、誰もが語られている内容を理解でき、あまねく共感をもたらす言語として仮名がとらえ直されたのである。そのため、『うつほ物語』から読み取れた思想はこの作品に固有の論理ではなく、人びとが身分を問わず内容を理解できる仮名のことばによって共感が成り立つという意識を前提に、新たな秩序関係をつくりだしていこうとする時代の要請であると考えている[*1]。

このような思想を内包する仮名文学が書かれはじめる一方で、その前後には多くの詩文もつくられている。たとえば、九世紀前半は嵯峨天皇のもとで『凌雲集』や『文華秀麗集』、淳和天皇のもとで『経国集』という勅撰漢詩集が次々と編纂された。また、一一世紀中頃には弘仁期（嵯峨朝）から長元期（後一条朝）に至るまでの約二〇〇年間の詩文を集めた『本朝文粋』が成立した。では、これらの漢文学には、いったいどのような思想が表現されているのであろうか。仮名文学から読み取れた、言語による身分を問わない共感を求める思想とは関わりのないものであったのか。

かつては、九世紀を頂点とする「唐風文化」から、遣唐使の停止を契機として一〇世紀に「国風文化」が形成されたという理解のもと、漢文学と仮名文学はそれぞれ「唐風」（「漢」）と「国風」（「和」）を象徴するものとしてとらえられてきた。しかし、近年西本昌弘氏が指摘するように、中国の文化や政治制度の移入は七世紀から段階的になされていたため九世紀のみを「唐風文化」と称するのは厳密性を欠くことや、九～一一世紀をとおして東アジア諸国との交流があり鎖国のような状況で「国風文化」が形成されたわけではないことから、現在、「唐風文化」から「国風文化」へという図式を相対化しようとする流れにある。[*2] 多くの先行研究でこの時期の文化現象に「漢」と「和」の要素が両方ともに存在することが強調され、氏が述べるように「『漢』の要素を重視すべきか、『和』の要素を重視すべきかによって、大きく議論が分かれている」[*3]という状況にあるといえよう。[*4]

しかしながら、「漢」と「和」を切り離してそれぞれの要素をとらえることが議論の前提となっているがゆえに、そのことが「唐風文化」と「国風文化」の枠組みをかえって強固にしているのではなかろうか。漢字・仮名を問わず文学作品が多くつくられているという現象の根底に、それぞれどのような思想があるのかという問題は、両者の相違を議論の前提とする研究状況において、ほとんど顧みられていないように思われる。

ただし、新たに書かれはじめた仮名文学に人びとが身分を問わず共感する社会が表現されている以上、同時期に書かれた漢文学においても、それに通じる思想があらわれていても不思議ではない。また、漢文学は仮名文学の成立にかかわらず、かねてより必要とされ続けていたことからも、まずは漢文学にどのような思想が表現されているのか、そこに思想の変化は認められるのかを見据える必要がある。そのうえで、仮名文学にあらわれていた時代の要請と関わるものであったのかを検討することが、これまで「漢」と「和」の要素とみなされてきた現象の関係を問い直す緒となるのではなかろうか。

本章では、従来「唐風文化」とみなされてきた九世紀前半の漢文学にどのような思想が内在し、仮名文学が成立する「国風文化」の形成期とされる時期にかけて変化がみられるのかを問う。その思想が仮名文学から読み取れた時代の要請と関わっていたのかを検討することによって、なぜ漢字・仮名を問わず多くの文学作品がこの時代に生みだされたのか、それはどのような時代を象徴する歴史的な出来事であるのかを探ってみたい。

九世紀における詩の思想

勅撰漢詩集の「君臣唱和」

九世紀前半は、嵯峨天皇のもとで重陽宴や内宴が催され、多くの詩が詠まれていた。この時期に次々と編纂された勅撰漢詩集にはそれぞれ個性があるものの、君主から臣下に与えられ、それに対して臣下がこたえる「君臣唱和」の詩群が多いという共通の特徴がある。そのため、「君臣唱和」の詩がどのような意識のもとで詠まれているのかを検討することが、この時期の詩に対する思想の一端を明らかにする手がかりとなるであろう。そこで、とりわけ「君臣唱和」の特徴がうかがえる、弘仁九年（八一八）に編纂された『文華秀麗集』の作品を取りあげたい。

代㆓神泉古松㆒傷㆑哀歌一首　御製

昔従凡木殖上林　昔凡木を上林に殖ゑし従り

過却風霜年幾深　風霜を過却し年幾ばくか深き

帝者愛貞賜恩顧　帝は貞を愛で恩顧を賜ひ

水亭忽構頻近臨　水亭忽ちに構へ頻りに近臨したまふ

本森沈　今顦顇　本は森沈なり　今は顦顇す

長条縮折乏蒼翠　長条縮折蒼翠に乏し
不是辞栄好寂寞　是れ栄を辞り寂寞を好むにはあらず
還愁稟質抱幽志　還りて愁ふ稟質幽志を抱けることを

奉レ和下代二神泉古松一傷レ哀歌上一首　仲雄王
孤松盤屈薜蘿枝　孤松盤屈す薜蘿の枝
貞節苦寒霜雪知　貞節を苦寒の霜雪に知る
御琴台　廻仙躅　琴台に御し仙躅を廻らす
風入颼飀添清曲　風入りて颼飀清曲を添ふ
森翠宜看軒月陰　森翠宜しく看るべし軒月の陰
還羞不材近天臨　還りて羞づ不材天臨に近きことを
自然色衰無他故　自然に色の衰ふるは他し故無し
不敢幽懐負恩顧　敢へて幽懐恩顧に負かじ[*5]

神泉苑の松が衰えたことをいたむ嵯峨天皇と、それにこたえる仲雄《なかお》王《おう》の詩である。まず、嵯峨天皇の詩は次のような内容である。むかし平凡な木々を天皇の御苑に植えてから、風や露霜をしのいで長いあいだ過ごしてきた。天皇である自分は、松の常緑で変わらない貞節を愛し、恩顧を与え、御苑の水際に東屋をまたたく間に構えて、頻《しき》りに松の近くに出御する。もともとはこんもりと繁茂していたが、今ではやせ衰えている。

長い枝は折れて縮み、青々とした色は乏しい。これは、名誉を辞退して孤高を保っていることを好んでいるわけではない。かえって、生まれつき奥深い志を抱いているのを愁えているのである、という。ここでは、冬になっても常緑であるという特徴をもち、さらに長い年月を経てやせ衰えた松に、変わらず君主に尽くし続けようとする貞節な臣下の姿が重ね合わされている。そのような臣下に恩顧を与える君主の姿が詠われているのである。

それに対して、仲雄王の詩の内容は以下の通りである。一本松が屈曲し、蔦葛の枝が垂れさがっている。松の貞節を苦寒の霜や雪の時に知る。琴を載せる台に帝が出御し、松を眺める。風が松に吹き入り音を立て、美しい調べを添える。茂った松の緑を軒にかかる月によって眺めるのがよい。しかし、かえって役に立たない不材の身でありながら、天皇の目にとまることを恥じる。自然に松の緑色が衰えあせるのは、ほかに理由があるわけではない。あえて松の奥深い心が天皇の恩顧にそむくまいとするのみである、という。先の嵯峨天皇の詩を受けて古松に貞節な臣下を仮託し、役に立たない身でありながら天皇に目をかけてもらえることを恥じつつも、恩顧にこたえようとする姿勢が詠まれている。

以上の「君臣唱和」詩には、君主が臣下に恩顧を与え、臣下が君主に貞節を尽くすという、君臣の思いが通じ合う理想的な関係の成り立つさまが表現されている。このような詩が詠まれる前提には、詩によって君臣の思いが一致し、調和が成り立つという意識があったと考えられる。言語を用いて思いを通じ合わせることができるという意識をもとに、共通することばを用いつつ理想的な君臣関係をあらわす詩が詠まれていたといえよう。

菅原道真の詩序

前項では、九世紀前半の「君臣唱和」詩が、お互いの思いの通じ合う君臣関係を前提に詠まれていることを確認した。同様の詩が多く収められた勅撰漢詩集以降も宮廷での詩宴は催されており、引き続き詩によって表現される理想的な君臣関係が必要とされていたと考えられる。しかし、九世紀後半の宇多天皇のもとで詠まれた詩をみると、これまでの君臣関係のあり方にとどまらない意識がうかがえる。本項では、そのことが特徴的に読み取れる菅原道真の詩序を取り上げ、どのような意識の変化がみられるのかを検討したい。

春惜二桜花一応レ製一首　幷レ序
承和之代、清涼殿東二三歩、有二一桜樹一。樹老代亦変。代変樹遂枯。先皇馭暦之初、事皆法二則承和一。特詔下知レ種レ樹者上、移二山木一、備二庭実一。移得之後、十有余年、枝葉惟新、根荄如レ旧。我君毎レ遇二春日一、毎レ及二花時一、惜二紅艶一以叙二叡情一、翫二薫香一以廻二恩盻一。此花之遇二此時一也、紅艶与二薫香一而已。夫勁節可レ愛、貞心可レ憐。花北有二五粒松一、雖レ小不レ失二勁節一。花南有二数竿竹一、雖レ細能守二貞心一。人皆見レ花、不レ見二松竹一。臣願我君兼惜二松竹一云爾。謹序。[*6]

この詩序は、寛平七年（八九五）二月の公宴でつくられたと推測される。[*7] 仁明天皇の御代、清涼殿の東に桜の一樹があった。樹は老い、宇多天皇の御代に代替わりしてついに枯れた。先代の光孝天皇の治世の初めは、何事も承和を模範としていた。とくに樹を植えていることを知る者に命じて、山の樹木を移して庭先に並べる。移したあとの一〇数年で枝葉は新たに生え、幹や根はもとのようになった。我が君が春の日に遇い、花の時に及ぶごとに、赤く美しい花を惜しむ情を述べ、薫香を愛で、恩顧を廻らせる。この桜がこの春の時にあってひたすら天皇の愛顧を蒙《こうむ》るのは、美しい色とすばらしい香りのみによる。かたい節操を愛顧し、貞節な心を憐れむべきである。花の北に常緑の五葉松があり、小さいとはいってもかたい節操を失わない。花の南に数本の竹があり、細くなっているとはいってもよく貞心を守っている。人は花にばかり注目して松竹を顧みないものであるが、天皇が松竹を惜しむことを願う、という序文である。

桜の花を惜しむ宴の詩序であるにもかかわらず、前節でみた松に加え竹が貞節な臣下をあらわしており、君主がそのような臣下にきちんと目を向けるべきであることを述べている。[*8] 先にみた嵯峨天皇のもとでの「君臣唱和」詩は、君主が臣下に恩顧を与え、臣下が君主に貞節を尽くすという理想的な関係が成り立つさまが表現されていた。しかし、ここでは貞節を尽くしているにもかかわらず、君主に目をかけてもらえない臣下の存在が道真によって示唆されている。君臣の理想的な関係が容易に成り立つものではなく、君主が愛顧しそこねるという意識が含まれていると考えられる。[*9] ときに人びとの思いにこたえきれない君主と、それを諫言する臣下という、それまでとは異なる関係を前提につくられたといえよう。[*10]

それでは、嵯峨・宇多両天皇のもとで生まれたこれらの作品の相違は、何を意味しているのであろうか。嵯峨天皇のもとでの詩は、君主と臣下の意思疎通が滞りなくなされ、心の通い合う部分を強く意識することによって詠まれたのであろう。詩を媒介することによって成り立つ理想的な君臣関係を象徴するものとして、詩宴が機能していたと考えられる。これは、詩宴に参加する個々の人間関係や虚構の関係をあらわしていたのではなく、詩によって現実に理想的な人間関係をつくりだす試みであったのではなかろうか。[*11]

宇多天皇のもとでも多くの詩が詠まれ、詩が君臣関係をあらわすという意識は受け継がれていた。それまでと異なるのは、君主がすくいとりきれない臣下の思いもあるという、容易に人に伝わらない各々異なる思いがあることを前提として、そのうえでいかに思いの通じ合う君臣関係を成り立たせるかという模索があらわれていることである。それ以前は、君主が貞節な臣下を見逃すことはないと考えられていたため、諫言される必要はなかった。しかし、そのような関係を成り立たせることが難しいと考えられるようになり、君主からは容易にうかがい知ることのできない臣下一人ひとりの異なる心の存在を認めたうえで、君臣関係を構築する方向に変化したのではなかろうか。たとえ君主であっても臣下の思いをとらえそこねるという意識のもとで、臣下が君主に意見し、君主も臣下のことばに耳を傾けつつ君臣関係を成り立たせていくことが求められるようになったと考えられる。

では、こうした意識の変化は、その後の漢文学にどのような影響を与えているのであろうか。それは仮名文学に内在する思想と関わっていたのか。次節では、そのことが特徴的にうかがえる一〇世紀後半頃に漢字・仮名で書かれた両史料を検討し、この問題に迫ってみたい。

申文と『うつほ物語』

源順の申文

本節では、『本朝文粋』に収められ、平安時代中頃以降その数を増していくといわれる任官を請う申文のうち、源　順《みなもとのしたごう》が作成したものと、彼が作者ともいわれる『うつほ物語』の一場面を対照する[*12]。両史料は、類似する内容を含みつつも漢字と仮名それぞれの表現方法で書かれたものである。これらの史料と、前節でみた変化がどのように関わっているのかを検討する。

まずは、天元三年（九八〇）正月二三日に書かれた順の申文の一部をみていこう。和泉国の国守を務め、散位としての勤務年数を重ねたことにより、伊賀・伊勢などの国守に任じられることを申請したものである。

右、順謹案㆓延喜天暦㆒朝之故事㆒、抽㆓賞旧吏㆒、必依㆓功労次第㆒。若功労共均時、論㆓成業非成業㆒。聖風相伝、今猶如㆑彼。而順苟兼㆓三事㆒、徒過㆓九年㆒。家富則不㆑可㆑愁、就㆓農桑㆒而可㆑養㆓余命㆒、年少亦不㆑可㆑歎、忍㆓飢寒㆒而可㆑期㆓後栄㆒。当㆓于年老家貧、歎深愁切㆒、愚不㆑知㆓宿世之罪報㆒、泣猶仰㆓明時之哀憐㆒而已。望請、殊蒙㆓天恩㆒任㆓功労次第㆒、被㆑拝㆓除件国闕㆒。外弥竭㆓松柏之節㆒、内将㆑払㆓莱蕪之塵㆒。順誠惶誠恐謹言[*13]。

延喜・天暦（醍醐・村上朝）の故事を調べたところ、国司の経験者のなかからとくに優れている者を選びだして賞することは、必ず功労の順序に基づいている。もし功労が同じであれば、成業であるか否かを論じる。聖風が伝わっている今（円融朝）は、延喜・天暦期のようである。しかし、順は国守としての功績があり、散位として勤務を重ね、成業であるという三事を兼ねているにもかかわらず、いたずらに九年が過ぎてしまった。家が富んでいれば愁えなくても農耕と養蚕で余命を養えばよく、若者であれば嘆いてはならず飢寒を耐え後日の栄華を期待すればよい。しかし、私のように年老いて家が貧しく、嘆きが深くて愁いが切実である者は、自分の宿世《すくせ》の罪報であると愚かにも知らず、泣いて明時の哀憐を仰ぐ以外にない。天恩によって功労の順序に任せ、件の国守の欠員に任じられることを望み求める、という。

ここには、功労を重ね君主に尽くしてきたにもかかわらず、恩顧を得られていないことへの嘆きが表現されている。先にみた道真の詩序と共通して、思いの通じ合う理想的な君臣関係が容易に成り立たないことが前提となっている。しかし、臣下が天恩を求めてみずからの不遇な身の上を訴えていることに注目したい。貞節な臣下に目をかけていないことを道真のような臣下が諫言するばかりでなく、順のように愁いのある臣下がみずから言語化して君主に伝えなければならないという意識のもとで作成されている。君臣の思いは容易に通じ合わないと考えられるようになるなかで、臣下が君主に直接愁いを訴えることが許され、君主もそれにこたえる関係が求められるようになったと考えられる。

順は、自身の訴えの根拠を延喜・天暦二朝の故事に想定している。その時期の村上天皇には中文を尊重した説話が残されているように、君主の側にも中文に書かれた思いを重視する意識があった。*14 実際に順の経歴を確認すると、中文の提出後、能登守に任じられている。*15 中文の愁いが受け入れられ、職が与えられたということになる。臣下の思いをすくいとりつつ君臣関係を成り立たせ、それをもとに政事を行うという意識のもとで、臣下の愁いを表現する申文が多く書かれるようになったのではなかろうか。*16

藤原季英の愁い

次に、順の申文と同様の内容が確認でき、彼が作者ともいわれる『うつほ物語』祭の使巻の一場面を取り上げる。この場面では、詩宴の際に源　正頼《みなもとのまさより》に見いだされた藤原季英《ふじわらのすえふさ》（藤英《とうえい》）が、みずから身の上を語っている。藤英は、勧学院で身寄りも職もなく窮迫しているのを周囲の人びとに笑われつつもひたすら学問に励み過ごしてきたが、正頼邸で行われた詩宴でその才能が見いだされ、出世を遂げることとなる。

季英、「遣唐の大弁、南蔭の朝臣の一男として、料賜はれる文屋童に侍り。南蔭の左大弁、参議に侍りしほど、兵のために命終り、兄弟、遠く、残る屍なく滅び果てて、季英一人なむ、かれが後とて侍る。三月のあいれしゐひはする輩、一生一人なし。七歳にて入学して、今年は三十一年、それよりいくそばく、眼の抜け、臓の尽きむを期に定めて、大学の窓に光ほがらかなる朝は、眼も交はさずまぼる、光を閉ぢつる夕べは、叢の蛍を集め、冬は、雪を集へて、部屋に集へたること、年重なりぬ。しかあれど、当時の博士、あはれ浅く、貪欲深くして、料賜はりて、今年二十余年になりぬるに、一つの職当てず。兵を業として、悪を旨として、角鷹狩・漁に進める者の、昨日今日入学して、黒し赤しの悟りなきが、贖労奉るを、序を越して、季英、多くの序を過ぐしつ」と、そこばくの博士の前にて、紅の涙を流して申す。聞こし召す人、涙を流し給はぬなし。[*17]

私は遣唐使の大弁・南蔭朝臣の長男として、勧学院学問料をいただいている大学寮の学生です。南蔭の左大弁が参議であったとき、戦のため亡くなり、兄弟は遠く離れ、残る屍もなく滅び果てて、ただ季英一人が彼の子孫となっています。七歳で入学して、今年は三一歳になりますが、入学以来目が抜け、臓が尽きるのをかぎりと決めて、大学の窓に光が射している朝は、まばたきもせずむさぼるように、光の閉ざされる夕方は、草叢の蛍を集め、冬は雪を集めて、部屋に光を集めて勉強し、長い時が経ちました。しかし、当時の博士は「あはれ」が浅く、貪欲が深く、料をいただいて今年で二〇年余りになるものの、一つの職にも当ててもらえていません。武芸をなりわいとして、悪を重んじ、鷹狩りや漁ばかりしている者が、昨日今日入学して、黒いも赤いもわからないのに、官位を買うための財貨を奉ると、物事の順序を越して登用され、季英は多く追い越されてきましたと、紅の涙を流してたくさんの博士の前で申し上げると、涙を流さない人はいなかった、という。

末尾にある「聞こし召す人、涙を流し給はぬなし」は、『うつほ物語』に頻出する常套表現である。この作品が主題とする秘琴の演奏の「声」が書かれる場面に多くみられ、その場にいる身分の上中下を問わず皆が共感する際に用いられている。つまり、藤英の身の上話が、それを聞いた人びとに秘琴の演奏と同様の共感をもたらすものとして位置づけられている。ここには、人びとが身分を問わず内容を理解することのできる仮名のことばによって共感の成り立つ社会が表現されており、そのような共感をもとに秩序関係をつくりだしていこうとする時代の要請が特徴的にあらわれているのである。[*18]

さて、藤英はのちに官人登用試験の機会が与えられると合格し、正頼の後押しのもと従五位下を賜ると、大内記と東宮学士を兼任する。その後は右大弁となり、出世の道を歩むこととなった。なぜ、正頼は藤英を登用すべきと考えたのであろうか。藤英の話を聞いた正頼の主張を引用したい。

おとど、「大学の勧学院といふものは、大臣・公卿より始め奉りて、封を分け、荘を入れ、賜ばりを置きたる所なり。大学の道に、かく、贖労といふことあらむや。高家としてある正頼だに、殊にせぬことなり。皇女たちの御賜ばり、数あまたあり、みづからも、一往賜はる。かかれども、家に功ある者に賜ひて、あまるをこそ、料物奉るには賜べ。季英が申すごとくには、朝廷に仕うまつりぬべき者にこそあなれ。堪へたることなき人だに、身の沈むをば憂へとすることを。ことわりなりや。貧しきを怠りにせば、正頼こそは交じらはざらましか。魂に於きては、身の憂へある時、公私に愁へをなし、よき人も静まらず。こと叶ふ時に、はふあくの者も修まりぬるものなり*19」などのたまふ。

大学や勧学院というものは、大臣・公卿にはじまり食封《じきふ》を分け荘園の貢物を入れ、賜った禄を納めて維持しているところである。大学の道に、このような売官があってよいものであろうか。高貴な家柄であるこの正頼でさえ、特別にできないことである。我が家でも年官年爵はたくさん受けており、私自身もひと通りのものは賜っている。しかし、それらを支給する場合でも、まず家に功績のあった者たちに与え、余った分は料物を奉った者に見返りとして与えている。藤英が申したとおりであれば、朝廷に仕えるべき者である。学問に堪能でない者でさえ身の不遇を憂いとするのに、ましてや季英のような学問に優れた者が嘆くのももっともである。貧しいのをその人の宿命による過失というのであれば、私こそ世間の交じらいなどできなかったであろう。魂においては、身の憂いがあるときは公私に愁い、立派な人物でも静まらないものである。望みが叶うときには、暴悪の者でも静まるものである、という。

正頼は、学問に堪能な人が職を得られず嘆くのはもっともなことであり、望みが叶い任官すれば魂が静まり、朝廷に仕えるべき優れた人材となることを述べている。一見すると個人的な身の上話にもみえる藤英の訴えは、朝廷に仕えるべき人物が不遇であることの嘆きであり、それに対して正当性を認めていることがうかがえる。愁いは単なる個人的な感慨ではなく、人材登用という政事に関わる問題であり、愁いを聞いてきちんと評価できるということが優れた為政者として表現されている。先にみた申文と共通して、身の上を訴えることが政事の問題として位置づけられているといえよう。

さらに、申文と同内容の愁いを本人が直接口に出して訴え、話を聞いたあらゆる人びとが共感するさまが表現されていることに目を向けたい。個人的なもののようである愁いは、統治者層に聞き届けられるばかりでなく、あらゆる人びとを共感させる可能性をもつものとして位置づけられている。ここからは、さまざまに異なる思いをもつ人びとであっても、同じ思いを共有して心を通わすことができるという意識がうかがえる。しかし、これまでみてきたように、即思いの通じ合う人間関係はこの時期すでに成り立たないと考えられていた。なぜ、身の上話を聞いて共感が成り立つさまが表現されているのであろうか。

共感を成り立たせるもの

順の申文や『うつほ物語』が書かれるよりも少し遡る承平五年（九三五）頃、紀貫之によって仮名で書かれた『土佐日記』が成立した。そこには、身分を問わずに共感をもたらし、その内容を仮名で一字一句書きだせることばとして和歌が位置づけられている。[*20] 貫之の和歌観には、身分を問わず内容を理解することのできる仮名のことばに対して人びとが共感する、藤英の身の上話に通じる論理があるのではなかろうか。なぜ身の上話に人びとが共感するのかを明らかにするために、まずは和歌による共感が成り立つと考えられた理由を述べておきたい。

貫之は、延喜五年（九〇五）に醍醐天皇の勅命によって奏上されたという『古今和歌集』の仮名序を執筆している。そこからは、『土佐日記』に通底する貫之の和歌観がうかがえるであろう。冒頭の一節を引用する。

やまと歌は、人の心を種として、万の言の葉とぞ成れりける。世中に在る人、事、業、繁きものなれば、心に思ふ事を、見るもの、聞くものに付けて、言ひ出せるなり。[*21]

和歌によって共感が成り立つことを前提に読むと、人の心がことばになったものである「やまと歌」は、自己の内面をそのまま直接言いだすのではなく、「見るもの、聞くもの」という具体的な対象を媒介して詠むことによって、共感をもたらすと考えられていたことがわかる。つまり、見たり聞いたりした具体的な対象が同じであれば、それを媒介して思う心もまた同じであり、和歌によって人と人のあいだに共感が成り立つという意識が内在していると考えられる。

そのため、和歌を詠むにあたり媒介される対象は、個人的に見聞きしたものではなく、共感する範囲の人びと誰もが見聞きしたことのある過去の経験として意識されていたからこそ、皆が同じ心を共有できると考えられていたのではなかろうか。人びとが共有する過去の経験とは、実際に人びとが共同で経験したという事実ではなく、誰もが共通する歴史を経ているという意識である。そのような共感をもたらす過去を象徴する観念として、貴族たちはかつて都がおかれた「平城」を含む、自分たちの出自と関わる場所である「やまと」をとらえ直そうとしていたと考えられる。この時期はそれ以前からある「歌」を「唐」の詩に対置される「やまと歌」とみる観念が広がっていくが、[*22]「やまと」に対するこのような意識をもとに、「やまと歌」としてとらえ直されたのではなかろうか。[*23]

すなわち、無媒介では思いを通じ合わせることができないと考えられるようになるなかで、人びとの共感を成り立たせるために媒介となるものが新たに求められるようになったと考えられる。藤英の身の上話も和歌と同様に、人が日常的に話し、仮名を用いて一字一句書きだすことのできることばであり、「やまと」を媒介して言語化されれば、人びとに身分を問わず共感をもたらす可能性があると考えられていたのではなかろうか。愁いの表出は、さまざまに異なる人びとの心を個々に分散させるものではなく、共通する過去の経験という媒介があれば人びとに共感が成り立つという意識のもとで認められた多様性であったといえよう。

また、仮名のことばを用いて共感が成り立つことから、「やまと」を共有する範囲は漢字を用いて意思疎通できる統治者層に限らず、漢字の知識をもたない人びとまで含まれていた。つまり、愁いを訴える主体は、中文のような漢文を書くことのできない身分の低い人びとにまで開かれていた可能性が内包されている。臣下に限らず身分の低い人びとまで含めた多様な心の表出が求められていたために、仮名で愁いを表出する話が書かれたのである。

藤英の愁いと同内容が書かれていた申文も同様に、人びとに共通する過去を媒介して言語化すれば共感をもたらすと意識されていた可能性があるのではなかろうか。しかし、本章では申文という漢文で書かれた身の上話の共感がいかに成り立つのかを具体的に論証することは叶わなかった。それ以前からある漢文学は仮名とは異なり、漢字の知識のない身分の低い人びとには理解されないため、藤英の愁いと同様に「やまと」を媒介としていたとはいえないであろう。また、心を表出するうえで漢字・仮名の両表現方法が必要とされている以上、それぞれには異なる機能が内在していたと思われる。

この問題を考えるにあたり、延喜七年（九〇七）に唐が滅亡して以降、「唐《から》」という概念が再構成されたことに触れておきたい。「唐」は古くから変わらずに存在した意味のまま用いられ続けたのではなく、しだいに王朝名を離れて広く使用されていき、「唐詩」「唐絵」などの語が増加し、仮名文学に「唐めく」という形容句が散見されるようになるという。*24「やまと」とそれほど変わらない時期に「唐」がとらえ直されたのは、「やまと」は身分を問わない範囲に対して、「唐」は統治者層と列島外という、それぞれの範囲に共感を成り立たせる言語として仮名と漢字の関係を再編するなかで起きた出来事であったのではなかろうか。そのため、無媒介では思いを通じ合わせることが難しいと考えられるようになるなかで、媒介をおくことによって共感が成り立つという意識のもと、漢字・仮名それぞれの表現方法によって多様な心の表出が求められるようになったと推測できる。この現象の具体的な検討は他日を期すこととし、漢文学と仮名文学それぞれの範囲に共感を成り立たせる媒介が求められるようになった可能性をふまえて、「唐」と「和」の関係を問い直すことの必要性を確認しておきたい。

むすびにかえて

九世紀前半の「君臣唱和」詩は、君臣の思いが即通じ合うという意識のもとで詠まれていた。しかし、九世紀後半になると、君主であっても臣下の思いをとらえそこねるという意識があらわれ、臣下が君主に諫言する作品がつくられるようになった。さらに一〇世紀後半には、愁いのある臣下がみずから君主に身の上を訴える申文が多く書かれるようになる。人と人が即思いを通じ合わせることのできる人間関係がもはや成り立たないと考えられるようになるなかで、人それぞれ異なり他者から容易にうかがい知ることのできない心の存在を認め、それをどうにかしてすくいとろうとする意識の転換が起きていたと考えられる。

一方、同時期に仮名で書かれた物語には、申文と同内容を口に出し、それを聞いたあらゆる人びとが共感するさまが表現されていた。一見すると個人的なもののようにみえる愁いは、人びとに共感をもたらす心であり、そのような心の表出が政事に必要とされていたのである。無媒介に思いの通じ合う関係がすでに成り立たないと考えられていたにもかかわらず、物語にこのような話が書かれたのは、「やまと」を媒介して言語化すれば、それを共有する範囲に共感が成り立つと考えられるようになったためである。そのため、身の上話は「やまと」を媒介すれば身分を問わず共感が成り立つという意識のもとで認められた多様性であるといえよう。

中文の愁いも同様に、媒介をおくことによって共感が成り立つととらえられていた可能性があるが、本章で十分に検討するには至らなかった。しかし、愁いの心は漢字・仮名を問わず表現され、政事に必要とされていることからも、この時期の漢文学と仮名文学には、人びとの多様な心を認めることによって成り立つ人間関係をもとに、新たな秩序関係をつくりだしていこうとする時代の要請が通底しているのではなかろうか。そのなかで、さまざまに異なる人びとの心が漢字・仮名を用いてそれぞれ表現されたと考えられるのである。これらの問題をさらに検討することを今後の課題として、最後にそのことの歴史的意義を明らかにするにあたり注目すべき現象に触れ、むすびにかえることにしたい。

順の申文には、愁いを訴える正当性の根拠に、延喜・天暦という過去の時代が想定されていた。延喜・天暦期は日本史上長きにわたって聖代視されることとなるが、この申文は聖代観が語られた初期の事例でもある。鎌倉時代初期、天台座主慈円によって書かれた歴史書である『愚管抄』には、

寛平マデハ上古正法ノスヱトオボユ。延喜・天暦ハソノスヱ、中古ノハジメニテ、メデタクテシカモ又ケダカクモナリケリ。[*25]

とあり、延喜・天暦はそれ以前の時代とは異なる転換期としてとらえられている。人びとが容易に心を通わせることができなくなるなかで、多様な心の表出によって社会を成り立たせていこうとする意識は、一時的にあらわれたものではなく、のちの時代にかけて必要とされ続けるような価値観の転換であったのではなかろうか。そのような社会秩序が成り立っていた理想的な過去の時代として延喜・天暦期をとらえ直すなかで、聖代観が語られるようになったと考えられる。[*26] 漢文学と仮名文学に内在する時代の要請の歴史的な意味合いは、延喜・天暦聖代観をふまえてより長期的な視野でとらえ直されるべきであるといえよう。

註

＊1 長田明日華「うつほ物語の〈声〉」（『寧楽史苑』第六四号、二〇一九年）。

＊2 西本昌弘「『唐風文化』から『国風文化』へ」（大津透・桜井英治・藤井譲治・吉田裕・李成市編『岩波講座日本歴史 第五巻 古代五』岩波書店、二〇一五年）。

＊3 前掲註2「『唐風文化』から『国風文化』へ」。

＊4 たとえば、東アジア諸国との交流を重視し、開かれた文化であることを強調したものとして、早くには榎本淳一「『国風文化』と中国文化――文化移入における朝貢と貿易」（池田温編『古代を考える 唐と日本』吉川弘文館、一九九二年）があり、以降「漢」の要素を重視する研究が広がっている。最近では、河添房江「『国風文化』という幻想――最近の教科書の記述から」（『歴史評論』第八四一号、二〇二〇年）がある。また、「和」の要素を重視したものとして、吉川真司「摂関政治と国風文化」（京都大学大学院・文学研究科編『世界の中の「源氏物語」――その普遍性と現代性』臨川書店、二〇一〇年）、東アジア諸国との交流の影響を限定的にとらえて閉じた文化であることを強調する、佐藤全敏「国風とは何か」（鈴木靖民・金子修一・田中史生・李成市編『日本古代交流史入門』勉誠出版、二〇一七年）がある。

＊5 『文華秀麗集』（『日本古典文学大系 懐風藻 文華秀麗集 本朝文粋』岩波書店、一九六四年）。

＊6 『菅家文草』巻第五（『日本古典文学大系 菅家文草 菅家後集』岩波書店、一九六六年）。

＊7 「公宴、賦㆘春翫㆓桜花㆒之詩㆖」（『日本紀略』寛平七年二月某日条）。

＊8 新間一美氏は、松が「君子の徳」をあらわし、宇多天皇自身がその徳を備えるようにと道真が諫言していることを論じている（「菅原道真の『松竹』と源氏物語」『源氏物語の構想と漢詩文』和泉書院、二〇〇九年、初出二〇〇三年）。しかしながら、ここでは道真が松のような「君子の徳」を備えた人に目を向け、登用するようにと宇多天皇に勧めているという解釈が成り立つのではなかろうか。

＊9 『大和物語』第三二段には、宇多天皇が愛顧しそこねる臣下の姿が表現されている（『新編日本古典文学全集 竹取物語 伊勢物語 大和物語 平中物語』小学館、一九九四年）。

＊10 宇多天皇は「寛平御遺誡」のなかで道真について「これ鴻儒なり。また深く政事を知れり。朕選びて博士と為し、多く諫正を受けたり。よて不次に登用し、もてその功に答へつ」と述べている（『日本思想大系 古代政治社会思

想』岩波書店、一九七九年)。なお、滝川幸司氏は、勅撰三集で徹底的に天皇賛美を詠んでいたものの、宇多朝あたりから個人の表出がみえはじめ、道真が天皇賛美にとどまらない述懐を詠んでいたことをあげ、宇多朝の〈密宴〉のあり方に起因すると論じている(「応制詩の述懐――勅撰三集から菅原道真へ」『菅原道真論』塙書房、二〇一四年、初出二〇一一年)。

*11　同時期に言語や詩作について論じた空海について、谷口美樹氏は空海による真言密教への転換は「言葉による表象としての世界を真理・実在の世界として捉える価値転換」であり、空海の言語観は「人と人、人と物、物と物、それぞれの間」を「媒介」し「関係性を第一義的に成立せしめる」ものであったと論じている(「転轍機としての空海――真言密教世界へ」歴史と方法編集委員会編『歴史と方法一 日本史における公と私』青木書店、一九九六年)。

*12　一〇世紀後半頃に成立した仮名物語。全二〇巻。作者は古来源順と伝える(『紫明抄』『原中最秘抄』『仙源抄』『水源紫明抄』)が、疑う説(『河海抄』)もあり、現在まで定説をみない(松野彩「作者論」学習院大学平安文学研究会編『うつほ物語大事典』勉誠出版、二〇一三年)。

*13　『本朝文粋』巻第六「請下殊蒙二天恩一依二和泉国所レ済幷別功散位労次第一被上レ拝二任伊賀伊勢等国守闕一状」(『新訂増補 国史大系 本朝文粋 本朝続文粋』吉川弘文館、一九九九年)。

*14　天暦八年(九五四)の橘直幹申文が村上天皇の怒りをかったにもかかわらず、後年内裏炎上の際に天皇が累代の物品に加えて直幹申文の安否を尋ね、人びとに称賛される説話が『古今著聞集』巻第四(『日本古典文学大系 古今著聞集』岩波書店、一九六六年)や『十訓抄』巻第一〇(『新編日本古典文学全集 十訓抄』小学館、一九九七年)に伝えられている。

*15　『順集』(『冷泉家時雨亭叢書 第二一巻 平安私家集 八』朝日新聞社、二〇〇一年)。ただし、『三十六人歌仙伝』は能登守補任を天元二年(九七九)とする(『群書類従 第五輯』伝部、巻第六五)。

*16　小野泰央氏は、道真を先駆けとして公宴詩の結句に個人的な不遇感が詠まれるようになり、申文や詩序にも同様の内容が頻出しはじめ、三者が相関関係をもちながら同様の機能をもつようになることを論じている(「公宴詩における『述懐』について」『平安朝天暦期の文壇』風間書房、二〇〇八年、初出一九九七年)。

*17　『うつほ物語』祭の使巻(室城秀之校注『うつほ物語 全 改訂版』おうふう、二〇〇一年)。

＊18 前掲註1「うつほ物語の〈声〉」。

＊19 前掲註17『うつほ物語』祭の使巻。

＊20 長田明日華「仮名文学の誕生と『やまと』」（小路田泰直・田中希生編『私の天皇論』東京堂出版、二〇二〇年）。

＊21 『古今和歌集』仮名序（『新日本古典文学大系 古今和歌集』岩波書店、一九八九年）。

＊22 西村さとみ「唐風文化と国風文化」（吉川真司編『日本の時代史五 平安京』吉川弘文館、二〇〇二年）。

＊23 「やまと」と共感をめぐる意識については、前掲註20「仮名文学の誕生と『やまと』」を合わせて参照されたい。

＊24 西村さとみ「『唐風』と『国風』」（田中史生編『古代文学と隣接諸学一 古代日本と興亡の東アジア』竹林舎、二〇一八年）。氏は、普遍的にあるべき風俗を構想し、そこに人びとを導く君主の徳を語る移風易俗の思想から、多様な風俗をそれとして認める思想への転換が九世紀前半にあり、「国風」は改められるべきものから尊重されるべきものとなったことを論じている。移風易俗の思想が受容されていた時期に「唐風」は顕在化せず、「唐」の個性が意識され再構成が図られたのは「国風」が尊重すべきものとされ「和（日本）」風の意味で使用されるようになる一〇世紀後半〜一一世紀初頭頃であるという。

＊25 『愚管抄』巻第三（『日本古典文学大系 愚管抄』岩波書店、一九六七年）。

＊26 雲下愛子氏は、延喜・天暦が聖代視される理由を、文や音楽が君臣の心を繋ぐ手段であったことに注目して論じている（「延喜・天暦聖代観について」『日本史の方法』第一〇号、二〇一三年）。君臣の心をいかに繋ぐかという意識が史料上にあらわれるようになる背景には、本章で述べてきたように人間関係に対する観念の変化があったと考える。この変化の歴史的な意義を、より広い視点からとらえ直すことを今後の課題としたい。

第二章

『源氏物語』の色

小菅 真奈

はじめに

『源氏物語』では色彩が登場人物の容貌や器量を表現し、それが物語を展開させていくうえで不可欠の要素になるという。[*1] そのことがよくあらわれている「玉鬘」巻の、光源氏の邸宅である六条院で行われた新春の衣装配りの場面をみてみよう。

ここかしこの擣殿より参らせたる擣物ども御覧じくらべて、濃き赤きなど、さまざまを選らせたまひつつ、御衣櫃、衣箱どもに入れさせたまうて、おとなびたる上臈どもさぶらひて、これはかれはと取り具しつつ入る。上（紫上）も見たまひて、「いづれも、劣りまさるけぢめも見えぬ物どもなめるを、着たまはん人の御容貌《かたち》に思ひよそへつつ奉れたまへかし。着たる物のさまに似ぬは、ひがひがしくもありかし」とのたまへば、大臣（源氏）うち笑ひて、「つれなくて、人の御容貌推しはからむの御心なめりな。さて、いづれをとか思す」と聞こえたまへば、「それも鏡にてはいかでか」と、さすがに恥ぢらひておはす。（③一三四〜一三五頁）[*2]

優劣のないさまざまな衣を見た紫上は「着用する人の容貌に思い合わせつつ奉りなさい。着るものが人柄に合わないのは、みっともないことですから」と言い、対する源氏は「さりげなく人の容貌を推し量ろうとしているのですね」と応答する。

続く「初音」巻では、配られた衣装を身に着けた女君たちの様子が描かれる。「浅縹《あさはなだ》の海賦の織物、織りざまなまめきたれどにほひやかならぬに、いと濃き掻練《かいねり》」を与えられた花散里は「縹はげににほひ多からぬあはひにて、御髪などもいたく盛り過ぎにけり」、「曇りなく赤きに、山吹の花の細長」を与えられた玉鬘は「山吹にもてはやしたまへる御容貌など、いとはなやかに、ここぞ曇れると見ゆるところなく、隈なくにほひきらきらしく、見まほしきさまぞしたまへる」、「梅の折枝、蝶、鳥飛びちがひ、唐めいたる白き小袿《こうちき》に濃きが艶やかなる」を与えられた明石君は「白きに、けざやかなる髪のかかりのすこしさはらかなるほどに薄らぎにけるも、いとどなまめかしさ添ひてなつかし」、「青鈍の織物、いと心ばせあるを見つけたまひて、御料にある梔子の御衣、聴色」を与えられた空蝉尼君は「青鈍の几帳、心ばへをかしきに、いたくゐ隠れて、袖口ばかりぞ色ことなるしもなつかし」と表現される。[*3]末摘花だけは「柳はげにこそすさまじかりけれと見ゆるも、着なしたまへる人からなるべし」と、優美な感じのする柳が彼女の人柄に合っていないことが記されている。[*4]各々異なった容貌・人柄の女君に、それぞれに違った色彩があてられており、色が人物を象徴的に表現しているといえよう。

「玉鬘」・「初音」巻は作者の衣装観・色彩観があらわれている場面として、従来もさまざまに論じられてきた。たとえば、伊原昭氏は「衣裳の色目と人がらは、不即不離のものであり、衣裳の色目から、まだ見ない人物のあり方まで推測できる。終には『着なし給へる人からなるべし』というように、人物そのもののあり方しだいで衣裳の色目がどのようにも見え、美にも醜にも[*5]」なると指摘する。また、色を「心情・性格などの内面のあり方、それからにじみ出る態度、さらに容貌・容姿などの外面のあり方、そうした人間としてのすべてを象徴するもの[*6]」とみる。さらに、色が物語を展開させていくうえで欠かせないものであることを以下のように述べる。「様々な色、色によって表現される種々の物象、またそれから発せられる多種多様の情動、それらすべてが必然性をもって緊密にむすびあい、作品の中に単にちりばめられているのではなく、必らず、ある目的―それは作品の構想に必要であり、作品を動かす主要な部分を占める―を達するために、作者によってとりあげられ（中略）そうした文芸的そのものの色の姿、それが源氏物語によってなしとげられた」[*7]。

しかし筆者は前稿で、登場人物を多種・多量な色彩で事細かに描写し、さらに場面の違いに応じて描き分けるという表現形態が、『源氏物語』を待つまでもなく『うつほ物語』ですでに登場していることを指摘し、同書にこそ色彩表現転換の画期が存在することを明らかにした。さらに、その表現が、個々の登場人物を彩る手法の変化にとどまらず、当該期の人と人の関係性がつくり出す社会秩序を象徴的に表現するものであることも論じた[*8]。

では、『源氏物語』の色彩表現は、『うつほ物語』のそれをより詳細に、柔軟にしたものなのだろうか。本章では、第一部（「桐壺」～「藤裏葉」巻）と第二部（「若菜・上」～「幻」巻）を中心に[*9]、『源氏物語』の色彩表現の方法を確認したうえで、伊原氏をはじめとする先学からは抜け落ちていたと思われる、色が社会秩序を表現するとの視点から分析を進めていきたい。さらに、色が付された唯一の天皇である冷泉帝と、その臣下が構成する秩序のあり方を問うていく。

色彩表現の方法

『源氏物語』の表現方法

本節では『うつほ物語』と比較して『源氏物語』がどのような場面で色彩を表現しているのかを検討していく。登場人物に色が付される場面は多いが、ここではそのなかのひとつである「空蝉」巻の、源氏が碁を打つ空蝉と軒端荻《のきばのおぎ》を垣間見る場面を掲げる。

さて向かひゐたらむを見ばやと思ひて、やをら歩み出でて簾のはさまに入りたまひぬ。この入りつる格子はまだ鎖さねば、隙見ゆるに寄りて西ざまに見通したまへば、この際に立てたる屏風端の方おし畳まれたるに、紛るべき几帳なども、暑ければにや、うちかけて、いとよく見入れらる。

灯近うともしたり。母屋の中柱に側める人（空蝉）やわが心かくるとまづ目とどめたまへば、濃き綾の単襲なめり、何にかあらむ上に着て、頭つき細やかに小さき人のものげなき姿ぞしたる、顔などは、さし向かひたらむ人などにもわざと見ゆまじうもてなしたり。手つき痩せ痩せにて、いたうひき隠しためり。いま一人（軒端荻）は東向きにて、残るところなく見ゆ。白き羅の単襲、二藍の小袿だつものないがしろに着なして、紅の腰ひき結へる際まで胸あらはにばうぞくなるもてなしなり。いと白うをかしげにつぶつぶと肥えてそぞろかなる人の、頭つき額つきものあざやかに、まみ、口つきいと愛敬づき、はなやかなる容貌なり。

（①一一九〜一二〇頁）

空蝉と軒端荻を見るために、源氏は東側の妻戸から出て簾の隙間に入る。源氏を手引きした小君《こぎみ》（空蝉姉弟）が入っていった格子はまだ閉じていないので、隙間の見えるところに寄って西の方面を見通すと、格子の側に立てた屏風も端のほうは畳んであり、身を隠すための几帳も帷子《かたびら》を捲《まく》り上げているので中がよく見える、と源氏がどのような状況下で二人を垣間見ようとしているのかが説明されていく。そして、母屋の中柱のあたりで横向きになっている人が、自分が心にかけている空蝉であると認識し、源氏の視点から「濃き綾の単襲《ひとへがさね》」を着用した空蝉の容貌が描出される。さらに、東向きに座っているため姿が顕な軒端荻に視点を移し、その華やかな容貌を語っていく。

垣間見の対象人物が、灯による明かりで照らされ、屏風や几帳などの物に遮られていない「見える」環境下にあるとき、色彩が表現されているといえよう。さらに、視点が意識される「見る」者（源氏）と色が付される「見られる」者（空蝉・軒端荻）とのあいだには、男女関係が存在している。

もう一つ例を取り上げてみよう。「朝顔」巻では、朝顔姫君の元に向かう源氏の様子が、紫上の視点から以下のように表現されている。

かかりけることもありける世をうらなくて過ぐしけるよと、思ひつづけて臥したまへり。鈍びたる御衣どもなれど、色あひ重なり好ましくなかなか見えて、雪の光にいみじく艶なる御姿を見出だして、まことに離れまさりたまはばと忍びあへず思さる。

（②四八〇〜四八一頁）

紫上は、夫の愛情が朝顔姫君に移って自分の正妻としての地位が不安定になることもあるのに無心で過ごしてきたものよ、と述懐し、鈍色《にびいろ》の喪服だが、その色あいや重なりがかえって洗練されている源氏の姿を見ている。このように、主人公である源氏から女君を見るというだけでなく、さまざまな関係を内包する立場から登場人物が見られ、それに付随して色彩が表現されるのである。

『うつほ物語』の表現方法

次に『うつほ物語』「国譲・下」巻の、水尾で催される詩宴に向けて、京を出立する人びとの行列が描かれている場面を掲げ、『源氏物語』の表現と比較してみる。

（藤原仲忠）装束、白き綾の指貫、襖、露草して蝋摺りに摺りて、白き綾の袿、青馬。御供の人より始めて、さまざまの白・青、ほどほどに着たり。中納言（源涼）は、赤色の織物の襖、鈍の指貫、綾掻練の袿、赤馬。御前二人は、劣れり。山守といふ琴持たせ給へり。右大弁（藤原季英）は、青鈍の襖、そのたい、皆、同じ色の襖。御馬副四人、制ありて、学生ども。御前四人、秀才二人・進士二人。御供の人、皆、大学の衆の下﨟なる。頭の中将（良岑行正）は、青色の襖、白の指貫、薄色の綾の袿。供の人、かくのごとし。（中略）これかれ（松方・近正・時蔭）、装束は心に任せたり。律師、童四人・法師四人・童子六人、これも、皆、よう、装束、皆整へたり。[*10]

本書の主要な登場人物が、それぞれに異なった多量の色で描写されている。このあと、詩をつくり陀羅尼を誦す詩宴（「遊び」）が行われる。つまり、「遊び」に向かう場面において、人物が色で表現されているのである。これは『うつほ物語』全編に通底する特徴的な表現形態といえる。

水尾詩宴は、殿上人とその供奉人を中心とする臣下同士の「遊び」の空間だが、一方、天皇が参加することで君臣の序列が明示される「遊び」も存在し、そのような場ではさまざまな色は描かれず、和歌に紫や緋といった位色《いしき》が詠み込まれた。「遊び」の場に参加する構成員の関係性に応じて色が描き分けられているのである。[*11]

以上のように、『うつほ物語』においては、君臣関係や臣下同士の秩序をあらわす特定の空間に人びとが向かっていく際に色彩が表現される。人物の視点が意識されることはほとんどなく、[*12]「遊び」の場の設定により人と人の関係性が変化し、色が描き分けられているといえよう。一方、『源氏物語』においては、「遊び」の場にこだわらないさまざまな場で、物語の筋に沿って色が描かれる。視点が意識され、男女・夫婦・親子・親族関係などの、官人秩序に限定されない諸関係を内包する人物同士の関わりにより、その表現は変化していく。個々の関係に応じて、その都度秩序が形づくられていくかのようである。

『うつほ物語』と『源氏物語』を比較することにより、人物に付される色彩表現に差異が認められることが明らかとなった。このことは、『源氏物語』の人間のとらえ方が『うつほ物語』のそれとは相違していることを意味するのではなかろうか。さらに両書のあいだには、もう一つ大きな変化が存在する。天皇に付される色の有無である。[*13]

冷泉帝の色彩表現

「黒き御装ひ」

本節では、天皇――とくに冷泉帝――の色彩表現について考えていきたい。『源氏物語』には、桐壺・朱雀・冷泉・今上という四代の天皇が登場するが、そのなかでも冷泉帝に焦点を当てる理由は、彼が『源氏物語』にとって欠くことのできない重要な存在であり、後述するように、色を付される唯一の特異な天皇だからである。

冷泉帝は桐壺帝と藤壺女御の第一〇皇子とされるが、実際は源氏と藤壺の密通の末に誕生した不義の子である。後見人である源氏の須磨退去や自身の廃太子の危機を乗り越え「澪標《みおつくし》」巻で即位する。「薄雲」巻でみずからの出生の秘密を知ってからは、臣下が実父であることに悩む。その一方で、冷泉帝の治世は「いみじき盛りの御世」（②三九二頁）として人びとに称賛されていく。

このような特異な設定をもつ冷泉帝は、その表現も他の天皇とは相違している。河添房江氏は「『源氏物語』の世界では、帝の身体はおおむね不在であり、その身体が語られる時は、むしろ換喩的に語られることが多い」が、冷泉帝だけは「例外的に容貌を語られる存在である」と指摘している。*14 冷泉帝以外の天皇に容貌描写がまったくないとはいえないが類型的であり、一方、冷泉帝は、河添氏も指摘するように「まみ」や「口つき」といった顔の細部まで描写されていることが目を引く。*15

さらに、冷泉帝は色が付される唯一の天皇でもある。*16『源氏物語』やそれ以前に成立した文学作品では、いかなる場合においても天皇に色が付されることはなかった。*17そのため、これは大きな変化であるといえよう。それでは、冷泉帝に初めて色が付された「薄雲」巻をみてみよう。

即位から数年の歳月が流れたある日のことである。その頃都では「物のさとししげく」（②四四三頁）、藤壺や太政大臣、式部卿宮が死去した。「天変頻《しき》りにさとし、世の中静かならぬ」（②四五二頁）ことを帝がみずからの出生の事情を知らない「罪」（②四五二頁）に由来すると解釈した夜居《よい》の僧都は、ついにその秘密を伝える。すべてを知った冷泉帝は実父である源氏に譲位しようとするが、その際の帝の容貌は以下のように記されている。

常よりも黒き御装ひにやつしたまへる御容貌、違ふところなし。上も年ごろ御鏡にも思しよることなれど、聞こしめししことの後は、またこまかに見たてまつりたまうつつ、ことにいとどあはれに思しめさるれば、いかでこのことをかすめ聞こえばやと思せど、さすがにはしたなくも思しぬべきことなれば、若き御心地につつましくて、ふともえうち出できこえたまはぬほどは、ただおほかたのことどもを、常よりことになつかしう聞こえさせたまふ。（②四五四～四五五頁）

本場面で初めて天皇に色が付されるのだが、その理由は何か。色彩以外の表現に注目してみると、隠された親子の証としての冷泉帝と源氏の容貌の酷似が語られていることがわかる。「紅葉賀《もみじのが》」巻では、生まれたばかりの冷泉帝が、藤壺の視点から「いとあさましうめづらかなるまで写し取りたまへるさま、違ふべくもあらず」（①三二六頁）と描写され、すでに源氏との酷似が指摘されていた。浅尾広良氏は、冷泉帝が「見られる」ときは、「出生の秘密露顕の危機をはらむ緊張した場面」として語られていることを指摘する。[*18]彼は出生の際の特異な事情により、とくに視線を意識した存在としてたちあらわれているのである。

しかし、「薄雲」巻においてその秘密は明かされ、両者の関係に変化が生じたことは明白である。[*19]繰り返しになるが、文学作品において色は、臣下と一部の皇族に付されるもので、天皇に付されるものではなかった。よって、ここでの「黒」は藤壺の喪に服す帝をあらわすとともに、彼の特異性をも示しているのではなかろうか。いずれにせよ、このような重大な局面において、冷泉帝と源氏の容貌の酷似が色を伴って語り直されることに注目しておきたい。

「赤色の御衣」

このあとも冷泉帝は、「少女」巻と「行幸」巻で二度「赤色」を付される。[*20]ここでは「行幸」巻の冷泉帝の大原野行幸を取り上げ、彼を色で表現する意味を追究していきたい。

榎村寛之氏によると、「野行幸」とは光孝・宇多・醍醐朝に特徴的な儀礼であり、鷹狩を目的とした行幸を意味する。もちろん、王権に関わる狩猟はそれ以前にも行われていたが、「野行幸」のように行幸と狩猟を一本化したことばは存在していなかった。また、「野行幸」という用語は、①天皇が行幸すること自体を重要視する意識（天皇を「見せる」行為）と②天皇が「野」に行くことを重要視する意識（天皇が「見る」行為）から生まれたという。[*21]

『源氏物語』が執筆された頃には、野行幸は既に廃れていたが、なぜ本場面でそれを語る必要があったのかに注目して、史料を検討していきたい。

その十二月に、大原野の行幸とて、世に残る人なく見騒ぐを、六条院よりも御方々引き出でつつ見たまふ。卯の刻に出でたまうて、朱雀より五条の大路を西ざまに折れたまふ。桂川のもとまで、物見車隙なし。行幸といへど、かならずかうしもあらぬを、今日は親王たち、上達部も、みな心ことに、御馬、鞍をととのへ、随身、馬副の容貌、丈だち、装束を飾りたまうつつ、めづらかにをかし。左右大臣、内大臣、納言より下、はた、まして残らず仕うまつりたまへり。青色の袍衣、葡萄染の下襲を、殿上人、五位六位まで着たり。雪ただいささかづつうち散りて、道の空さへ艶なり。親王たち、上達部なども、鷹にかかづらひたまへるは、めづらしき狩の御装ひどもを設けたまふ。近衛の鷹飼どもは、まして世に目馴れぬ摺衣を乱れ着つつ、気色ことなり。

めづらしうをかしきことに、競ひ出でつつ、その人ともなく、かすかなる脚弱き車など輪を押しひしがれ、あはれげなるもあり。浮橋のもとなどにも、好ましう立ちさまよふよき車多かり。

西の対の姫君（玉鬘）も立ち出でたまへり。そこばくいどみ尽くしたまへる人の御容貌ありさまを見たまふに、帝の、赤色の御衣奉りてうるはしう動きなき御かたはら目に、なずらひきこゆべき人なし。（中略）源氏の大臣の御顔ざまは、別物とも見えたまはぬを、思ひなしのいますこしいつかしう、かたじけなくめでたきなり。さは、かかるたぐひはおはしがたかりけり。

（③二八九～二九一頁）

冷泉帝の大原野行幸は「世に残る人なく」見物したため、桂川のあたりまで物見車が隙間なく連なっている。当日は左右大臣・内大臣・納言以下が「残らず」随行する。殿上人・五位六位の者まで「青色の袍衣、葡萄染の下襲」を着用している。続いて玉鬘の視点から、「赤色の御衣」[*22]を着た冷泉帝の比類ない容貌が記されていく。[*23]

本場面は『河海抄《かかいしょう》』以来、延長六年（九二八）一二月五日に行われた醍醐天皇の大原野行幸に準拠することが指摘され、「王威盛んなりし時代の、進取性・行動力に富み、剛毅勇壮にして果断な英雄の像を結ぶ」[*24]帝の姿が分析されてきたが、『源氏物語』において大原野行幸を行う天皇は冷泉帝しか存在せず、そのため浅尾氏は大原野行幸が「冷泉帝の『天皇としてのあり方』と深く関わっていると考えるべきであろう」とし、玉鬘の視線や多数の物見車の存在により、冷泉帝が「見られる」ことに焦点が当てられていると指摘する。[*25]

大原野行幸は人びとの視線が意識された空間として読み解くことができよう。ただし、『源氏物語』において視線は、これまでにも重視されてきた。野行幸の相違点は、玉鬘の視点が存在するものの、「世に残る人なく見騒」いだ、「物見車隙」ない開けた空間において、天皇をはじめとする多数の官人が見られ、また互いを見ている点にあろう。このような空間では、天皇の赤と臣下の青が対比的に描写され、君臣の差異が可視的に表示された。

ただし、これまでの色に関わる検討をふまえると、野行幸での表現が天皇として君臨する冷泉帝を示すことだけを目的としているのか、疑問とせざるをえない。天皇は赤、臣下は青という序列を表現しつつ、源氏との酷似を語りながら色を付すことで、冷泉帝の特異性をも象徴的に示しているとはいえないだろうか。

以上、冷泉帝の色彩表現を検討してきた。帝と源氏の関係に変化が生じた「薄雲」巻、源氏との顔の酷似が多数の開かれた視点からみられた「行幸」巻など、天皇もまた官人秩序だけではない、親子関係などの諸関係のなかでとらえられる存在としてみられているのではなかろうか。そのような冷泉帝の姿が「黒」や「赤」といった色彩で表現され、それが同時に不義の子である彼の特異性をも示していたと考えられる。

しかしここで改めて、彼の治世が人びとに称賛される時代であったことを思い返してみたい。冷泉帝の存在はその特異性に尽きるのだろうか。「澪標」巻には、冷泉帝を中心とする君臣関係が表現されていると思われる個所が存在する。次節では、冷泉帝と臣下の色彩表現を検討することで、彼らがどのような秩序を形成しているのかを明らかにしていきたい。

二つの住吉詣

「澪標」巻の住吉詣

「澪標」巻では、須磨退去の憂き目をみていた源氏の政権中枢への帰還を契機に、冷泉帝即位とのちの国母・明石姫君（明石女御）誕生の経緯が記される。これらすべてが住吉神の導きであると感じた源氏は感謝の念をあらわして、須磨で立てた多くの大願の願果たしを行うために住吉に詣でた。

その秋、住吉に詣でたまふ。願どもはたしたまふべければ、いかめしき御歩きにて、世の中ゆすりて、上達部、殿上人、我も我もと仕うまつりたまふ。
をりしもかの明石の人（明石君）、年ごとの例の事にて詣づるを、去年今年はさはることありて怠りけるかしこまりとり重ねて思ひ立ちけり。舟にて詣でたり。岸にさし着くるほど見れば、ののしりて詣でたまふ人けはひ渚に満ちて、いつくしき神宝を持てつづけたり。楽人十列など装束をととのへ容貌を選びたり。「誰が詣でたまへるぞ」と問ふめれば、「内大臣殿（源氏）の御願はたしに詣でたまふを知らぬ人もありけり」とて、はかなきほどの下衆だに心地よげにうち笑ふ。

源氏は住吉詣を行うが、折しもその日は明石君が住吉に詣でる日でもあった。「はかなきほどの下衆」に源氏の住吉詣であることを知らされた彼女は、その威勢を目にして、かえってみずからの身のほどを情けなく思う。

松原の深緑なるに、花紅葉をこき散らしたると見ゆる袍衣《うへのきぬ》の濃き薄き数知らず。六位の中にも蔵人は青色しるく見えて、かの賀茂の瑞垣恨みし右近将監も靫負になりて、ことごとしげなる随身具したる蔵人なり。良清も同じ佐にて、人よりことにもの思ひなき気色にて、おどろおどろしき赤衣姿いときよげなり。すべて見し人々ひきかへ華やかに、何ごと思ふらむと見えてうち散りたるに、若やかなる上達部、殿上人の我も我もと思ひいどみ、馬、鞍などまで飾りをととのへ磨きたまへるは、いみじき見物に田舎人も思へり。

色彩表現豊かな住吉詣の行列が記されていき、見る価値のあるものだと明石君一行の目にも思われる。続く行列には「いとをかしげに装束き、角髪結ひて、紫裾濃の元結なまめかしう、丈姿ととのひうつくしげにて十人、さまことにいまめかしう」見える童随身《わらわずいじん》や、このうえなく大切に育てられた「大殿（太政大臣女・葵上）腹の若君（夕霧）」とそれに供奉する馬副・童が参加している。

君はゆめにも知りたまはず、夜一夜いろいろのことをせさせたまふ。まことに神のよろこびたまふべきことをし尽くして、来し方の御願にもうち添へ、ありがたきまで遊びののしり明かしたまふ。

（②三〇二～三〇五頁）

源氏に随行した参詣者は、上達部《かんだちめ》・殿上人や「花紅葉をこき散らしたると見ゆる袍衣の濃き薄き」と表現された四位・五位の官人が数えきれないほどいる。これらの色は、「濃き薄き」とあることから、衣服令に定められた、諸臣の一位深紫、二・三位浅紫、四位深緋、五位浅緋、六位深緑、七位浅緑、八位深縹、初位浅縹の位袍の色であると考えられる。また、「青色」を着用した六位の蔵人、「おどろおどろしき赤衣姿」の衛門佐（従五位下相当）良清など、須磨下向の不遇から一転して位を得た源氏の従者たちもいる。

源氏は明石君が来ているとは露知らず、夜もすがら住吉神が喜ぶであろうことをし尽くして願果たしを行い、管弦の奉納（「遊び」）を盛大に行う。

「澪標」巻の住吉詣は、冷泉帝の即位と並列して語られている点や、源氏の須磨脱出から冷泉即位までが住吉神の導きによって展開していく点を考え合わせると、[26]源氏の私的な願果たしにとどまらない、冷泉帝の治世に関わるものとしてとらえることができるのではないか。[27]

以上の流れのなかに位置づけられる住吉詣では、天皇不在の臣下同士の「遊び」も描写された。この点は『うつほ物語』水尾詩宴と類似しているが、そこでは位階にとらわれないさまざまな色が表現されていた。一方、『源氏物語』においては、帝自身が不在であるにも関わらず、衣服令の色が記されている。源氏の住吉詣とはいっても、新たに即位した冷泉帝を頂点とする人びとの関係性が可視的に表現されているのではなかろうか。そうだとすれば、ここに官人制の頂点に君臨する天皇像をみて取ることができよう。

しかし、天皇不在の空間における人間関係のなかに、君臣関係を読み取ることを深読みとする見方もあろう。そこで、「澪標」巻の住吉詣の意義をより明らかにするため、以下に再び官人に位色が付された「若菜・下」巻の源氏主導の住吉詣を掲げる。これまでにも位色は、夕霧の六位に対する劣等感を示すために用いられることはあったが、多数の官人の序列を可視化する際に使用されたのは、天皇不在の二度の住吉詣のみであり、明確な意図をもって使用していると考えられる。

「若菜・下」巻の住吉詣

「若菜・下」巻では、冷泉帝の退位と、朱雀院の第一皇子である今上帝の即位が記される。同時に明石女御腹の男子が立坊し、ここに源氏・明石一族の宿願が達成された。明石女御の将来について源氏が住吉神にかけた願の願果たしを中心に、源氏は二度目の住吉詣を行う。住吉神と縁の深い明石女御・明石君・明石尼君に加えて紫上も参詣する。左右大臣を除いたすべての上達部や舞人、陪従《べいじゆう》、神楽奉納に携わる人びとが供奉し、今上帝・東宮・冷泉院の殿上人が方々に分かれて奉仕する。上達部の馬や馬副、随身、小舎人童、それ以下の舎人などまで整えて飾りたてた有様は二つとないものである。社頭では東遊が行われ、舞人や上達部の様子が以下のように記された。

山藍に摺れる竹の節は松の緑に見えまがひ、かざしの花のいろいろは秋の草に異なるけぢめ分かれで何ごとにも目のみ紛ひいろふ。求子はつる末に、若やかなる上達部は肩ぬぎておりたまふ。にほひもなく黒き袍衣《うへのきぬ》に、蘇芳襲の、葡萄染の、袖をにはかにひき綻ばしたるに、紅深き衵の袂の、うちしぐれたるにけしきばかり濡れたる、松原をば忘れて、紅葉の散るに思ひわたさる。見るかひ多かる姿どもに、いと白く枯れたる荻を高やかにかざして、ただ一かへり舞ひて入りぬるは、いとおもしろく飽かずぞあり

ける。（中略）

夜一夜遊び明かしたまふ。二十日の月遥かに澄みて、海の面おもしろく見えわたるに、霜のいとこちたくおきて、松原も色紛ひて、よろづのことそぞろ寒く、おもしろさもあはれさもたち添ひたり。

（④一七一〜一七三頁）

色彩表現に関していうと、上達部の装束が「にほひもなく黒き袍衣」と表現されている点が注目される。これは位色であると考えられるが、当然衣服令に定められた色ではない。律令官人制の再編を受けて、[*28]平安中期頃に四位以上が一律に黒[*29]を着用するようになった社会状況を反映していると考えられる。衣服令の位色と平安中期以降のそれでは、異なった官人秩序を表現しているのではないか。

あわせて考えたいのが、「澪標」巻の住吉詣が冷泉帝即位後間もなく、「若菜・下」巻のそれが今上帝即位後間もなく描かれた点である。ここでの位色――「黒き袍衣」――は、今上帝を中心とした序列を示すために描写されたと思われる。二つの住吉詣は天皇によって色を描き分けられているのではなかろうか。[*30]冷泉帝が形成する秩序は、衣服令の色を用いて描かれたが、桐壺・朱雀院に連なる正統な君主、今上帝が形成するそれとは相違していたのである。

むすびにかえて

特異な出自をもち、そのことに悩み続ける冷泉帝は、色をもつ唯一の天皇でもあった。周囲の人物との関係によって変化する立場が、色で象徴的にとらえられたのではなかろうか。一方、帝不在の住吉詣では、彼を中心とする君臣関係が衣服令の色で可視化された。特異な色と従来の衣服令の位色、二つの色彩をあわせもつ冷泉帝の治世は「いみじき盛りの御世」として人びとに称賛されていく。作者は歴史や先例を取り入れつつ、冷泉帝を以上のように造形した。そして、このような天皇を擁する『源氏物語』は、平安後期に成立した多くの文学作品に影響を与え、また、後世の人びとに長く読み継がれていったのである。

『源氏物語』が執筆された平安中期は、律令官人制の再編期に当たるとされる。現実の社会秩序も、今上帝に関わる色がそうであったように文学に表現されるそれも変化しつつあったといえよう。また、当該期には、広く人間のとらえ方にも変化が生じていたと思われる。『源氏物語』の色は、官人秩序に限定されない人間同士の諸関係を表現していた。それは、冷泉帝という天皇の表現ですら例外ではなかったのである。これは、本書が当該期の天皇自身に関わる変化をつかみ取ろうとしていたことを意味するのではないか。

しかし、冷泉帝以外の天皇に色彩表現はみられず、また、本書以外の平安期の文学作品においても、天皇に付される色は基本的に存在しない。しかし、院政期以降になると、天皇が色で表現される例が散見する。*31 冷泉帝の表現が、中世の天皇に関わる秩序、あるいは関わらない秩序を考える際に、きわめて重要になってくるのではないか。これは推測の域を出ないので、院政期以降の色彩表現については別稿に譲りたいと思う。

註

＊1　『源氏物語』の色彩表現に関する研究は枚挙にいとまがないが、代表的なものとしてここでは伊原昭氏の研究を掲げる。Ⓐ『平安朝文学の色相──特に散文作品を中心として』（笠間書院、一九六七年）、Ⓑ『色彩と文芸美──古典における』（笠間書院、一九七一年）、Ⓒ『古典文学における色彩』（笠間書院、一九七九年）、Ⓓ「古典の色──王朝文学の彩り」（『歴史と文化を彩る日本の色』講談社、一九八〇年）、Ⓔ『平安朝の文学と色彩』（中央公論社、一九八二年）、Ⓕ『色へのことばをのこしたい』（笠間書院、二〇一一年）、Ⓖ『源氏物語の色──いろなきものの世界へ』（笠間書院、二〇一四年）など。さらに伊原氏は、無彩色の白や黒を『源氏物語』が発見し、到達した究極の色であると見、これが中世的な「わび」・「さび」の先駆的形態となったことを指摘している。

＊2　阿部秋生・秋山虔・今井源衛・鈴木日出男校注・訳『新編日本古典文学全集 源氏物語 ①〜⑥』小学館、一九九四〜九八年。以下、『源氏物語』の引用は同書による。なお、引用中の傍線・括弧書きはすべて筆者による。

＊3　有田祐子氏は、「玉鬘」巻で描かれた衣装には色とともに形状や柄への言及があったが、「初音」巻で着用する際には色彩表現に収斂していることを指摘している（「『源氏物語』の衣装論──「玉鬘」・「初音」巻を通して」『成蹊国文』第四五号、二〇一二年）。

＊4　以上は、前掲註2③「玉鬘」一三四〜一三六頁、「初音」一四五〜一五八頁による。

＊5　前掲註1Ⓓ「古典の色──王朝文学の彩り」。

＊6　前掲註1Ⓔ『平安朝の文学と色彩』。

＊7　前掲註1Ⓐ『平安朝文学の色相──特に散文作品を中心として』。

＊8　小菅真奈「『うつほ物語』の色」（『寧楽史苑』第六五号、二〇二〇年）。

＊9　本稿では宇治十帖を検討対象としない。宇治十帖の色彩表現は、「桐壺」〜「幻」巻とは相違していると思われるからである。たとえば、『源氏物語』において重要な色のひとつとされる「紫（紫のゆかり）」は、宇治十帖では物語の進展に何の役割も果たしていない。また、ほかの色の描写も乏しく、作者の関心は色よりも香や音にあると考えられている（大野孝子・野村精一「『源氏物語』の色彩──紫のゆかりをめぐって」『實踐國文學』第四四号、一九九三年）。

＊10　室城秀之校注『うつほ物語 全 改訂版』（おうふう、二〇〇一年）、七七〇頁。なお、引用中の括弧書きはすべて筆

者による。

＊11　前掲註8「『うつほ物語』の色」。

＊12　『うつほ物語』や『落窪物語』においても、色を描写する際に人物の視点が意識される例は存在するが、『源氏物語』において、より特徴的にあらわれているといえよう。また、三田村雅子氏は、『うつほ物語』を「登場人物の内面の意識には絶対に踏みこもうとしなかった外在視点の物語」であると指摘している（「物語文学の視線」『源氏物語 感覚の論理』有精堂出版、一九九六年、初出一九八七年）。

＊13　このことは、別稿（「平安・鎌倉期の文学作品にみる天皇――色彩表現を中心に」小路田泰直・田中希生編『私の天皇論』東京堂出版、二〇二〇年）でも少し述べたが、本稿で改めて異なった視角から分析してみる。

＊14　河添房江「〈ゆかり〉の身体・異形の身体」（『性と文化の源氏物語 書く女の誕生』筑摩書房、一九九八年、初出一九九七年）。

＊15　「まみ」や「つき」は、源氏が、藤壺と紫上の〈ゆかり〉や、夕霧と冷泉帝の似通いを確認する場面において重要な役割を果たすことが指摘されている（前掲註14「〈ゆかり〉の身体・異形の身体」、三田村雅子「源氏物語の見る／見られる」前掲註12『源氏物語 感覚の論理』、初出一九八九・一九九〇年）。

＊16　ただし「柏木」巻において、朱雀院は「御容貌異にても、なまめかしうなつかしきさまにうち忍びやつれたまひて、うるはしき御法服ならず、墨染の御姿あらまほしうきよらなるも、うらやましく見たてまつりたまふ」（④三〇四頁）と描写される。本場面での朱雀院は上皇であり、かつ、俗人とは異なった出家姿であるので例外としてとらえておく。

＊17　前掲註13「平安・鎌倉期の文学作品にみる天皇――色彩表現を中心に」。

＊18　浅尾広良「冷泉帝の大原野行幸――『見られる天皇』への変貌」（『源氏物語の準拠と系譜』翰林書房、二〇〇四年、初出二〇〇二年）。浅尾氏は、視線をめぐるあり方から桐壺・朱雀・冷泉帝のおかれた状況の違いを明らかにしている。

＊19　浅尾氏は「薄雲」巻が冷泉帝の「人物造形上の転換点」であるとともに、帝と源氏の関係がとらえ直され「聖代観ができあがってくる転換点」にもなっていることを指摘する（「薄雲巻の天変――「もののさとし」終息の論理」前掲註18『源氏物語の準拠と系譜』、初出一九九六年）。

＊20　「少女」巻の朱雀院行幸には「行幸に仕うまつりたまふ上達部、親王たちよりはじめ心づかひしたまへり。人々みな青色に、桜襲を着たまふ。帝は赤色の御衣奉れり。召しありて太政大臣（源氏）参りたまふ。同じ赤色を着たまへれば、いよいよ一つものとかかやきて見えまがはせたまふ」（③七一頁）とある。本稿において、「少女」巻の色彩表現と「行幸」巻のそれは、根本的に異なる表現ではないと考えている。

＊21　榎村寛之「王権儀礼としての天皇狩猟」（『律令天皇制祭祀と古代王権』塙書房、二〇二〇年、初出一九九三年）。なお、天皇行幸・狩猟に関する研究史は、氏の論稿に詳しい。

＊22　立石和弘氏によると、『源氏物語』において赤色袍を着用するのは、童装束と五位の緋を除くと、源氏と冷泉帝に限られるという（「冷泉帝の顔――供犠と玉鬘の視線から」『中古文学』第五七号、一九九六年）。また末松剛氏は、古記録や儀式書の検討から、天皇が赤色袍を着用する例は内宴・殿上賭弓・野行幸の三例が存在することを明らかにした（「摂関家における服飾故実の成立と展開――赤色袍の検討を通じて」『平安宮廷の儀礼文化』吉川弘文館、二〇一〇年、初出二〇〇〇年）。よって、「行幸」巻における野行幸の「赤」は「おおむね実態に即した妥当なもの」であるが、「少女」巻における上皇邸行幸の「赤」は「実の父子二人にスポットをあて、その可視的な効果を明示する素材」であったとする（「中世源氏学における赤色袍理解について」『日本歴史』第六三五号、二〇〇一年）。

＊23　『源氏物語』の大原野行幸に関しては前掲註18「冷泉帝の大原野行幸――『見られる天皇』への変貌」のほか、坂本和子「『尚侍玉鬘』考――春日・大原野斎女」（『国語と国文学』第五〇巻第八号、一九七三年）、竹田誠子「行幸巻の大原野行幸――その設定と物語的意義」（『日本文學論究』第四四冊、一九八五年）、後藤祥子「冷泉院の横顔――「行幸」巻の大原野行幸について」（『源氏物語の史的空間』東京大学出版会、一九八六年、初出一九八〇年）、竹内正彦「野に行く冷泉帝――『源氏物語』「行幸」巻の大原野行幸をめぐって」（『國學院雑誌』第一〇六巻第七号、二〇〇五年）、浅尾広良「大原野に野行幸する冷泉帝――桓武から醍醐、さらに『源氏物語』へ」（『大阪大谷国文』第四七号、二〇一七年）などを参照した。

＊24　前掲註23「冷泉院の横顔――「行幸」巻の大原野行幸について」。

＊25　前掲註18「冷泉帝の大原野行幸――『見られる天皇』への変貌」。なお、浅尾氏は冷泉帝だけが野行幸を行う理由を「皇統の正当性を標榜」し「見られる」ことによって聖性を獲得するためであるとする。

＊26 韓正美氏は『日本書紀』・『住吉大社神代記』の検討を通して、住吉神が「海路の平安を守る神としての性格」を有し、さらに「王権の守護神」でもあることを指摘した。そのため源氏を明石へ、さらには栄華へ導く神として、「須磨」から「澪標」巻で登場するとみている（「『源氏物語』における住吉信仰」『源氏物語における神祇信仰』武蔵野書院、二〇一五年、初出一九九五・二〇〇七・二〇〇九年）。

＊27 「澪標」巻の住吉詣は『花鳥余情』に「代始に八十島祭は難波にてあり典侍の人御衣をもちて参向して解除する事ありこれはみな難波のはらへの例也（伊井春樹編『源氏物語古注集成 第一巻 松永本 花鳥餘情』桜楓社、一九七八年、一一五頁）」と記されており、同書以来、八十嶋祭との関連が指摘されている。本場面と八十嶋祭の関係を改めて指摘したのは三谷邦明氏であった。三谷氏は、『江家次第』巻第一五「八十嶋祭」の記事と源氏の住吉詣とを比較し、上達部・殿上人の参加や江口の遊女の参入、音楽の果たす役割などに類似が認められることから、本場面は「八十嶋祭を何らかの意味で表現している」と述べる（「澪標巻における栄華と罪の意識――八十嶋祭あるいは住吉物語の影響」『物語文学の方法Ⅱ』有精堂出版、一九八九年、初出一九六五年）。河添房江「喩と王権――光源氏の越境をめぐって」（赤坂憲雄編『叢書・史層を掘るⅡ 物語という回路』新曜社、一九九二年）も参照した。

ただし、八十嶋祭については、祭神や目的、起源、祭場の所在地などに諸説あり、見解の一致をみていない。岡田精司「即位儀礼としての八十嶋祭」（『古代王権の祭祀と神話』塙書房、一九七〇年、初出一九五八年）、瀧川政次郎「八十嶋祭と陰陽道」（『律令と大嘗祭――御代始め諸儀式』国書刊行会、一九八八年、初出一九六六年）、田中卓「八十嶋祭の研究」・「再び八十嶋祭について――岡田精司氏説の批判」（『田中卓著作集 一一―Ⅰ 神社と祭祀』国書刊行会、一九九四年、初出一九五六年・一九七七年）、林原由美子「皇位継承儀礼としての八十島祭」（『京都女子大学大学院文学研究科研究紀要 史学編』第一八号、二〇一九年）などを参照した。

＊28 衣服令の色が機能した社会において五位以上官人は「位階制秩序の規制をより強く受け」、「天皇によってその名を把握されるべき階層である」のに対し、六位以下官人は「官職制秩序の規制をより強く受け」、「員数で把握されるべき階層」であったという。また、五位以上は「一位―二位―三位―四位―五位」あるいは「三位以上―四位―五位」という細分化された区分が意識され、種々の特権が認められていた（虎尾達哉「律令官人社会における二つの秩序」『律令官人社会の研究』塙書房、二〇〇六年、初出一九八四年。同「『律令官人社会における二つ

の秩序」補考」栄原永遠男・西山良平・吉川真司編『律令国家史論集』塙書房、二〇一〇年）。その後、八世紀末から九世紀の初め頃を境にして正四位上・正五位上の越階が行われるようになる（米田雄介「正五位上と正四位上の越階について――蔵人との関連において」『續日本紀研究』第一五一号、一九七〇年）。福井俊彦氏は、この現象を「すべてひくい位階に相当する官職をより高い位階に相当するように変更した」延暦一八～弘仁一四年頃の官位相当制の改変を契機としているのではないかと指摘している（「位階制について――米田雄介氏『正五位上と正四位上の越階について』を読んで」『續日本紀研究』第一五三・第一五四合併号、一九七一年）。米田氏と福井氏の論稿をふまえ、黒板伸夫氏は、以上の変化が「律令官制の本質に関わるものである」とする（「平安時代の位階制度――正四位上・正五位上を中心として」『平安王朝の宮廷社会』吉川弘文館、一九九五年、初出一九八四年）。

また、律令官人制の再編を位階制と禄制の面から検討した吉川真司氏は「位階より官職が、上日より官職の労が、叙位より除目が重要になっていった」と指摘している。このような現象は天長年間頃からはじまり、一〇世紀中葉には一応の完成をみたという（吉川真司「律令官人制の再編」『律令官僚制の研究』塙書房、一九九八年、初出一九八九年）。そして、冷泉帝を中心とする位色は律令官人制の再編以前に、今上帝を中心とするそれは再編以後に対応するのではないか。

＊29　川名淳子氏は、文学作品や古記録の分析をもとに、その変化は九五〇年代に著しく進んだと推定している（「日本の官職・位階と服色――平安朝――紫の袍から黒の袍へ」日向一雅編『王朝文学と官職・位階（平安文学と隣接諸学4）』竹林舎、二〇〇八年）。また、黒袍は紫や緋を濃く染めすぎて黒味がちになったものと考えられている（上村六郎『日本の染色』東出版、一九七四年）。このような過渡期を経て、四位以上の袍は橡による黒染となっていった。柴田美恵氏は、位色変容の動機を時代の「好み」と公式美によって検討している（「藤原期における位色の変容に関する一試論――紫から黒への移行をめぐって」『服飾美学』第八号、一九七九年）。

＊30　藤田佳子氏は、『源氏物語』にみえる位色の検討を通して、「若菜・下」巻の住吉詣以降は「正暦以後の時代も背景にして描かれている」と指摘するが（「源氏物語の服制と年代――紫から黒へ」『大谷女子大国文』第一六号、一九八六年）、物語を現実の時間軸で把握するよりは、場面に応じて適宜その表現を検討していったほうがよいのではないか。

＊31　『讃岐典侍日記』や『平家物語』など。詳しくは拙稿（前掲註13「平安・鎌倉期の文学作品にみる天皇——色彩表現を中心に」）を参照されたい。

第三章

元服の揺籃期

加藤かしこ

はじめに

おのれ、世に思ふことなし。忠こそがことを思ふなむ、この世は離れがたく思ふ。これが人となりて、おのれがなき世にも心安くならむを見、官爵得るまで見生ほさむとこそ思ひしか。悪しよしもまだ知らぬ緑子を見捨てむこと、もの後ろめたく、憂きこと、とのたまふ。[*1]

忠こその母は言い遺した。この世に思い残すことはないが、息子である忠こそのことを思うとこの世を離れがたく、忠こそが「人となり」て自分の死後も安心できるようになり、官爵を得るまで見届けたい、と。これは『うつほ物語』に描かれる忠こその母の死の場面である。

平安時代には「人となる」というなんらかの節目があり、それが生死の境にあって唯一の気がかりとなるほどの重要なものであったらしい。この「人となる」ということについて、前掲の『うつほ物語』に付された解説をみると、「成人すること」[*2]「大人になり」[*3]「一人前になって」[*4]などと説明がなされている。このような理解は『うつほ物語』に限らず、平安時代の仮名文学に頻出する「人となる」という表現に対して共通のものであるとみてよいだろう。ここで考えるべきは、「成人」「大人」「一人前」とは、何をもってその状態を判断するのかということである。なぜなら、これらのことばは現代において一般的であり、多くの人間がその概念を認めることができるが、同時に、常に変化する社会のあり方や、個々人の主観によりさまざまに解釈可能な不分明のものでもあるからだ。

　従来、前近代における「成人」「大人」「一人前」の基準や指標であると考えられてきたもののひとつに元服があり、日本古代を対象とする元服研究の嚆矢である中村義雄氏は、「『令月吉日、始加二元服一』（儀礼、士冠礼）などと見える元服とは、男子が頭に冠を加えることで、『元』は首、『服』は冠をさす。首服、首飾、冠礼といい、和文では初冠《ういこうぶり》、御冠《みこうぶり》、冠ともいう。男児が肉体的、精神的に一応の発達段階に達したと認められたとき、成人式としての元服の儀が行われる」[＊5]と定義する。この定義は簡潔明瞭であるが、現代人にとっての「成人」などの概念の多義性を念頭におけば、元服が成人儀礼として行われていたのはなぜか、つまり、ある一つの儀礼が「成人」などを認める節目として社会のなかで機能していたこと自体を問い直さなければならない。換言すれば、日本古代に元服が存在したことで、如何なる観念を人びとに共有させ、社会秩序の形成ないし維持においてどのような役割を果たしたのかを明らかにする必要があるだろう。

　本章では、元服儀礼がある社会において意味のある儀礼として受容されるにあたり、それを支えた観念が如何なるものであったのかを六国史を中心とした文献史料から検討する。

幼稚き皇太子の登場——元服の導入

皇太子の元服

六国史における元服の初出は、『続日本紀』和銅七年（七一四）六月庚辰（二五日）条である。「皇太子加㆓元服㆒」とあり、この皇太子とは当時一四歳の首《おびと》親王を指す。なぜこのときに初めて元服の記述がみられるのだろうか。言い換えると、首親王が最初に元服を行ったのはなぜかということである。従来の元服理解にしたがえば、元服を行うと社会の成員として一人前の存在としてみなされることになるが、ここで注目したいのは翌霊亀元年（七一五）九月二日の元明天皇による譲位の詔である。次に、その一部を引用する。

> 天皇禅㆓位于氷高内親王㆒。詔曰。（中略）今精華漸衰、耄期斯倦、探㆓求閑逸㆒高㆓踏風雲㆒。釈㆑累遺㆑塵、将㆑同㆓脱屣㆒。因以㆓此神器㆒、欲㆑譲㆓皇太子㆒。而年歯幼稚、未㆑離㆓深宮㆒、庶務多端、一日万機。一品氷高内親王、早叶㆓祥符㆒、夙彰㆓徳音㆒。天縦寛仁、沈静婉孌、華夏載佇、謳訟知㆑帰。今伝㆓皇帝位於内親王㆒。公卿百寮、宜㆔悉祇奉以称㆓朕意㆒焉。*6

元明天皇は高齢を理由に天皇の位を皇太子へ譲ろうとするが、事情により皇太子ではなく氷高《ひだか》内親王に譲るという。傍線部には、皇太子は「年歯幼稚」で、天皇の繁多な政務をこなすことができず、そのため位を譲ることができないという事情が述べられている。氷高内親王は即位後およそ九年間在位し、あらためて皇太子首親王へと位が譲られるのは神亀元年（七二四）になってからのことである。このとき、皇太子は二四歳となっていた。その際の詔にも、かつての元明天皇譲位の詔が引かれており、「美麻斯親王乃齢乃弱尓、荷重波不堪自加止、所念坐而、皇祖母坐志志、掛畏岐我皇天皇尓授奉岐」[*7]というように、ここでも再び、皇太子首親王の年齢を理由に氷高内親王へと位が授けられた旨が記されている。

このように皇太子首親王の元服の記述はあるものの、翌年には幼さを理由に天皇の位を譲られなかったことが記されているのである。このとき、元服が年齢的成長や、「幼さ」「稚さ」の克服を表明する儀式として機能していなかった、少なくとも詔のうえでは、元服を終えた皇太子は天皇の位を授けるのに不十分な存在だとみなされたのだろう。

それではいったい、如何なる意図により元服が導入されたのだろうか。日本の元服が、すでに中国において体系化されていた冠礼の影響を受けていることは明らかである。したがって、まずは冠礼の内容を確認し、手がかりとしたい。『礼記』冠義には冠礼の意義が説かれている。

凡人之所㆓以為㆑人者、礼義也。礼義之始、在㆘於正㆓容体㆒、斉㆓顔色㆒、順㆗辞令㆖。容体正、顔色斉、辞令順、而后礼義備、以正㆓君臣㆒、親㆓父子㆒、和㆓長幼㆒。君臣正、父子親、長幼和、而后礼義立。故冠而后服備。服備而后容体正、顔色斉、辞令順。故曰、冠者、礼之始也。是故古者聖王重㆑冠。古者冠礼、筮㆑日筮㆑賓、所㆔以敬㆓冠事㆒。敬㆓冠事㆒、所㆓以重㆑礼。重㆑礼、所㆔以為㆓国本㆒也。故冠㆓於阼㆒、以著㆑代也。醮㆓於客位㆒、三加弥尊、加有㆑成也。已冠而字㆑之、成人之道也。見㆓於母㆒、母拝㆑之。見㆓於兄弟㆒、兄弟拝レ之。成人而与為レ礼也。玄冠玄端、奠二摯於君一、遂以レ摯見二於郷大夫郷先生一。以二成人一見也。成二人之一者、将レ責二成人礼一焉也。責二成人礼一焉者、将レ責下為二人子一、為二人弟一、為二人臣一、為二人少一者之礼行上焉。将レ責二四者之行於人一、其礼可レ不レ重与。故孝弟忠順之行立、而后可二以為一レ人。可二以為一レ人、而后可二以治一レ人也。故聖王重レ礼。故曰、冠者、礼之始也、嘉事之重者也。是故古者重レ冠。重レ冠、故行二之於廟一。行二之於廟一者、所三以尊二重事一。尊二重事一而不三敢擅二重事一。不三敢擅二重事一、所三以自卑而尊二先祖一也*8。

人が人である理由は礼儀を備えている点にある。その礼儀の基本となる姿勢、顔つき、ことば遣いは、冠を着けて服装を整えることからはじまるため、古人は「冠者、礼之始也」といい、聖王もこれを重んじたという。冠を着け、成人同士の孝弟忠順の礼が交換されることによって人として認められる。こうして人に成ってこそ、人を治めることができるのである。『儀礼』士冠礼は、おもに士大夫層の儀式次第を詳細に記すが、「記」には「天子之元子、猶レ士也。天下無二生而貴者一也」とも記されており、たとえ天子の長子であっても、天下に生まれながらにして貴い者はいないとする*9。人を治める存在にとって、冠礼を経て礼を備え成人することは必須の条件であり、それは王位に即《つ》く者にとっても例外ではなかった。

では、皇太子首親王が元服した頃、日本における「成人」とはどのようなものとして把握されていたのだろうか。『日本書紀』斉明天皇四年（六五八）十一月庚寅（十一日）条には、有間皇子が謀反の罪によって処刑される場面が描かれており、その異伝のひとつに当該期における「成人」がなんたるかを示唆していると思われる記述がある。

或本云、有間皇子曰、先燔二宮室一、以二五百人一一日両夜邀二牟婁津一、疾以二船師一断二淡路国一、使レ如二牢圄一、其事易レ成。或人諫曰、不レ可也。所レ計既然而无レ徳矣。方今皇子年始十九、未レ及二成人一。可下至二成人一而得中其徳上。他日有間皇子与二一判事一謀反之時、皇子案机之脚、无レ故自断。其謨不レ止、遂被二誅戮一也。[10]

有間皇子は謀反の策を練るが、ある人物によって諫められる。挙兵の計画がうまくいったとしても皇子は一九歳で成人をしていないため徳がなく、成人して徳を得なければならないというのである。この有間皇子の成人の記述に関して、「令制では二十一歳で授位任官する」[11]というように律令の規定から説明を加えられることがある。しかし、彼の目的を考慮すると、この描写が冠礼と通ずるような〝成人と王位〟の問題を内包するととらえられる。つまり、父と伯母を天皇にもつ皇子であっても、挙兵を成功させ天皇として王位に即き国を治めるためには、成人して王に必要な資質＝徳を得る必要があったのである。ここから、王として国を治めるには単なる血縁や年齢を重ねるだけでなく、成人して資質＝徳を備えた人物であるべきだという態度がうかがえる。

ここで、元服の初出である皇太子首親王元服の論理を、ひとまず次のように整理しておきたい。従来の天皇と異なり母親が皇族ではないという異例の存在であった首親王の立太子は、皇位継承者であることを周囲に示す意図をもって行われたと考えられるが、この時期はそもそも皇太子という立場そのものの創出時期であり、[12]その立場も確実なものではなかった。そこで、唯一の皇位継承者である皇太子という立場を補強するために、元服を行ったのである。服藤早苗氏が述べるように、首親王元服は「王権の父子継承を官人層へ認識させ、承認させる」[13]働きが期待されての儀礼挙行であっただろう。その際に、元服儀礼と皇位継承権を結びつける根拠として、皇太子がすでに王に必要な資質＝徳を得ており、王の要件を満たしていることを示す考えがあったのではないだろうか。

皇太子首親王元服には、制度的にも血縁的にも不安定な皇位継承者の立場を盤石なものにするため、幼く実務能力のない皇太子にも王にふさわしい資質＝徳が備わっていることを示す目的があったと考えられる。

「元服」と「冠」

和銅七年の首親王の次に元服の記述がみられるのは、延暦七年（七八八）の皇太子安殿《あて》親王である。皇太子首親王の元服以降、六国史における元服の記述の数は非常に少なく、安殿親王の次に元服の記述があらわれるのは四三年後の天長七年（八三〇）の基良親王元服である。次ページの〈元服儀礼〉の表は、先述した中村氏が定義するような「元服」「冠」などを包括したいわゆる〈元服儀礼〉の六国史における記述をまとめたものである。

この表をみると、桓武朝には、皇太子安殿親王の「元服」、のちに天皇として即位する二名を含む六人の親王たちの「冠」がみられる。桓武朝における〈元服儀礼〉は、皇太子安殿親王のみを「元服」、皇太子以外の親王たちを「冠」と表記しており、皇太子と親王が明確に区別されている。桓武朝の記事においては、皇太子「元服」が、そのほかの親王の「冠」と明らかに別物として意識されているのである。このことから、桓武朝の記述は唯一の皇位継承者である皇太子を意識したうえでの「元服」表記であった可能性が高い。

また、桓武の息子たちで「元服」「冠」表記のある者は、基本的に父桓武の在位中に記述がある点も特徴

元服儀礼

和暦　（西暦）	天皇	父 （養父）	父の立場 （養父）	対象人物	皇太子○ 天皇◎	表記	出典
和銅7（714）	元明	文武	×	首親王	○	加元服	続日本紀
延暦7（788）	桓武	桓武	天皇	安殿親王	○	加元服	続日本紀
延暦11（792）		桓武	天皇	伊予親王		冠	日本紀略
延暦17（798）		桓武	天皇	大伴親王		冠	日本紀略
延暦17（798）		桓武	天皇	葛原親王		冠	日本紀略
延暦18（799）		桓武	天皇	神野親王		冠	日本後紀
延暦20（801）		桓武	天皇	茨田親王		冠	日本紀略
延暦24（805）		桓武	天皇	坂本親王		冠	日本後紀
弘仁4（813）	嵯峨	桓武	×	葛井親王		冠	日本紀略
弘仁14（823）	淳和	嵯峨	上皇	正良親王	○	不明	日本紀略
天長7（830）		嵯峨	上皇	基良親王		加元服	日本紀略
天長8（831）		嵯峨 （淳和）	上皇 （天皇）	源定		加元服	日本紀略
天長9（832）		嵯峨	上皇	秀良親王		加元服	日本紀略
承和元（834）	仁明	嵯峨	上皇	忠良親王		冠	続日本後紀
承和4（837）		恒世親王 （仁明）	親王 （天皇）	正道王		冠	続日本後紀
承和5（838）		淳和	上皇	恒貞親王	○	加元服	続日本後紀
承和5（838）		嵯峨 （仁明）	上皇 （天皇）	源融		冠	続日本後紀
承和9（842）		仁明	天皇	田邑親王		加元服	続日本後紀
承和10（843）		仁明	天皇	宗康親王		加元服	続日本後紀
承和12（845）		仁明	天皇	時康親王		加元服	続日本後紀
承和12（845）		仁明	天皇	人康親王		加元服	続日本後紀
嘉祥元（848）		仁明	天皇	本康親王		冠	続日本後紀
嘉祥元（848）		仁明	天皇	源冷		冠	続日本後紀
天安元（857）	文徳	文徳	天皇	惟喬親王		加元服	日本文徳天皇実録
貞観6（864）	清和	文徳	×	清和天皇	◎	加元服	日本三代実録
元慶6（882）	陽成	清和	×	陽成天皇	◎	加元服	日本三代実録
元慶6（882）		清和	×	貞保親王		加元服	日本三代実録
仁和2（886）	光孝	藤原基経	太政大臣	藤原時平		加元服	日本三代実録

的である。嵯峨朝の弘仁四年（八一三）の坂上大宿禰《おおすくね》春子所生葛井《ふじい》親王を除いて、桓武朝の終焉とともに桓武の息子たちの「冠」の記述がなくなるのである。また、桓武天皇には臣籍降下した男子も存在したが、彼らの〈元服儀礼〉の記述はみられない。百済永継を母にもつ良岑安世《よしみねのやすよ》は、延暦四年（七八五）に生まれており、延暦五年生まれの葛原親王（延暦一七年「冠」）と神野《かみの》親王（延暦一八年「冠」）とほど近い年齢であるにも関わらず、それらしき記述はない。多治比真人豊継所生の長岡岡成も出生年は不明であるが、同様に「元服」「冠」のいずれも記述がない。桓武朝においては「元服」が意図的に皇太子に限定されて使用されていたことに加え、皇太子以外の男子、とりわけ親王たちの「冠」もある程度皇位との関係の遠近を意識したなかで記されていたのではないだろうか。

『続日本紀』から『日本文徳天皇実録』までの「元服」の記述をみると、皇太子より開始された「元服」は、「冠」表記との区別・併用の時期を経て、親王と天皇の養子である源氏・王にまで拡大されるが、依然として一般の臣籍降下した男子たちの儀礼はみられない。

元服の初出が皇太子であること、そして、その後の「元服」の記述が皇太子を中心に一部の皇族にのみ用いられていることから、八世紀初頭に「元服」が取り入れられて以降、「元服」論理は皇太子を中心に皇位継承との関連において形成され、皇族のあいだで展開したと考えられる。「元服」は皇太子を中心に皇位継承者としての資質＝徳を得たことを周知させる儀式としての側面を有していたのだろう。

『続日本後紀』承和五年（八三八）十一月辛巳（二十七日）条からは皇太子恒貞親王元服の際に出された詔を知ることができる。

皇太子於二紫宸殿一加二元服一。詔。皇太子恒貞、風標岐嶷、元稟温潤。育二問東華一、守二器上序一。離レ幼従レ長、日以躋昇。令月休辰、肇修二元服一。義兼二四礼一、道重二三加一。盛徳以レ之克融、承祧由レ其逾楙。嘉慶之事、豈独在レ予。宜下洽二愷澤一、被中之率土上。可丙賜下天下為二父後一者六位已下爵一級上、承和四年以往言上租税未納咸従乙免除甲。普告二中外一、俾レ知二此意一。[*14]

傍線部をみると、元服により四礼[*15]を兼ね備え、立派な徳を得たことによって、皇統の繁栄が期待されると記されている。首親王は元服後も「幼稚」であるとされたが、恒貞親王は詔の中にはっきりと「離幼従長」であると記されている点に変化がみられる。しかしやはり、八世紀初頭以来、王の資質＝徳をめぐる皇位継承の意識が色濃く反映された元服の論理が、九世紀半ばの皇太子恒貞親王に至るまである程度継承され、明言されていたのである。

以上、皇太子首親王元服以来の元服の論理を考察してきたが、このような皇位継承を中心とし、きわめて限定された人物たちを対象とする考え方に変化が訪れる。その契機となるのが、元服を経ずに即位した天皇、幼帝清和の誕生である。

「美しき御貌人」の誕生——元服の展開

天皇の元服

天安二年（八五八）一一月にわずか九歳で即位した清和は、六年後に「元服」を行う。『日本三代実録』貞観六年（八六四）正月朔条には、清和天皇の「元服」が記されており、これが天皇「元服」の初例である。

天皇加二元服一。御二前殿一。親王以下五位已上入レ自二閤門一。於二殿庭一拝賀。礼畢退出。百官六位主典已上於二春華門南一拝賀。先レ是。預　詔二勧学院藤氏児童高四尺五寸已上者十三人一加冠。是日。引二見内殿一。[*16]

初めての天皇元服に際して、大江音人が唐礼をもとに新たな儀式を整えたことが『中右記』に書かれている。[*17]前節で皇太子首親王以来、元服儀礼は皇太子を中心に皇位継承の意識のもとで論理が働いていたと述べた。幼帝の誕生とはすなわち、皇位継承のあり方の変化でもある。このとき、儀式の施行に関する変化だけでなく、元服の論理にも変化が求められたのではないだろうか。本節では、詔と祝詞という天皇元服にまつわる二つのことばを取り上げ、天皇元服の論理をみていく。

まずは天皇元服に関する詔である。清和天皇元服直後の同年正月七日に詔が出された。次に一部を引用する。

詔曰。明神止大八洲国所レ知天皇詔旨良万止宣勅乎、親王諸王諸臣百官人等天下公民衆聞食止宣。天皇幼少久御坐止伊倍止毛、親王等乎始天王等臣等乃相穴奈比奉利、相扶奉尓依天、食国之内無レ事久平介久之天、御冠加賜比、人止成賜努。此慶乎天下国内止共尓可レ為止奈毛所念行須。凡為二人子一者、有二悦事一時尓波、必先都於夜乎崇飾毛乃止奈毛、聞行須。故是以、皇太后乎大皇大后尓、皇太夫人乎皇大后尓上奉利崇奉留。[18]

天皇が幼くとも、親王たちをはじめ、王たち・臣たちが補佐したので、国の内は無事に平安であり、「御冠加賜ひ、人と成賜ぬ」とある。[19] ここでは、天皇が冠を頭に加え、「人となった」という変化があらわされていることを確認したい。

次に、『西宮記』にある天皇元服における加冠の際の祝詞をみる。[20]

祝云。掛モ畏支、天皇加朝廷、令月乃吉日爾、御冠加賜比天、盛尓美岐御貌人度成利賜努。天神地祇相悦比護利福倍奉賜比天、御寿長久宝位無レ動久御坐止申。[21]

先行研究において、天皇元服儀式の祝詞と「唐礼」との関係はすでに指摘されているが、[22] 今一度『大唐開元礼』皇帝加元服にある祝文を確認し、そのうえで日本の祝詞を考察したい。

祝曰。令月吉日、始加二元服一、寿考惟祺、以介二景福一。[23]

まず、すでに指摘がある通り[*24]、日本の祝詞は文体が宣命体に改められている点があげられる。内容に目を向けると、日本の祝詞には「盛りに美き御貌人と成り賜ひぬ」と「天神地祇相悦ひ護り福へ奉賜ひて、御寿長く宝位動無く御坐」という点が特徴的である。後者については服藤氏が国家儀礼であることのあらわれであると指摘しているが[*25]、本章では前者に目を向けたい。

詔と祝詞のそれぞれを検討すると、詔の「御冠加賜ひ、人と成賜ぬ」と祝詞の「御冠加賜ひて、盛に美き御貌人と成り賜ぬ」という文言が対応関係にあることがみてとれる。どちらも冠を頭上に加えたことにより「人と成」ったということが述べられている。詔と祝詞はことばを発する人物の立場に違いがある点には注意する必要がある。しかしながら、この対応関係はやはり検討すべきものであろう。

詔では「人」とのみあらわされているものが、祝詞では「美き御貌人《みかたちびと》」とあらわされる。二つの文言から、元服をして冠を頭上に加えた天皇が「人」＝「美しき御貌人」に成ったという変化があらわされている。「美しき御貌人」ということばを考えるに、「かたち」とは人間の外見をあらわす。天皇元服儀式において表明された重要な点は、天皇が元服をして外見上の変化を経たということではないだろうか。

このとき、天皇元服には皇太子恒貞親王以前の元服論理とは異なる論理が浮上しているのである。それまでの皇位継承者としての資質の有無を強調した論理とは異なり、天皇元服によって重視されたのは外見上の変化である。前代からの流れを受けて、天皇も元服儀式をする必要があると判断された。しかし、幼帝といえどもすでに皇位に即いているため、皇位継承資格を表明する儀式ではなく、新たな理由づけをしたうえで儀式挙行に臨むことになった。そのため、単なる唐礼の模倣・翻訳ではなく、外見上の変化を重視する文言を新たに明文化したのだろう。

幼帝の即位と、それに伴う天皇元服の登場により、皇太子元服を中心に形成され皇位継承資格を主張する元服論理から、天皇元服を中心に形成され外見上の変化を主張する元服論理へという変質が起こったのである。当然範囲は限られているが、日本古代の社会において、元服を意味のある儀礼たらしめている考え方をみると、皇太子首親王元服から清和天皇元服に至るまで、求められる君主像に変化があり、そのことが元服の変質としてあらわれていると考えられる。そしてその変質によって、元服を通して確認されている「成人」「人」という存在のあり方もまた変化しているのである。

臣下の元服

もう一つ注目すべき点は、天皇「元服」に次いで、臣下の「元服」が出現することである。六国史において皇族以外の臣下の「元服」が初めて出現するのが、『日本三代実録』仁和二年（八八六）正月二日条の藤原時平の「元服」である。

太政大臣第一之男時平、於二仁寿殿一、始加二元服一。于レ時年十六。帝自手取レ冠、加二其首一。令下二主殿助従五位下藤原朝臣末並一理髪上。即日授二時平五位下一。其告身、天皇神筆書二黄紙一以賜レ之。勅、参議右大弁従四位上兼行勘解由長官文章博士橘朝臣広相作二告身文一。其所レ須冠巾、皆是服御之物也。公卿大夫、会二太政大臣職院直蘆一。称レ賀宴飲。雅楽寮挙二音楽一。賜二五位已上禄一賜、各有レ差。[*26]

仁和二年正月二日、当時の太政大臣藤原基経の長男で一六歳の藤原時平が仁寿殿で元服を加えた。六国史中にみられる皇族以外の「元服」の記述は時平が初めてである。それ以前には、藤原緒継の「加冠」が『続日本後紀』承和一〇年（八四三）七月庚戌（二十三日）条に記述されているが、「元服」とは表記されておらず、あくまでも「加冠」であった。

八世紀半ばに成立したとされる『藤氏家伝』をみると、鎌足や武智麻呂が元服らしき儀式をしているような記述はみられず、首親王の「元服」のみが記されている。[*27] 天武朝においてすでに律令官人の冠着用が定められていたが、この時代にはまだ皇族以外の人間には、元服が重要な儀式としては定着していなかったと推測される。正史ではない私的記録にすら描かれない状態から、正史のうちに、「元服」という天皇にも使用される語を用いて記述されるようになったことは、大きな変化といえるだろう。その後、貴族の元服は私撰の儀式書をはじめ、日記など一〇世紀中頃以降の史料から多数確認できるようになる。[*28]

〈元服儀礼〉の表（七三ページ）をみると、臣下の「元服」が出現するのは、前節でみた外見の変化を重視する論理をもった天皇元服儀式の登場以降である。元服論理の変質により、論理上は皇位継承に関わる皇族だけでなく、臣下の元服も可能となった。幼帝即位を契機とする元服論理の変質が、同一の元服観念を共有する層の拡大を促したのである。

大人なるものの童装束――むすびにかえて

天皇元服儀式が登場したことに伴う元服論理の変質により、元服を行うことで「人」＝「かたち人」になることが明文化された。その後、天皇から臣下までいずれも「元服」ということばを用いて記述されるようになるが、それは「元服」ということばと儀礼、その背後にある「人」＝「かたち人」になるという観念が、天皇から臣下にまで共通して適用可能な外見の変化を基盤にしていたためである。その観念の下では、冠の着用によって外見上の変化が起こり、「人」＝「かたち人」という存在になる。ここでは、外見を基準として「人」という存在がとらえられているのである。このような観念が生じ、共有されるということは平安時代においてどのような意味をもつのだろうか。

『蜻蛉日記』に興味深い記述がある。天延元年（九七三）冬、著者である藤原道綱母が、人の誘いに応じて人目につかない寺社へと参詣した際の帰り道、ある人物が著者の目に留まった。

　をかしうもあるかなと見つつ帰るに、大人なるものの、童装束して、髪をかしげにてゆくあり。見れば、ありつる氷を、単衣の袖に包みもたりて、食ひゆく。ゆゑあるものにやあらむと思ふほどに、わがもろともなる人、ものを言ひかけたれば、氷くみたる声にて、「まろをのたまふか」と言ふを聞くにぞ、直者なりけりと思ひぬる。かしらついて、「これ食はぬ人は、思ふこと成らざるは」と言ふ。「まがまがしう、さ言ふ者の袖ぞ濡らすめる」とひとりごちて、また思ふやう、

　わが袖の氷ははるも知らなくに心とけても人の行くかな[*29]

大人でありながら、童装束を着て、髪を「をかしげ」にしている者がいる。よく見ると、垂れていた氷柱の氷を単衣の袖に包み持って、食べ歩いている。なにか由緒ある者だろうかと思っていると、同行者が話しかけた。その者が氷を口に含みながら返事をするのを聞き、由緒もなさそうな身分の者であるとわかった。頭をついて、この氷を食べない人は願いがかなわないと言うので、著者は「縁起が悪いことに、そう言っている者の袖も涙が染みたように濡れているようだ」と呟き、また、心の内に歌を思い起こした。

著者は、寺社詣の帰路に、大人でありながら童装束を身にまとい、髪を「をかし」くしている人物を目に入れ、そのことを書き残した。著者の目を引いたのは、その者の装いである。ここには、大人が童姿をしていることを違和としてとらえる感覚がみてとれる。このような違和の視線は、このときすでに元服による外見の変化が秩序として機能しはじめているために生じたのではなかろうか。幼帝の元服を契機に創出された元服観念が共有・拡大され、より広い範囲で秩序として機能することによって、新たな「人」の見方が平安時代に生まれつつあったのである。

註

＊1　室城秀之校注『うつほ物語 全 改訂版』（おうふう、二〇〇一年）、一一一頁。以下、本稿における引用史料中の傍線はすべて筆者が付した。
＊2　中野幸一校注・訳『新編日本古典文学全集 うつほ物語①』（小学館、一九九九年）、二一〇頁、頭注六。
＊3　河野多麻校注『日本古典文学大系 宇津保物語一』（岩波書店、一九五九年）、一二二頁、頭注九に「忠こそが大人になり。「これ」は忠こそ。指示代名詞、近称」とある。
＊4　前掲註1『うつほ物語 全 改訂版』、一一一頁、頭注一二に「この子が、一人前になって、私が死んだ後も安心していられる状態になるのを見とどけ。底本のまま、おのれ長き夜（世）と解する説もある」とある。
＊5　中村義雄「『源氏物語』と文化史 元服儀礼」（『人物で読む『源氏物語』第三巻――光源氏Ⅱ』勉誠出版、二〇〇五年、初出一九七二年）。本稿引用箇所に続けて、「レヴィ・ブリュルは「成人式の目的は……個人を『完成』し、部族の正当なる成員としてすべての機能に適合させ、彼を生を受けたものとして完きものとなすためである」（未開社会の思惟）と規定している」とある。
＊6　『続日本紀』霊亀元年九月己卯条。
＊7　『続日本紀』神亀元年二月甲午条。
＊8　『礼記』冠義。なお、市原亨吉・今井清・鈴木隆一著『漢文全釈体系 礼記』（集英社、一九七六～七九年）、竹内照夫訳注『明治書院新釈漢文大系 礼記』（明治書院、一九七一～七九年）を参考にした。
＊9　『儀礼』士冠礼の記には、「無二大夫冠礼一、而有二其昏礼一、古者五十而后爵。何大夫冠礼之有。公侯之有二冠礼一也、夏之末造也。天子之元子、猶レ士也。天下無二生而貴者一也。継レ世以立二諸侯一、象レ賢也。以レ官爵レ人、徳之殺也」とある（池田末利訳注『儀礼Ⅰ』東海大学出版会、一九七三年）。山邊進氏によれば、通過儀礼として開始された冠礼が、漢代における「社会秩序形成を目的とした冠礼を含む諸儀礼の再編成」を背景に統治論として再解釈されたさまが、『儀礼』士冠礼篇「記」と『礼記』冠義篇にあらわれている（「『礼記』冠義篇に関する一考察――漢代礼学に於ける加冠儀礼の倫理化」『二松學舍大学論集』第三九集、一九九六年）。
＊10　『日本書紀』斉明天皇四年十一月庚寅条。
＊11　坂本太郎・家永三郎・井上光貞・大野晋校注『日本書紀 下』（岩波書店、一九九三年新装版、初版一九六五年）、

三三六頁、頭注一。

＊12 荒木敏夫『日本古代の皇太子』（吉川弘文館、一九八五年）。

＊13 服藤早苗「転換期における王権と元服――身分秩序の転換」（『家成立史の研究』校倉書房、一九九一年、『歴史学研究』大会特集号第五八六号、一九八八年、を改題所収）。

＊14 『続日本後紀』承和五年十一月辛巳条。

＊15 四礼とは、前掲註8『礼記』冠義にある「孝弟忠順」のことだろう。

＊16 『日本三代実録』貞観六年正月戊子朔条。

＊17 『中右記』大治四年（一一二九）正月五日条に「助教信俊来談云、我朝清和帝初御元服時、大江音人卿、引二唐礼元服儀一作二出式一也。其後用二件式一也」とある。『中右記』は、清和天皇元服からすれば時代が下るが、中村義雄氏、所功氏をはじめ、日本古代の元服研究においては重要な史料として扱われてきた。

＊18 『日本三代実録』貞観六年正月七日甲午条。

＊19 前半部分の「明神と大八洲国」以下の親王や王、臣の扶けによって国の内が平安であるという内容は、桓武朝以降に定型化している即位宣命と酷似することが荒木敏夫氏によって指摘されている（荒木敏夫『日本古代王権の研究』吉川弘文館、二〇〇六年）。

＊20 『中右記』によれば天皇元服儀式は貞観六年（八六四）に清和天皇元服のために大江音人が「唐礼」をもとにつくったものが初めとされる。しかし、貞観儀式とみられる現行の『儀式』には元服儀式の次第は残っていないため、現存史料としては『西宮記』『新儀式』の天皇元服儀式が最古とされている（所功「『御元服』儀式文の成立」『平安朝儀式書成立史の研究』国書刊行会、一九八七年）。

＊21 『西宮記』臨時七、天皇元服（土田直鎮・所功校注『神道大系 朝儀祭祀編二 西宮記』神道大系編纂会、一九九三年）、七五二～七五三頁。一部を、故実叢書編集部編『西宮記 第二』（明治図書出版、一九九三年改訂増補版）を参照し改めた。

＊22 中村義雄「元服儀礼の研究――天皇元服について」（『二松學舍大学論集』昭和四十年度号、一九六六年）、前掲註20「『御元服』儀式文の成立」、前掲註13「転換期における王権と元服――身分秩序の転換」など。

＊23 『大唐開元礼』巻第九十一、皇帝加元服（池田温解題、古典研究会出版『大唐開元礼 附大唐校祀録』汲古書店、一九

七二年）、四二九頁。

＊24　前掲註20「『御元服』儀式文の成立」、前掲註22「元服儀礼の研究――天皇元服について」。

＊25　前掲註13「転換期における王権と元服――身分秩序の転換」。

＊26　『日本三代実録』仁和二年正月二日壬午条。

＊27　「武智麻呂伝」には「儲后始加元服」とあるなど、皇太子（首親王）の元服が話題にあがっている（沖森卓也・佐藤信・矢嶋泉『藤氏家伝　鎌足・貞慧・武智麻呂伝　注釈と研究』吉川弘文館、一九九九年）、一〇九頁。

＊28　九六三年頃成立の『新儀式』には天皇加元服事・皇太子加元服事・親王加元服事・源氏皇子加元服事が（『群書類従・第六輯』続群書類従完成会、一九八七年訂正三版）、一〇世紀中頃成立の『西宮記』には天皇元服（儀）・皇太子元服・親王元服・一世源氏元服・殿上童元服・諸家童子元服が（前掲註21『神道大系　朝儀祭祀編二　西宮記』）、一二世紀前半成立の『江家次第』には御元服（天皇）・東宮御元服・一人若君元服事・諸家子弟元服が記されている（渡辺直彦校注『神道大系　朝儀祭祀編四　江家次第』神道大系編纂会、一九九一年）。岩田真由子氏は、史料上に元服があらわれる順序と儀式書にみえる元服儀の整備順序が一致することを指摘し、元服儀礼が皇太子元服儀からはじまり、整備されたことに言及している（「元服の儀からみた親子意識と王権の変質」『ヒストリア』第二一三号、二〇〇九年）。

＊29　菊地靖彦・木村正中・伊牟田経久校注・訳『新編日本古典文学全集　土佐日記　蜻蛉日記』（小学館、一九九五年）、三二〇～三二一頁。

第四章

「こちよりてのこと」の物語

西村 さとみ

はじめに

いよ〳〵いひはやして、「かの雲林院の菩提講に参りあへりし翁の言の葉をこそ、仮名の日本紀にはすなれ。又かの世継が孫とかいひし、つくも髪の物語も、人のもてあつかひ草になれるは、御有様のやうなる人にこそありけめ。猶の給へ」(中略)「いさ。たゞおろ〳〵見及びし物どもは、水鏡といふにや、神武天皇の御代より、いとあら〳〵かにしるせり。かの次には、大鏡、文徳のいにしへより、後一條の御門まで侍しにや。又世継とか、四十帖の草子にて、延喜より堀川の先帝まではすこし細やかなめる。又なにがしの大臣の書き給へると聞き侍し今鏡に、後一條より高倉院までありしなめり。まことや、いや世継は、隆信の朝臣の、後鳥羽院の位の御ほどまでをしるしたると見え侍し。その後の事なん、いとおぼつかなくなりにけり。おぼえ給はん所にてもの給へ。こよひ誰も御伽せん。かゝる人に會ひたてまつるも、しかるべき御契あらん物ぞ」

南北朝期に成立したとされる『増鏡』は、嵯峨の清涼寺で行き会った老尼の昔物語を筆録したという構えをとる。そして、そのなかで老尼に昔語りを求める筆者は、それまでに『水鏡』、「仮名の日本紀」ともいうべき『大鏡』や四〇帖からなる「世継」すなわち『栄花物語』、『今鏡』『いや世継』などを読んできたと述べている。ここに列記された書物をひとつの作品群としてとらえる意識は、近代における歴史物語という術語の使用をはるかに遡ることがうかがわれよう。*1

国史にも准《なぞら》えられた『大鏡』をはじめとする諸作品は、文学のみならず歴史学の研究対象とされてきた。本章で取り上げる『栄花物語』も例外ではなく、歴史と物語、事実と虚構を二項対立的にとらえる視点からは、事実認識の不確かさや批判精神の欠如などが指摘されもしたが、近年では、漢文史料が伝える事実との差異に『栄花物語』の論理を読み取る、ジャンルの異なる作品との影響関係を検討し広く文学史のなかでとらえるなど、研究の視点は多様化し、読みなおしが進められている。そして、『栄花物語』を徹底的に物語として読むことを謳った『栄花物語 歴史からの奪還』も刊行された。挑発的ともいえるその書名には、同書を事実に還元して読んできたことへの批判が込められているのであろう。*2

それらの成果をふまえたうえで、ここではあえて歴史にこだわってみたい。もちろん、その考察は、『栄花物語』のなかから実際に起きた出来事という意味での事実を抽出するものではなく、したがって同書の表現と内容との関連を問おうとする近年の試みと矛盾するものでもない。むしろ、「世継」の物語は歴史を描いたものであり、歴史書として読まれたとの前提を相対化する視点をも取り込むことにより、当時の歴史認識のありようを探りたい。それはまた、新たな形式と内容を備えた作品が、ほかでもなくその時期に誕生したという歴史性について考える試みでもある。

その方法として、ここではさしあたり「世継」、皇位の継承をめぐる記述に着目し、『栄花物語』が何を書くべきこととして取り上げ、ことの推移をどう認識し描いているのかを、当該期の思想のありようとの関わりにおいて検討する。*3 もとより、わずかばかりの考察により、歴史物語の嚆矢とされる『栄花物語』誕生の歴史的意義を論じることはかなわないが、その考察をとおして、生起し推移する出来事をめぐる平安貴族の認識の構造に迫ってみたい。

皇位継承の論理

村上天皇の苦悩

「こちよりてのこと」、最近のことを記そうとする『栄花物語』が「今の上」、当代の天皇とするのは、村上天皇である。*4

今の上の御心ばへあらまほしく、あるべきかぎりおはしましけり。醍醐の聖帝世にめでたくおはしましけるに、またこの帝、堯の子の堯ならむやうに、おほかたの御心ばへの雄々しう気高くかしこうおはしますものから、御才もかぎりなし。和歌の方にもいみじうしませたまへり。よろづに情あり、物の栄えおはしまし、そこらの女御、御息所参り集りたまへるを、時あるも時なきも、御心ざしのほどこよなけれど、いささか恥がましげに、いとほしげにもてなしなどもせさせたまはず、なのめに情ありて、めでたう思しめしわたして、なだらかに掟てさせたまへれば、この女御、御息所たちの御仲もいとめやすく、便なきこと聞えず、くせぐせしからずなどして、御子生れたまへるは、さる方に重々しくもてなさせたまひ、さらぬはさべう、（中略）かく帝の御心のめでたければ、（中略）いと心のどかなる御有様なり。

（①二〇〜二一頁）

心映えは申し分なく、求められるべきすべてを備えているという村上天皇は、父「醍醐の聖帝」と並び讃えられているが、特筆されるのは後宮における配慮であった。「御子」を生んだ者は丁重に、そうでない者はそれなりにと、各々にふさわしい処遇を得た后妃たちは、諍《いさか》いもなく平穏に過ごしていたという。しかし、後宮のさまが描かれるのは、皇位を継ぐかもしれない「御子」の誕生と関わっており、天皇と后妃とのあいだでは完結しない関係がそこに浮き彫りになるからである。次代の東宮の決定をめぐる村上天皇の苦悩をみていこう。

村上の第一皇子は大納言藤原元方の娘祐姫《すけひめ》所生の広平親王で、「もし男御子生れたまへるものならば、またなうめでたかるべきこと」との「世の人」の期待どおり「一の御子」が誕生し、「あなめでた、いみじとののしりたり」、世間は喜び騒いだ。元方も「東宮はまだ世におはしまさぬほどなり、何のゆゑにか、わが御子、東宮にゐ誤ちたまはん」、娘が生んだ皇子が東宮になりそこねることはあるまいと「頼もしく」思ったという。*5「一の御子」が皇位を継承するというひとつの了解事項があり、元方が孫の立太子を期待したのも当然のこととして描かれている。

しかし、東宮に立ったのは、ほどなく誕生した右大臣藤原師輔の娘安子《あんし》所生の第二皇子憲平親王で、生後わずか二か月のことであった。『栄花物語』がその理由を述べることはないが、師輔ばかりでなく、彼の兄実頼も「一の御子よりは、これはうれしく思さるべし」とあり、憲平が生まれる前は「世はともあれかうもあれ、一の御子のおはするを、うれしく頼もしきこと」としていた天皇も、「御心の中にも、よろづ思ひなく、あひかなはせたまへるさまに、めでたう思」っている。*6この事例にかぎらず、出生順という暗黙の了解があったとしても、それが貫徹されるわけではなく、生母の父の貴族社会における地位が強く影響していたことは、すでに知られていよう。

のちに村上天皇が憲平親王への譲位を考え、次代の東宮を定めるときにも、「式部卿宮とこそは思ひしかど、今におきてはえゐたまはじ。五の宮をなんしか思ふ」、第四皇子式部卿宮為平親王の立太子を望みながらも、守平親王をと左大臣実頼に告げたのである。[*7] 為平親王は安子の所生で、天皇も安子も彼を寵愛していたが、このときまでにも、帝位に就かせるのは難しいと思わせる事態が出来し、苦悩する天皇の姿が描かれている。そして、「大臣のおはせましかば」、右大臣であった師輔が生きていてくれれば、と嘆いていた。[*8]『栄花物語』は、「四の宮帝がねと申し思ひしかど、いづらは、源氏の大臣の御婿になりたまひしに、事違ふと見えしものをやなど、世にある人、あいなきことをぞ、苦しげに言ひ思ふものなめる」、源高明の娘と結婚したことで皇位が遠のいたとの、世間のうわさを記すばかりであるが、[*9] 少しあとに書かれた『大鏡』には、「式部卿の宮、帝に居させたまひなば、西宮殿の族に世の中うつりて、源氏の御栄えになりぬべければ、御舅たちの魂深く、非道に御弟をば引き越し申させたてまつらせたまへるぞかし」とある。[*10]

娘を高明に嫁がせている師輔が健在であれば、彼の兄弟たちが高明の発言力が強まるのを危惧する事態にはならなかったかもしれない。『栄花物語』の筆者は、そうみていたのであろう。そして、「大臣のおはせましかば」という村上天皇の思いを綴ったのである。生母の父、やがて天皇の後見者となる者の地位は、その高下ばかりでなく、貴族間の関係性も含めて問題となり、皇位の継承を左右していた。

一条天皇の決断

村上朝に続き、東宮の決定をめぐる詳細な記事が『栄花物語』にみられるのは、一条天皇の治世である。譲位を決意した一条天皇のもとを訪れた東宮居貞親王に、天皇は「東宮には若宮をなんものすべうはべる。道理のままならば、帥宮《そちのみや》をこそはと思ひはべれど、はかばかしき後見などもはべらねばなん」と告げる。*11

藤原道隆の娘定子所生の「一の宮」敦康親王ゆかりの人びとは、藤原道長の娘彰子が生んだ「若宮」敦成《あつひら》親王が次の東宮に立つのであろうと悲観していたが、世間には「一の宮」こそがと予想する人もいた。*12「一の宮」が立つべきだとの認識はそれなりにあり、一条天皇もそこに「道理」をみている。しかし、「帥宮」敦康親王には確かな後見がいないとの理由で、敦成親王の立太子を決断したのである。

中宮は若宮の御事の定まりぬるを、（中略）上は道理のままにとこそは思しつらめ、かの宮も、さりともさやうにこそはあらめと思しつらんに、かく世の響により、引き違へ思し掟つるにこそあらめ、さりともと御心の中の嘆かしうやすからぬことには、これをこそ思しめすらんに、いみじう心苦しういとはしう、（中略）など、思しめいて、殿の御前にも、「なほこのこといかでさらでありにしがなとなん思ひはべる。かの御心の中には、年ごろ思しめしつらんことの違ふをなん、いと心苦しうわりなき」など、泣く泣くといふばかりに申させたまへば、殿の御前、「げにいとありがたきことにもおはしますかな。またさるべきことなれば、げにと思ひたまへてなん掟て仕うまつるべきを、上おはしまして、あべいことどもをつぶつぶと仰せらるるに、『いな、なほ悪しう仰せらるることなり。次第にこそ』と奏し返すべきことにもはべらず。世の中いとはかなうはべれば、かくて世にはべるをり、さやうならん御有様も見たてまつりはべりなば、後の世も思ひなく心やすくこそはべらめとなん思ひたまふる」と申させたまへば、またこれもことわりの御事なれば、返しきこえさせたまはず。（①四六八〜四六九頁）

「一の宮」を立てることが「道理」であるとの認識は、中宮彰子も有していた。一条天皇の決断を耳にした彰子は、「道理」にしたがって敦康親王を東宮にと考えておられたであろうに、「世の響き」、世評におされて考えを翻されたのであろうと、天皇の心中を推し量り、さらに敦康親王も心穏やかならぬことと不憫に思って、道長に泣かんばかりに訴えたとある。道長は、立派な心遣いだと言いつつも、天皇に「次第にこそ」、順序どおりに、と意見することなどできない、さらに、自身の命があるあいだに敦成親王が東宮に立つのをみることができれば後生の憂いもなくなる、と応じている。彰子は、そのことばに「ことわり」を認め、あえて言い返すことはなかった。

このときもまた、出生の順序、「次第」によるという論理と確かな後見の存在というそれが並び立たない要件としてあり、「道理」とされた「次第」は退けられ、後見の存在が重視された。ただ注目すべきは、「道理」とは別に「ことわり」が見いだされている点である。ここにいう「ことわり」には、天皇の決定に異を唱えることはできないというのみならず、敦成の立太子をこの目で見たいとの道長の思いも含まれていよう。私たちは「道理」と「ことわり」は置き換えられると思いがちであるが、はたしてそうなのであろうか。次節では、「道理」「ことわり」の語を手がかりに、当該期の貴族の、ことの推移をめぐる認識のありようについて検討することにしたい。

〈いま〉をとらえる論理

人の思いと「ことわり」

皇位継承をめぐる「次第」を除けば、『栄花物語』に「道理」の語はほとんどみられないが、「ことわり」は少なからず用例が存在する。すでに指摘されているように、出家や死を悲しむ人の気持ちに同情する表現が多いものの、そればかりでなく、さまざまな人の思いに対し共感の意を込めて使用されている。*13 まずは、円融天皇女御藤原遵子《じゅんし》の立后にまつわる記事に目を向けてみよう。

中宮立ちたまはんとて、太政大臣いそぎ騒がせたまふ。これにつけても右大臣あさましうのみよろづ聞しめさるるほどに、后立たせたまひぬ。いへばおろかにめでたし。太政大臣のしたまふもことわりなり。帝の御心掟を、世人も目もあやにあさましきことに申し思へり。一の御子おはする女御を措きながら、かく御子もおはせぬ女御の后にゐたまひぬること、やすからぬことに世の人なやみ申して、素腹の后とぞつけたてまつりたりける。されどかくてゐたまひぬるのみこそめでたけれ。（①一一一頁）

太政大臣藤原頼忠は、「一の御子」懐仁《やすひと》を生んでいる女御詮子《せんし》をさしおいて娘遵子が后に立ったならば、どう取り沙汰されるであろうと憚《はばか》りながらも、天皇の意を受けて内々に準備を進めていた。その危惧は現実のものとなり、詮子の父藤原兼家は不快感をあらわにし、世間も円融天皇のはからいを穏やかならぬことと非難した。しかし、『栄花物語』の筆者は、頼忠が準備に力を注ぐのも「ことわり」、もっともなことだといい、誹《そし》りを受けたとしても立后したのは結構なことであると記している。天皇の判断はさておき、娘の立后の準備に力を注ぐ頼忠の思いは肯定されたのである。

遡れば、このとき立后がかなわなかった詮子の入内をめぐっても、「ことわり」という語が使用されている。

内には中宮のおはしませば、誰も思しはばかれど、堀河殿の御心掟のあさましく心づきなさに、東三条の大臣、中宮に怖ぢたてまつりたまはず、中姫君参らせたてまつりたまふ。大殿の、姫君をこそ、まづと思しつれど、堀河殿の御心を思しはばかるほどに、右大臣はつつましからず思したちて、参らせたてまつりたまふ。ことわりに見えたり。参らせたまへるかひありて、ただ今はいと時におはします。中宮をかくつつましからず、ないがしろにもてなしきこえたまふも、昔の御情なさを思ひたまふにこそはと、ことわりに思さる。（①九九頁）

「堀河殿」太政大臣藤原兼通の娘媓子《こうし》に気兼ねし、頼忠も含め、誰しも娘を入内させずにいたところ、兼家が怖じることなく詮子を入内させたことが「ことわり」と評されている。また、兼通が没したのちの、兼家の媓子を軽んじるような振る舞いも、兼通の過去の仕打ちを恨んでのことと推測され、それも「ことわり」に思われたとある。「ことわりに思」ったのは、頼忠をはじめとする貴族たちとも、ないがしろにされた媓子自身とも解釈されているが、いずれにしても、「ことわり」は行為そのものの是非ではなく、その背後にある人の思いに向けられたことばであるといえよう。

ところで、一条天皇の「道理」による決断を期待していた、すなわち敦康親王の立太子を望んでいた藤原伊周の思いもまた「ことわり」と評されていた。彰子の立后が世間で取り沙汰された時期のことである。

帥殿はそのままに一千日の御斎にて、法師恥づかしき御おこなひにて過ごさせたまふ。今は一の宮かくておはしますを、一天下の灯火と頼み思さるべし。げにことわりに見えさせたまふ。一の宮の御祈りを、えもいはず思しまどふべし。（①三〇七頁）

花山法皇に矢を射かけた罪などにより大宰権帥《だざいのごんのそち》として九州に赴いていた伊周は、帰京ののち、僧侶も恥じ入るほどの勤行をしていた。それは、敦康親王を希望の光と頼み、その立太子を祈ってのことであろうと推測され、それが「ことわり」と評されている。しかし、伊周の祈りが通じることはなかった。「道理」によらない決断が下され、敦成親王が東宮に立てられたとき、伊周はすでにこの世を去っていたが、彼の思いと道長の思いが同時に実現することはありえない。しかし『栄花物語』は、それぞれの思いに「ことわり」をみ、そのような「ことわり」が政治的な決断に作用するさまを描いたのである。

仏神・宿世・天

さて、皇位の継承をめぐる問題が、せめぎあう「道理」や「ことわり」のなかにおかれていたとすれば、そこでなされた決定はどのように受けとめられたのであろうか。東宮に立てなかった為平親王について、『栄花物語』に「世にある人」が噂したとあることはすでに述べたが、源高明が「式部卿宮の御事を思して、朝廷を傾けたてまつらんと思しかまふといふこと出で来て」、大宰権帥に左遷されたことに関しては、「仏神の御ゆるしにや、げに御心の中にもあるまじき御心やありけん」と記されている。[*14] いわゆる安和の変を『栄花物語』の筆者がどうとらえていたのかは、ここでは問わないが、謀反の企てがなかったにもかかわらず高明が左遷の憂き目をみたのであれば、「仏神」がそれを容認した、高明は「仏神」に見放されたというのである。

一方、みずから「仏神」を頼むことの虚しさを語ったのは、藤原伊周である。敦成親王が誕生し世間が沸き立っているさまを耳にした彼は、「めづらかなる夢など見てし後は、さりともと頼もしう、（中略）そのままに精進、斎をしつつあり過ぐし、ひたみちに仏神を頼みたてまつりてこそありつれ、今はかうにこそあめれ」と嘆いた。ただ、彼は同時に「ものの因果知らぬ身にもあらぬものから、何ごとを待つにかあらんと思ふに、いとはかなしや」と、「因果」をわきまえているはずが、この世の栄達に執着する自身を省みてもいる。[*15]

伊周は、かつて大宰権帥として赴任することになったときにも、宇治の木幡《こはた》にある父道隆の墓前で、「みづからの宿世果報のゆゆしくはべりければ」左遷の憂き目にあった、「みづから怠ると思ひたまふることはべらねど、さるべき身の罪にて」嘆かわしい事態になった、すなわち現状はみずからの過失が招いた結果ではなく、「宿世果報」「身の罪」によるものであると述べていた。[*16]

『栄花物語』には、病の平癒や出産の無事などを「仏神」に祈る貴族たちの姿がしばしば描かれるとともに、「宿世」という語も散見される。この時期の物語にみられる「宿世」については、身のありようを前世における所行やそこで結んだ因縁のあらわれととらえて、そう称したものであり、前世・現世・来世、つまり三世のうちの前世、過去世という本来の意味と必ずしも同じではないとの指摘が、すでになされている。[*17] あくまでも伊周の自己認識として描かれてはいるが、『栄花物語』においては、効験をもたらす「仏神」よりも、「宿世果報」、前世の因縁が、現在の身のありようを根拠づけるものとして認識されているかのようである。[*18]

のちに東宮に立ち皇位に就くことになる敦成親王も、そのもって生まれた宿縁が語り出されていた。

かく幼うおはしますとも、さべうて生れたまへらば、四天王守りたてまつりたまふらん。ただのわれらだに、人の悪しうするにはもはら死なぬわざなり。いはんや、おぼろけの御果報にてこそ人の言ひ思はんことによらせたまはめ、まうとたちは、かくては天の責をかぶりなん。われともかくも言ふべきことならず。（①四三八〜四三九頁）

伊周の近親者が親王らを呪詛していることが明るみに出、道長が高階明順《たかしなのあきのぶ》を呼び、口にしたことばである。不確かな「果報」であれば人の思いに左右されるであろうが、しかるべき因縁をもって生まれた敦成親王は四天王に守られており、よからぬ心を起こした者は「天の責」を被るであろうと説く道長に、明順は弁明のことばもなく退出し、数日後に亡くなったという。

人とのあいだに相関関係をみる「天」の用例は、これ以外には、やはり伊周にまつわる逸話にみえるばかりである。父道隆が亡くなり、自身の地位を危うく思った伊周は、明順の父、彼にとっては母方の祖父にあたる高階成忠を「たゆむなたゆむな」と責め立てた。成忠は秘法の数々を行い、「さりともと心長閑に思せ。何ごとも人やはする。ただ天道こそ行はせたまへ」、「天」がことを運ぶと伊周を力づけたのである。[*19]「天」は「宿世果報」とともに人のいま、そしてこれからを根拠づけるものとして、『栄花物語』のなかに確認された。ただ、その例はわずかであり、必ずしも人、あるいは人が織りなす社会のありようを左右するものとして描かれてはいない。

とすれば、複数の「ことわり」や「道理」が交錯するなかでなされた決断は、その是非を問われないのであろうか。『栄花物語』に描かれた皇位継承のあり方とそれを定める天皇について、同書の周辺にも目を配りながら検討を続けることにしよう。

人の世の移り変わり

「御心」と「世の人」

「世の人」は、死の床にある一条天皇の傍につききりで介抱する敦康親王の「御心の中推しはかられ、心苦し」く思いながらも、敦成親王の立太子を「驚くべくもあらず、あべいこととみな思」い受けとめていた。*20 守平親王の立太子に関しても、それを批判することばは『栄花物語』にはみられない。しかし、天皇の考え・判断はときに「世の人」の非難を浴びている。円融天皇が、第一皇子の母詮子ではなく、子をもたない遵子を立后させたことに対して、「目もあやにあさましきこと」「やすからぬこと」と非難の声があがったことは、すでに述べたとおりである。

　村上天皇もまた、中宮安子亡きあと、その妹であり重明《しげあきら》親王の室となっていた登子《とうし》を寵愛し尚侍に任じたことから、藤原実頼をして「あはれ、世の例にしたてまつりつる君の御心の、世の末によしなきことの出で来て、人のそしられの負ひたまふ」と嘆かせている。*21 優れた君主の例となるはずの天皇の「御心」が、治世の終盤に理不尽なありさまとなり、人の誹りを受けることになったというのである。次期東宮をめぐる決断が、自身の為平親王への愛情を抑え、状況を見極めてなされたのに対し、登子の処遇は、その人への専心ゆえの所行である。みずからの好悪によらず、それぞれの立場に応じて后妃を遇したことが、村上天皇が評価されたひとつの理由であった。それが崩れたのである。

人の思いをそのままに肯定するかのような「ことわり」という語が『栄花物語』に散見されることは前節で述べたが、それに対して、むしろそれゆえにというべきか、人びとを治める天皇は「御心」に任せて判断し行動してはならなかった。その決断は、さまざまな思いを抱く「世の人」の前に晒されていたといえよう。その一方で、不穏な社会情勢をめぐって天皇の責任が問われることはなかった。

世の中ともすればいと騒がしう、人死になどす。さるは、帝の御心もいとうるはしうおはしまし、殿の御政も悪しうもおはしまさねど、世の末になりぬればなめり。年ごとには世の中心地起りて、人もなくなり、あはれなる事どものみ多かり。（①三七九頁）

寛弘三年（一〇〇六）に疫病や災害の記録はみられず、具体的にいかなる事態を指しているのかは不明であるが、不穏な状態が続く理由は末世に求められている。天皇の「御心」が立派で道長の政治も悪くはなくても災いは起こると、『栄花物語』の筆者は認識しているのである。日本にも受容された天人相関説によれば、災いは悪政に対する誡めとなる。しかし同書において、そうした「天」と人との関係が前景化されることはないのである。

平安中期には、災いと政治の善悪とを切り離してとらえる思想が漢文で書かれた日記などにも散見され、以上の認識は『栄花物語』に独自のものではなかった。一条朝の「四納言」のひとり、藤原行成の日記『権記』をみておこう。

近日疫癘漸以延蔓。此災年来連々無㆑絶。昔、崇神天皇御宇七年有㆑疫。天下之人大半亡没。于㆑時天皇知㆓其祟㆒。忽以解謝、治㆓馭天下㆒百余年也。而今世路之人皆云、代及㆓像末㆒。災是理運。予思不㆑然。（中略）主上寛仁之君、天暦以後、好文賢皇也。万機余閑、只廻㆓叡慮㆒、所㆑期澄清。所㆓庶幾㆒者、漢文帝・唐太宗之舊跡也。今當㆓斯時㆒、災異鋒起。愚暗之人不㆑知㆓理運之災㆒。堯水・湯旱難㆑免。忽迷㆓白日蒼天㆒、雖㆑訴無㆑答者也。[*22]

長保二年（一〇〇〇）に疫病が蔓延し、行成は国史に残るもっとも古い関連記事を思い起こす。そこには、疫病を神の意思と知り身を慎んで対処した崇神天皇が、百余年ものあいだ天下を治めたことが記されていた。しかし、もはや疫病をそのようにとらえる人はおらず、誰しも『栄花物語』の筆者と同じく像法の末、末法の到来によると解していた。行成自身はそれを誤りとし、「理運之災」をいう。災いは起こるべくして起こるものであり、漢の文帝や唐の太宗を範とする優れた君主、一条天皇の治世に災いが生じても不思議ではない、と。いずれにしても、突発的に起こる出来事を超越的な存在による意思の発動とせず、君主への譴責《けんせき》とはとらえない思想が語られていた。筆者が直接それに触れていたかはさておき、『栄花物語』はそうした思想状況を共有しているといえよう。

なお、『栄花物語』のいわゆる正編の末尾には、「次々の有様どももまたまたあるべし。見聞きたまふらむ人も書きつけたまへかし」とある。[*23] 道長の死で閉じられる正編は、その叙述の目的が彼の生涯を描くことにあったとの解釈をもたらしている。たしかに、何をどう描くかにより叙述する時期は区切られるであろう。ただ『栄花物語』は、一方向に流れる単線的な時間においては短期間のうちに諸事象の関係をとらえ、そこから突然のように前世へと遡る。前世は現在の投影であり、『栄花物語』はことの推移をみるよりも、常にいま、現在をみているといえるかもしれない。[*24] この点において、末尾にある一文は、人の世には次々とことが起こっており、その語りは途切れることはあっても、ある時点に収斂することはないと、筆者がそれまで描いてきた世をとらえているようにも思われる。

では、その叙述のはじまりはいかなるものであったのか。またそれは、ここまでみてきた「世継」のありようをめぐる天皇と貴族たちの描かれ方とどう関わっているのか。改めて『栄花物語』の冒頭に立ち返ってみることにしよう。

延喜・天暦聖代観と時代認識

世始りて後、この国の帝六十余代にならせたまひにけれど、この次第書きつくすべきにあらず、こちよりてのことをぞしるすべき。世の中に宇多の帝と申す帝おはしましけり。その帝の御子たちあまたおはしましけるなかに、一の御子敦仁親王と申しけるぞ、位につかせたまひけるこそは、醍醐の聖帝と申して、世の中に天の下めでたき例にひきたてまつるなれ。（①一七頁）

「世」、天皇による統治がはじまってから六十余代に至る推移のすべてを書き尽くすことはできないから、現在に近い時世について記すことにしよう。『栄花物語』はこのように書き起こされる。その筆が宇多天皇の名を記し、彼の第一皇子が即位して「醍醐の聖帝」と讃えられたことを綴るその先に、第一節で述べたように、醍醐天皇の皇子で兄朱雀の跡を継いだ村上天皇が「今の上」として登場するのである。

村上天皇が父と並び讃えられた理由のひとつが「心ばへ」にあったこともすでに確認したが、加えて、学問の深奥を究め和歌にも通じていること、とりわけ醍醐天皇の『古今和歌集』に次いで『後撰和歌集』を編纂したことも評価されている。[*25] その『古今和歌集』に、和歌は、人の心がことばとなってあらわれたものであり、「世の中にある人」が「心に思ふことを、見るもの聞くものにつけて、言ひ出」したものであると謳われていた。さらに、そこには「古の世々の帝」が伺候する人びとに「事につけつつ歌を奉ら」せ、「心々を見たまひて、賢し愚かなりとしろしめし」たともある。[*26] 天皇が詠進を求めた時々の事情はさておき、和歌はそのようなものとして語られていた。すなわち、和歌に通じていることは人の心を知ることであり、勅撰和歌集の編纂は行き届いた心遣い、「心ばへ」へと通じていたのである。

ところで、醍醐・村上両天皇をのちの模範となるべき君主と讃えるのは『栄花物語』ばかりでなく、両天皇の治世を理想の時代とする、いわゆる延喜・天暦聖代観は、一〇世紀後半から一一世紀にかけてしだいに浸透し、以後長く人びとの意識にあった。聖代の要件は時とともに変化し、摂政・関白をおかずに天皇が政務を執った時代として評価されもしたが、平安中期には、人事が公正に行われた時代、儀礼を整え、また文を好む天皇、人のことばに耳を傾ける天皇の治世を指していた。[*27] まさしく『栄花物語』が聖帝と讃える天皇像に重なるであろう。

醍醐天皇、村上天皇には、人が話しやすいよう笑顔を心がけた、下級官人の意見を聞いたといった逸話が伝えられている。[*28] その醍醐天皇に、官人の勤務態度に応じてしかるべく遇することを説き、「右大将菅原朝臣はこれ鴻儒なり。また深く政事を知れり。朕選びて博士と為し、多く諫正を受けたり。仍て不次に登用し、以て其の功に答へつ」、自身が菅原道真の諫言を入れ、その功を重んじ登用したと「御遺誡」を残したのが、宇多天皇である。[*29]『栄花物語』の叙述が具体性を帯びてくるのは村上天皇の治世からであるが、筆者は、村上天皇が賞賛されるような社会、それを支える思想は、宇多天皇から醍醐天皇の治世にその萌芽がみられるとの認識を抱いていたのではなかろうか。

「世の中のかしこき帝の御例に、もろこしには堯・舜の帝と申し、この国には延喜・天暦とこそは申すめれ。延喜とは醍醐の先帝、天暦とは村上の先帝の御ことなり」とあることなどから、『大鏡』には延喜・天暦聖代観の影響が指摘されるが、『栄花物語』はそうした観念とは結びつけられてこなかった。[*30]しかし、延喜・天暦聖代観の広がりは、先例を当該期以降に求める傾向を生じさせ、その時期をひとつの時代の画期とする意識を醸成していった。天仁元年（一一〇八）には、大嘗会の御禊《ごけい》に際し、服暇《ぶっか》の人が供奉することをめぐって次のような意見が出されている。

> 下官申云、服假人々供二奉御禊一之條、頗不二穏便一。先仁和之例、雖レ有二旧跡一、往古如レ此事強不レ避二忌諱一。近代其忌頗重。延喜天暦以後例、近来被レ用也。（中略）仁和礼已為二往古事一。頗不レ叶二今世作法一。（中略）強尋二上古希代例一、不レ可レ用歟。[*31]

ここに述べられた「上古」「近代」など時代を区分する語はみられないものの、延喜年間以前を遠い時代とする意識は、一一世紀初頭にもすでに確認される。[*32]そうした時代認識を『栄花物語』の筆者が共有していたとしても不思議ではない。『栄花物語』は、光孝天皇で終わった『日本三代実録』の跡を継ぐべく、宇多天皇から書きはじめられたといわれてきた。現在では、両者は文体も内容も異なっており国史を継承する意識は希薄であったとみられているが、[*33] 当時の貴族たちがとらえた画期が、従来のような国史を求めない時代への転換であったとすれば、『栄花物語』もそうした時代を表現しているのではなかろうか。

その時代とはいかなる時代であったのか。こうした問いに向き合うには、「道理」や「ことわり」、「仏神」「宿世」や「天」などの価値観が交錯するなかで人びとがどう生きていたのかを、改めて検討しなければならないであろう。また、平安貴族たち、そして『栄花物語』を「世継」の物語として読んだ人びとが、それを国史との関係においてどうとらえていたのかを問うことも、さしあたっての課題となるように思われる。そこでは、本論でわずかに言及した『大鏡』にも考察をおよぼさなくてはなるまい。『栄花物語』の誕生がいかなる時代のどのような認識のありようを表現しているのかを探る試みは、まだ緒に就いたばかりである。

むすびにかえて

『栄花物語』にわずかにみられた「道理」は、一三世紀初頭に慈円が著した『愚管抄』においては、歴史を叙述する重要な術語となっていた。

此皇代年代ノ外ニ、神武ヨリ去々年（承久元年――引用者）ニ至ルマデ、世ノウツリ行道理ノ一トヲリヲカケリ。是ヲ能々心得テミン人ハミラルベキ也。偏ニ仮名ニ書ツクル事ハ、是モ道理ヲ思ヒテ書ル也。先是ヲカククカ、ント思ヨル事ハ、物シレル事ナキ人ノ料也。[*34]

世の中が移り変わっていく、その「道理」について、慈円は「日本国ノ世ノハジメヨリ次第ニ王臣ノ器量果報ヲトロヘユクニシタガイテ、カカル道理ヲツクリカヘツクリカヘシ」てきたといい、根本の「道理」にさまざまな「道理」を「イカニ心得アハスベキ」かは、人に教えられるものではなく、「智恵アラン人ノワガ智解ニテシルベキ」であると述べている。それにもかかわらず書物に著したことについては、「モシヤト心ノヲヨビコトバノユカンホドヲバ申ヒラクベシ」、理解の助けになることもあろうかと、心の届くこと、ことばのおよぶほどのことを述べるとあり、[*35]物を知らない人びとのために仮名で書くともいう。『栄花物語』には、さまざまな出来事や人びとの言動を批評する「世の人」が描かれていた。『愚管抄』においては、人は「此国ニ生レ」た以上、ある程度は「国ノ風俗ノナレルヤウ世ノウツリ行ヲモムキヲ、ワキマヘ」[*36]、さらに「道理」についてみずから知ろうとすることを求められている。その「道理」は「神武」、人の世のはじまりからいまに至るまでのなかにあった。『栄花物語』が書かれた時代の価値観の相克の先に、こうした思想が語られるときが訪れる。前節に述べた課題は、その時代を見据えて検討しなければならないであろうことを述べて、むすびにかえることにしたい。

註

＊1　『増鏡』序。『日本古典文学大系 神皇正統記・増鏡』（岩波書店、一九七〇年）より引用。「歴史物語」を明確に定義し使用したのは、芳賀矢一（「歴史物語」『芳賀矢一遺著』冨山房、一九二八年）であったとされる。河北騰氏は「これ（「歴史物語」―引用者）は芳賀氏の大正十年ごろ以来、東京帝国大学での講義内容を逐一まとめて上梓された物であるが、ここで初めて『歴史物語』という語が正式に学術語として用いられ、以来広く一般に定着するに至った事は、大いに記憶されて良いであろう」と述べておられる（「栄花物語研究史」歴史物語講座刊行委員会編『歴史物語講座』第二巻、風間書房、一九九七年）。なお、「栄華物語、大鏡をはじめとして、その大鏡の体裁を襲うた水鏡、増鏡、今鏡等」に江戸時代の「池の藻屑、月のゆくへ」を加えた「平安時代に発生した仮名物語の歴史」という芳賀氏の定義は、基本的に踏襲されているものの、史実を仮名文で綴った作品はほかにもあり、それらも「歴史物語」として論じられることがあるなど、必ずしも共通認識のうえに研究がなされているわけではないのが現状であろう。

＊2　一九九七年から九八年にかけて刊行された『歴史物語講座』全七巻（風間書房）には、「歴史物語」およびそれに分類された『栄花物語』『大鏡』『今鏡』『水鏡』『増鏡』の研究史がまとめられている。それ以降も多くの成果が公表されているが、ここでは研究の多様化がうかがわれる近年の論文集を何点かあげるにとどめ、行論に関わるものについては適宜ふれることにしたい。二〇一〇年代に入って、それまでの研究を収載された福長進『歴史物語の創造』（笠間書院、二〇一一年）、加藤静子『王朝歴史物語の方法と享受』（二〇一一年、竹林舎）のほか、加藤静子・桜井宏徳編『王朝歴史物語史の構想と展望』（新典社、二〇一五年）、高橋亨・辻和良編『栄花物語 歴史からの奪還』（森話社、二〇一八年）など複数の論者による成果もみられる。また、二〇一六年に刊行された『日本文学研究ジャーナル』第八号は「歴史物語の表現世界」を特集している。

＊3　中村康夫『皇位継承の記録と文学』（臨川書店、二〇一七年）は、『栄花物語』を皇位継承の記録として読むという方法を掲げられ、『栄花物語』叙述の前提として、歴史上の皇位継承をめぐる平安貴族の知識に目配りをされている。視点は興味深いものの、前提とされた知識がどのように意識化され叙述とどう関わっているのかは、必ずしも明らかにはされていないと考える。

＊4　以下、『栄花物語』の引用は、『新編日本古典文学全集 栄花物語』①②③（小学館、一九九五～九八年）により、

巻数ならびに頁数を記す。

＊5　『栄花物語』巻第一、月の宴、①二三〜二四頁。

＊6　『栄花物語』巻第一、月の宴、①二四、二六頁。

＊7　『栄花物語』巻第一、月の宴、①五八頁。

＊8　『栄花物語』巻第一、月の宴、①四〇頁。

＊9　『栄花物語』巻第一、月の宴、①六六頁。

＊10　『大鏡』右大臣師輔、一五三頁。以下、『大鏡』の引用は、『新編日本古典文学全集 大鏡』（小学館、一九九六年）により、頁数を記す。

＊11　『栄花物語』巻第九、いはかげ、①四六七頁。

＊12　『栄花物語』巻第九、いはかげ、①四六六頁。

＊13　中村康夫「『栄花物語』の歴史記述の構造――『天地』『仏神』『理』『自ら』」（山中裕編『新栄花物語研究』風間書房、二〇〇二年）に、「道理」「ことわり」の用例をめぐる検討がみられる。そこでは、「道理」と「ことわり」の差異は問われていないが、『栄花物語』に「道理」はほとんど使用されておらず、両者は使い分けられている可能性がある。漢文史料にみられる「道理」「理」などとの異同も含め、改めて検討したい。なお、平安中期から鎌倉期の「理」について論じたものに、龍福義友『日記の思考 日本中世思考史への序章』（平凡社選書、一九九五年）がある。

＊14　『栄花物語』巻第一、月の宴、①六七〜六八頁。

＊15　『栄花物語』巻第八、はつはな、①四二九〜四三〇頁。

＊16　『栄花物語』巻第五、浦々の別、①二四三頁。

＊17　『国文学 解釈と教材の研究』の特集「古典文学の術語集」において、「宿世」の執筆を担当された日向一雅氏は、「仏教語。宿世は元来『前世』『前生』を意味するが、平安物語では『宿世の業因』『宿世の所行』の意味でもっぱら使われる」と記されている（第四〇巻第九号、一九九五年）。また寺島茂氏は、仏典のなかで、世に宿ること、仏の生きている世の意で宿世の語が用いられている事例をあげ、それと物語の宿世では「あらわす世界が異質」であることを論じられた（「平安時代の物語の『宿世観』と仏教の『宿世観』」『国学院大学大学院文学研究科論

集』第一集、一九七四年）。なお日向氏は、「宿世」が「作品の基調に関わって重要な意味を持つのは『源氏物語』と後期物語である」とも述べられている。

＊18　繁田信一氏は、物語や古記録など平安中期の諸史料から「仏神」「天道」「宿世」を抽出し、「仏神」の超越的原理としての規定性の弱さを論じられた（「仏神・天道・宿世――平安貴族の生活感覚における神仏の位置」印度学宗教学会『論集』第二三号、一九九六年）。また、中村康夫氏も前掲註13「『栄花物語』の歴史記述の構造――『天地』『仏神』『理』『自ら』」において、「理」のみならず「仏神」や「天」の用例を検討されており、筆者も神観念の変容との関わりにおいて「宿世」の思想に言及したことがある（「記憶と場所――みやこという空間をめぐって」『古代都市とその思想』奈良女子大学二一世紀COEプログラム報告集二四、二〇〇九年）。しかし、それらの論理が平安貴族のなかでどのように再編成されていたのかは、いまだ検討の余地があろう。

＊19　『栄花物語』巻第四、みはてぬゆめ、①二一二頁。

＊20　『栄花物語』巻第九、いはかげ、①四六九～四七〇頁。

＊21　『栄花物語』巻第一、月の宴、①五二頁。

＊22　『権記』長保二年（一〇〇〇）六月二〇日条。

＊23　『栄花物語』巻第三〇、つるのはやし、③一八三頁。

＊24　福永進氏は、『栄花物語』の筆者は歴史を対象化する位置に立たず、常に事象の現場に身をおいて語っており、それゆえに皮相な歴史認識にとどまったと論じられている（「『今』の表現性」前掲註2『歴史物語の創造』第三章）。

＊25　『栄花物語』巻第一、月の宴、①二〇、三二頁。

＊26　『古今和歌集』仮名序（『新編日本古典文学全集　古今和歌集』小学館、一九九四年）。

＊27　延喜・天暦聖代観ならびにそれをめぐる研究史については、雲下愛子「延喜・天暦聖代観について」（『日本史の方法』第一〇号、二〇一三年）に詳しい。

＊28　醍醐天皇の逸話は『大鏡』道長（雑々物語）、三七四頁に、村上天皇のそれは『古今著聞集』三「村上天皇長けたる下部に政道を問ひ給ふ事」にみえる。

＊29　「寛平御遺誡」（『日本思想大系　古代政治社会思想』岩波書店、一九七九年）。

＊30 『大鏡』師尹、一一九頁。『栄花物語』は、「醍醐の聖帝」とは記すものの、その時代を語らず、村上天皇の治世は「今」とするため、必ずしも延喜・天暦聖代観を標榜しているとはいえない。ただ、そうした観念が叙述に影響したであろうことは推察されよう。

＊31 『中右記』天仁元年（一一〇八）一〇月一一日条。

＊32 『小右記』寛仁元年（一〇一七）一二月一三日条、長元四年（一〇三一）七月二三日条など。

＊33 前掲註2の論考を参照されたい。

＊34 『愚管抄』巻第二、一二六〜一二七頁。以下、『愚管抄』の引用は、『日本古典文学大系 愚管抄』（岩波書店、一九六七年）により、巻数、頁数を記す。なお『栄花物語』研究において、表記の問題に着目し『愚管抄』に言及した論考に、桜井宏徳「歴史叙述と仮名表記」（『大妻国文』第五一号、二〇二〇年）がある。

＊35 『愚管抄』巻第七、三二六〜三二七頁。

＊36 『愚管抄』巻第二、一二七頁。

第二部

ことばと思想

ことばと思想は、人文学を表象する重要なキーワードであり、歴史を考える場合においても考察の一つの核になるテーマである。ここでは、日頃中世史料を読んでいるなかで気になった、中世の漢文と仮名文の機能について、少々述べておきたい。

まず仏教経典の陀羅尼（真言）からはじめたい。たとえばもっとも簡潔な経典である般若心経には、その末尾に「羯諦《ぎゃてい》、羯諦」からはじまる著名な陀羅尼が載っている。経典は読み上げて音声に変換することが求められた。般若心経の陀羅尼はサンスクリット語を漢字で音写したものなので、音声に変換されても中国語で書かれた本文と陀羅尼との違いは、中国の人には容易に判別できただろう。陀羅尼は真理のことばとして、翻訳することなく特別に音写された箇所だから、むしろその判別可能性こそが漢訳仏典の特徴でもある。

一方日本では、経典はすべてそのまま音読みされたので、経典の知識がなければ本文と陀羅尼の判別はできなかった。この音声上での判別不可能性が日本における密教流行の下地をなしていたのかもしれない。

次は中世の漢文を考えてみよう。行政組織だけでなく中世に特徴的な支配関係の場においては、この漢文は語順を日本語に直しながら、読み上げて音声に変換された。なお漢文は日本語における典型的な書記言語のひとつであり、音声に変換されても口頭言語になるわけではない。この点は、仮名文との比較で重要だが、ここではふれない。

さて、鎌倉幕府の裁判記録である裁許状は漢文で作成されたが、本文中に平仮名書きの譲状《ゆずりじょう》の一部が引用されている事例がある。その場合、平仮名は万葉仮名のようにすべて漢字に変換されている。

前述したように、この裁許状は読み上げられて音声に変換されるのだが、そのとき裁許状に引用された平仮名書きの譲状は、音声上で本文と明白に区別できたのだろうか。それとも漢文と仮名文は見た目の違いこそが重要なのであり、音声に変換されたあとの相違、音声言語としての区別には無頓着だったのだろうか。陀羅尼の判別可能性と引用仮名文の判別可能性との比較は、書記言語としての漢文と仮名文の機能差の議論に連続するかもしれない。

（西谷地　晴美）

第五章

立法者としての聖徳太子

斉藤　恵美

はじめに

六世紀後期から七世紀初頭の推古天皇の時代、聖徳太子[*1]は皇太子としていっさいの政務を執り、国政をすべて委任されたと『日本書紀』に記されている。[*2]そのなかで、天皇の詔を受けて最初になされたのが、大臣蘇我馬子とともに行った仏教興隆である。[*3]

その後、太子は推古天皇一一年（六〇三）に冠位十二階を制定し、[*4]翌一二年には十七条憲法を作成した。[*5]冠位十二階は世襲されない冠位を個人に与え、王権に直接仕える官人をつくりだすことを企図した政策であった。そして十七条憲法はそういった官人としての臣下のあり方に対する訓示が書き連ねられ、天皇と官人の君臣関係を提示することを旨としていた。この二つの政策は、官人の創出による新たな行政システムを構築するために行われ、補完する関係にあった。

十七条憲法は、後世に「国家制法自」茲始焉」[*6]と、律令以前に初めてつくられた法として認識されており、そこで示されたことがのちの国家にとっても重要なものとしてとらえられていたことがわかる。十七条憲法は、罰則を伴わず規範を提示することのみを目的に作成されている。これは、画期として立法という行為がいかなるものかを規定し、その本質がのちの律令の編纂という立法のあり方に受け継がれたことを示しているのだと考えられる。

では、それはどのようなものであったのだろうか。十七条憲法は第二条に「篤く三宝を敬へ」とあるように、仏教を重視する姿勢がみられる。官人の創出を目的とする条文において仏教の帰依を説くのは、両者が同じ文脈の上に位置することを意味している。つまり仏教受容と官人の創出と立法は、不可分のものとして構想されているのだ。

聖徳太子は何を企図してこのような構想をしたのであろうか。本章は、聖徳太子の実在・実像如何ではなく、なぜ聖徳太子という存在が登場するのか、太子の事績として『日本書紀』に記されることがどのような意義をもつのかを問い、歴史のなかで聖徳太子をとらえようとする試みである。*7

仏教導入――神祇祭祀と疫病

崇仏論争と疫病

推古天皇の時代における聖徳太子の一連の政策は、仏教興隆を柱に行われた。なぜ仏教受容が政策の中心になったのかを考察するにあたり、何が仏教導入の契機になったのかをみていく。

仏教は六世紀半ばに百済から聖明王の使者を通じて公伝した。『日本書紀』には、欽明天皇一三年（五五二）のこととして、仏法というのは非常に難解だが、計り知れない大きな善行とそれによる善い結果を生み、そしてこのうえない智慧が獲得できる、そのためには仏の教えを信じ従うことが必要だとして、聖明王から釈迦仏の金銅像・礼拝用の仏具・経典が献上されたと記される。*8

しかし、欽明天皇は自身では礼拝の可否を決定できないとしたため、群臣のあいだで仏教導入をめぐって論争が起きた。蘇我氏は諸国にならいこれを容れるべきとしたが、物部・中臣氏は自国の神祇祭祀のみを行うべきとしたのである。この論争はその後も敏達・用明天皇の時代を通して決着をみなかったが、用明天皇の没後皇位継承争いが起きると、諸皇子・群臣の多くに支持された蘇我氏が物部氏を滅ぼしたことで収束した。この戦いで蘇我氏は聖徳太子とともに仏法の守護神に戦勝祈願をしており、その勝利は物部氏の天下を乱す行為*9を仏教によって正したことを意味していた。そしてこの勝利を機に、仏教は本格的に導入されたのである。

ただしこの崇仏論争は、単なる氏族間の権力争いで、仏教擁護派の蘇我氏が勝利したため、仏教興隆につながったというものではなかった。なぜならば、この論争は常に疫病とともに語られたためである。

欽明天皇の時代、蘇我氏に試みに仏教を信仰させたあと、国内で疫病が流行し、多くの人びとが死んだ。当初はこの疫病の原因を蘇我氏の仏教信仰にあるとした物部・中臣氏の意見が通り、廃仏が行われた。しかし疫病は治まらず国の民が絶え果てるほどの事態に陥ってしまった。[*10] こうした状況のなか、用明天皇は方針を転換して仏教に帰依するのだが、それを契機に疫病は収束に向かう。

この疫病への対策として天皇が仏教帰依を選択したという点が、崇仏論争の本質をあらわしている。それは何かというと、王としての天皇のあり方を問うものであった。疫病に対して当初は、天皇は「天地社稷百八十神」を祭るからこそ我が国の王なのだという物部氏の主張を採用して廃仏を行ったが、[*11] この方法では疫病の蔓延に対処できずに多くの人が死ぬ事態を招いてしまった。つまり従来の神祇祭祀を行う王というあり方では、国家の危機を乗り越えることができなかったのである。これに対して天皇が仏教に帰依することは、新たな王のあり方を示すものであった。そしてそれは、非常時に国の民を救う政治を行うことにつながった。崇仏論争とは、王としての天皇あり方をめぐる意見の対立であり、疫病を契機として新たに仏教が導入されたのである。

では、それは具体的にどういうものであったのだろうか。仏教を導入することで何が変わったのだろうか。王としての天皇のあり方をめぐる崇仏論争において、廃仏派の物部氏の主張は、天皇は神祇祭祀を行うからこそ王なのだというものであった。それゆえ疫病の流行に対しても、従来通り神祇祭祀を行っていれば治まるとしていたのである。では、天皇が神祇祭祀をすることで国が安定するとされていたのはなぜであろうか。

天皇の神祇祭祀

王のあり方を考えるにあたり、まず王を擁する国家の成立の契機について考える必要がある。村上麻佑子氏によると、国家の成立には分業を営む人間のあり方と災害が関係しているという。人間にはおのずと分業を形成する性質があり、それは同時に食料を他者に依存することをも意味するが、それを維持するために食料のやり取りが可能な環境をつくり上げていったという。そうしたなかで備蓄・交易が可能な食料として、穀物の生産がはじまった。この穀物生産により安定的に食料を手に入れることが可能となり、農村と都市により構成される定住可能な分業社会が築かれたのである。しかし食料を自給しない定住において、ひとたび災害が生じると、不作により食料供給が断たれ、飢饉となり大量死が生じることとなる。この大量死を抱える分業社会を安定的に維持するため、農業を管理し穀物を補填する装置として生み出されたのが国家なのだという。*12 このように国家は、人びとが安定して食料を手に入れ、社会を維持するために、農業の生産管理を実施すべく成立したのである。

王というのは、こうした社会の維持を目的とした国家の頂点に位置し、体現する存在である。国家の安定のために行われる天皇の神祇祭祀も、そうしたあり方に規定されていた。その基本的な仕組みが確立されたのは、崇神天皇の時代の疫病の大流行であったと考える。この疫病は、人口の半数が死ぬという非常事態を引き起こしたのだが、こうした状況において民を生かすために採用された方法が天皇の神祇祭祀であった。この神祇祭祀は二つの柱からなっていた。自然神への祭祀と始祖神への祭祀である。

自然神への祭祀は、現象としてあらわれる災厄を収めるために行われた。当時、諸現象の背後には秩序立った神々の存在があるという二元的な世界観があったとされている。[*13] そして背後世界の神の意志は現象世界に生きる人間には理解不能であるため、ひとたび神々の秩序が乱れると、突然現象として顕現し、災厄が引き起こされたのである。[*14] 自然神の祭祀とは、そういった神々の秩序の回復のために行われたのである。

始祖神への祭祀は、民を生かすため農業の生産管理を実施すべく行われた。小路田泰直氏によると、この疫病を経験するなかで、人びとの生活を維持していくために、常日頃から食糧を備蓄・確保する体制を整え、租税の賦課を通じて富める者から貧しき者への富の再分配を行う構造を築くことが求められたという。農業の生産管理というのは、非常に労苦に満ちた行為であり、己の欲求を抑えること（「賢」や「徳」とされる禁欲）をよくなしうる者でなければ実行できない。そのため、それをなしうる者としての王を頂点に据えた国家をつくり上げることがめざされたのである。そしてそういった国家を築くためには、「国の本」に農業をおき、農民という身分を構築するという農本主義的イデオロギーを確立する必要があった。とくに王は血統によって他から超越した存在でなくてはならなかったため、世襲王制の確立が急がれたのだという。[*15] そのために始祖神がおかれ、それを祭祀することで、農業の生産管理を司る禁欲の王であることを示したのだと考える。

またこの身分制の確立には、判断や行為の基準となる規範をつくり上げていくねらいがあったのではないだろうか。農業の生産管理をするためには現状を認識し過不足を均《なら》していくことが求められ、状況に応じてさまざまに判断し、決定を下す必要がある。その行為の原理となる規範を示すのが禁欲の王である天皇の役割であった。身分制は、氏姓制として血統による家職化を成立させた。その家職化は、経験の集積によって承認される慣習を生み、それが氏族の行動原理の規範となっていった。それらの規範をまとめ上げ、国家の規範を提示するのが、他から超越した存在である天皇であったのではないだろうか。

つまり、突発的に起こる災厄には自然神への祭祀を、その災厄の結果起こる飢饉を防ぐために始祖神の祭祀をするのが、天皇の神祇祭祀の目的なのだといえよう。

農本主義国家の王には禁欲が求められるのだが、それは個人の資質能力によるところが大きい。しかし血統による世襲王制は個人の能力を保障しえないため、それに欠けた王が出現すると、氏族の規範をまとめ上げて正しさを提示することができず、国家が不安定となり機能不全に陥る危険性があった。そのため、新たな課題として、個人の能力によらない王の内面的な有徳を保障しうる方法を確立していくこととなった。

家職化し細分化した氏族の規範をまとめ上げ、総合的な国家の規範を示すには、社会全体の把握が必要である。小路田氏によると、天皇は農業の生産管理を司ることで支配者となったのであり、そのため住民の集合体である社会全体に対して仕える存在であったという。そして社会全体を表象する神――かたちの見えない抽象的な神・高皇産霊神《たかみむすびのかみ》――を創出し、仕えた。高皇産霊神は万物創造主でもあり、万物、当然人にも宿り、指示を与える存在で、そういった神に仕えるということは、創造主の指示に従うことを意味していたという。[*16] こうして天皇は、万物の創造主で社会全体を表象する神・高皇産霊神を内に宿す存在として、内面の有徳を保障された超越的な王となり、国家の規範を提示する存在となったのである。[*17]

物部氏が主張した天皇の神祇祭祀とは、災厄を収めるとともに、天皇が血統と内面の有徳によって規範を提示することで農業の生産管理がなされ、民を生かす方途へと導く王であることを示すものであった。それを行うことで、再び農業を基とする国家の復旧を図ったのである。

しかしこの方法では疫病から起こる大量死を防ぎきることはできなかった。それが崇仏論争として表面化したのである。では、なぜ天皇が神祇祭祀を行い農本国家であることの確認をしたにもかかわらず、危機を乗り越えられなかったのだろうか。なぜ仏教を導入することでそれが可能になったのだろうか。

仏教興隆——立法と官人の創出

十七条憲法の論理

仏教導入の意味を問うために、その理念の集成である十七条憲法の内容を確認し、そこでめざされるあり方についてみていく。

十七条憲法の第一条には次のようにある。

一曰、以㆑和為㆑貴、無㆑忤為㆑宗。人皆有㆑党。亦少㆓達者㆒。是以、或不㆑順㆓君父㆒。乍違㆓于隣里㆒。然上和下睦、諧㆓於論㆒㆑事、則事理自通。何事不㆑成。

（一に曰はく、和《やはら》ぐを以て貴《たふと》しとし、忤《さか》ふること無きを宗《むね》とせよ。人皆党《たむら》有り。亦達《さと》る者少し。是を以て、或いは君父に順《したが》はず。乍《また》隣里に違ふ。然れども、上和《やはら》ぎ下睦《むつ》びて、事を論《あげつら》ふに諧《かな》ふときは、事理《こと》自《おの》づから通《かよ》ふ。何事か成らざらむ[*18]）

物事の道理に通達した人は少なく、そのため人は徒党を組んで君主や父に従わずに争いを起こす。そうした争いを起こさなくするためには、上下の者が和諧して話し合うことが必要だとする。上下和諧については、十五曰、背レ私向レ公、是臣之道矣。凡人有レ私必有レ恨。有レ憾必非レ同。非レ同則以レ私妨レ公。憾起則違レ制害レ法。故初章云、上下和諧、其亦是情歟。
（十五に曰はく、私に背きて公に向くは、是臣が道なり。凡《すべ》て人私有るときは、必ず恨《うらみ》有り。憾《うらみ》有るときは必ず同《ととのほ》らず。同《おなじか》らざるときは私を以て公を妨《さまた》ぐ。憾起るときは制に違ひ法を害《やぶ》る。故、初の章に云へらく、上下和《あまな》ひ諧《ととのほ》れ、といへるは、其れ亦是の情《こころ》なるかな）[19]

とあり、「私」に背いて「公」に向かって進む臣下の心得がないと実現しないのだが、この心得は法や制度を順守する心情でもある。人は基本的に物事の道理を知らないため、放置しておけば争いが起こり社会は破綻する。それを阻止するために、人びとの上に法や制度を守る臣下をおくことの必要性を説く。法は行動や判断・評価などのよりどころとなる基準や原理である規範に則って定められ、道理として善悪や是非を決めるものである。それを順守する者が道理に暗い人びとの声に耳を傾け、話し合って彼らの主張するところが法に適うかをただし、それに反していれば法の示す正しい方向に導くことで、社会はおのずとよくなるというのである。[20] こうした社会のあり方は、人びとの自由を制限するものではなかった。示された規範がさまざまな判断の基準となることで社会理念となり、人びとは理念の内において自由に振る舞うことができるようになるからである。ここには聖徳太子が理想とし、めざした社会が描かれている。

そしてこの法は「凡夫」である者には定められず、[21] その規範を与えられるのは王（君主）だけであった。[22] つまり王は道理に通じ、社会の価値判断の基となる原理を示すことができるただ一人の人間なのである。

そういった王の存在を支えるのが、仏教であった。第二条では、

二曰、篤敬㆓三宝㆒。三宝者仏法僧也。則四生之終帰、万国之極宗。何世何人、非㆑貴㆓是法㆒。人鮮㆓尤悪㆒。能教従之。其不㆑帰㆓三宝㆒、何以直㆑枉。

（二に曰はく、篤く三宝を敬へ。三宝とは仏・法・僧なり。則ち四生の終帰、万の国の極宗なり。何の世、何の人か、是の法を貴びずあらむ。人、尤悪しきもの鮮《すくな》し。能く教ふるをもて従ふ。其れ三宝に帰《よ》りまつらずは、何を以てか枉《まが》れるを直さむ）*23

とあり、仏法は万物のあり方の本源であるとする。そしてそれを尊び、仏教（三宝）に帰依することが、正しさの担保であるとする。王の立法はこれによって支えられているのだ。

つまり社会を破綻から守り国家を安定させる基には、法を与える王の存在が必要だったのである。

仏教について――絶対的・超越的な知の獲得

王の立法という行為を可能にした仏教とは如何なるものかをみていく。

仏教は紀元前六世紀から前五世紀頃に釈尊によって開かれた。釈尊はこの世界を構成するあらゆるものの要素を法（ダルマ）と呼び、それらはすべて関係し合いながらさまざまな現象を生み出すため、すべての存在は無常であり、無我であると説いた。人生の苦しみから脱し、迷いの生存（輪廻）*24を断ち切って自由の境地に至るには、苦をもたらす諸要素としてのダルマの関係性（縁起）を明らかにする智慧を獲得する必要があり、そのための方法と実践を示し、人間の生きるべき道を明らかにした。*25この智慧の獲得を悟りといい、存在のあり方——真理としての法、人間がどのような存在であり、如何にしてさまざまなものと関係しているのかということ——がわかることで、つまりはすべてのありようを知る全知性の獲得である。釈尊はこの真理としての法を悟って仏陀（真理に目覚めた人）となったのである。

釈尊の没後、この教えはさまざまに解釈されながら後世に伝えられ、紀元前三世紀頃には伝統的保守的仏教・部派仏教（いわゆる小乗仏教）が起こった。彼らは修行を通じて、釈尊の悟りは通常の人間の限界を超えた絶対的・超越的なものだと確信していた。そのため釈尊がその限界を超えて悟りを得、現世において仏陀になったのは、過去世に何度も生まれ変わりながら、その都度大いなる善行を積んだ結果であると考えられた。そして認識・作用によりあらわれ消滅する世界の背後には、法である恒常な実体の世界があるとした。*26 釈尊はその肉体の奥底にこのような恒常性をもつ特別な存在であり、それゆえ現世において悟ったのだという。よってその教法や功徳も恒常であった。仏教徒たちは、あまりにも困難な絶対的・超越的な境地への到達のためには、すでに全知性を獲得した仏による直接的な導きが必要であるとして、無仏の時代に生きる自分たちは釈尊と同じ真理である法を悟って仏になることはできないと考えた。そして自身の苦を滅するため、輪廻からの離脱をめざして修行した。

こうした悟りによる全知性の獲得をめざさない小乗仏教の自利の考え方に対して、瞑想体験を通して直接仏陀にまみえることが可能であり、最終的に仏陀と同じ境地に至ることができると考えたのが大乗仏教の思想を提唱した人びとであった。大乗仏教徒は在家の信者が多数を占め、出家者のように隠遁的な生活ではなく、他者とともに生きる社会のなかで生活していた。そうした人びとにとって悟りとは個人の苦しみからの脱却であるとともに、社会全体の苦しみの消滅であったと考える。それゆえ釈尊が悟りを得る前に行った慈悲行を実践し続けて諸徳を積み上げる利他の精神を重視し、それを行う者を菩薩と呼んだ。めざされたのは全知性の獲得であり、それは最終的に社会全体の幸福を意味していた。輪廻を繰り返しながら途方もない長大な時間をかけて菩薩の行いを続けることで積み重ねられた経験と知識により、釈尊と同じ悟りによる全知性を獲得し、みずからも仏陀になれるとしたのである。悟りは人間の限界を超えた境地から、その限界を知ることで個人の営みの集積としてとらえ直されたといえる。こうして仏法は「仏の説いた教え」であり「仏となる教え」になったのである。*[27]

このように人間の限界を知り、個人ではなく社会全体の苦しみの消滅をめざす大乗仏教においては、釈尊のみではなく過去・現在・未来にわたり他方の世界に同時に多くの仏（仏陀）が存在するという思想が生まれた。これらの仏は、個々の営みの集積として、個人の肉体を超えた恒常である法を体現しており、人びとを導く存在であった。そのような過程で、本来はことばにできない真理を聞き手の資質に合わせて内容を変える方便を使った説法で説かれた釈尊の教えを、受け継ぎ解釈し人びとに語り継ぐ者の存在が必要となっていった。それを担ったのが僧であった。

つまり仏教とは、世界を構成するすべての存在のあり方そのものである法と、それを知り全知性を体現する仏と、仏の教えを継ぐ僧の三つの要素（三宝）で構成されており、仏法とはすべてのありようを知る、全知性の獲得のための教えなのである。

このように釈尊によって見いだされたすべてのありようを知る全知性は、小乗仏教において通常の人間には理解できない絶対的・超越的な知であるため、それを体得した釈迦やその教えも絶対的・超越的なものとされた。その絶対的・超越的な知は、大乗仏教において他者*[28]と関わり合いながら成立する社会全体をあらわすものとなり、長大な時間を経て積み重ねられた経験と知識の集成とされた。そしてその全知性は、絶対的・超越的でありながら社会そのものであるため、獲得には人知を超えた時間を必要とするも、決して人間の手の届かないものではないとされるようになったのである。こうした全知性の獲得のために、釈迦のことばとして遺された経典の修学と慈悲行の実践が必要とされたのだ。

仏教に帰依する王——立法者の誕生

国家の危機を乗り越えるために選択された王のあり方とは、法を与える存在となることであった。それを可能にした仏教とは以上のようなものであり、王権の仏教受容は、途方もなく長い時間の歴史に裏打ちされた全知性を取り入れることを意図したものであった。

前述のように、天皇の神祇祭祀によって確認され、承認される体制——天皇が血統と内面の有徳により、総合的な国家の規範を示す王として農本国家を体現する——には限界があった。それは、内面の有徳を客観的に示せないことからくる求心力の弱さと、それゆえの氏族の規範を統合することの困難さによっていた。そしてこの体制の限界は、継体天皇の時代以降混迷を続ける朝鮮半島情勢において顕在化し、[*29]欽明天皇の時代の疫病をきっかけに破綻に向いつつあった。[*30]

それを立て直すためには、氏族の勢力に左右されない総合的な規範が提示可能な絶対者としての王を創り出す、王の内面の有徳を客観的に検証できる強固な方法の確立が必要であった。王権の仏教受容は、仏教の体得により、血統による身分制の上に成り立つ慣習をも相対化する、絶対的・超越的な全知性を源におく規範を示す王を創出する試みとしてなされたのである。それを成す王の候補としてあげられたのが聖徳太子であった。仏教の全知性を獲得するには、偉大な資質の持ち主である聖徳太子の存在が不可欠だったのである。聖徳太子は、生来の類いまれなる資質・徳・器量をもつことに加え、[*31]さらなる勉学[*32]により仏教を体得した者とみなされていたと考える。そしてそれは仏教への帰依と修学によって目に見えるかたちで示すことができるものであった。こうして太子は、立法者として、仏教の全知性の獲得を背景に、絶対的な王としての天皇と、その王の示す規範に従う臣下を創り出す取り組みを行ったのである。

官人の創出

十七条憲法第二条の仏教帰依は、立法者としての王を保障するとともに、王の与える法を順守する臣下を創り出すことを企図していた。仏教は正しさの源であり、氏族の規範を相対化するものであった。彼らに期待されたのは、仏という同じ対象を信仰することで、王と王の示す規範を承認し、官職を全うする、王権に直接仕える官人となることだったのである。[*33]前述のように、仏教の体得は全知性の獲得であり、それは個人としての人間の限界を知ることで、全知性とは個人の営みの集積であった。そしてこの全知性が完成するためには、個々の人が社会全体の苦しみの消滅という同じ目的をもつ必要があった。つまり王の全知性が獲得されるには、王と同じ目的と意識をもち直接人びとを導く官人が必要だったのである。第二条に提示される仏教帰依は、王権においては王の絶対性を支える仏教の体得のために、官人においては王の絶対性を信じそれを承認するために必要とされたのである。

その官人のあり方として、十七条憲法では、「善」を明らかにし「悪」をただすこと（第六条[*34]）、私欲（「饕《あぢはひのむさぼり》」「欲《たからのほしみ》」）を捨てること（第五条[*35]）、嫉妬をしないこと（第十四条[*36]）をあげ、官人は「賢哲」の人であること（第七条[*37]）を求めている。仏教に帰依する彼らは、人びとの上に立つ者として、社会全体の幸福のために、規律に耐えうる人物でなくてはならなかったのだ。

こうした官人を創出することで、民からの搾取をなくし（第十二条[*38]）、時節にあった農業経営を指示して（第十六条[*39]）人びとを養う国家をめざしたのである。崇仏派であった蘇我氏は、そうした臣下を象徴する存在として位置づけられたのではないだろうか。

こうした王と官人のあり方により、天皇の神祇祭祀の意味合いも変化したと考える。聖徳太子による仏教を基礎においた政策が一段落したあと、推古天皇は世を治めるために、百官を率いて神祇を祭って礼拝している[*40]。かつての天皇の神祇祭祀は、天皇が血統と内面の有徳を担保に、氏族の規範を統合して国家の規範を示す王として農本国家を体現する存在であるのを確認する行為であった。しかしこの祭祀は、百官の前で行われており、従来にはない形式でなされた。これは、官人としての彼らに、聖徳太子の構想した王と官人のあり方が、新たな慣習として今後も継承されるべきものであることを示すねらいがあったのではないだろうか[*41]。立法者である王と法を順守する官人という新しいあり方が機能するには、天皇という存在を血統による世襲によって他から超越する王としておくことが必要で、それには天皇家の血統が絶えないことが大前提であった。推古天皇が行った神祇祭祀は、天皇が災厄の起こらないことを祈る王であるのに加え、国家の安定をもたらすために、超越した血統によって仏教を体得する絶対的な王であることを確認するため、揺らがない天皇家を強調する儀礼だったのではないだろうか。

このような体制の構築をめざす背景には、次のような人間観があったと考えられる。

推古天皇一四年（六〇六）七月、聖徳太子は天皇の前で『勝鬘経《しょうまんぎょう》』を講じたとされる。この年には『法華経』も同様に講じている。[*42] その内容は詳らかではないが、『法華経』『勝鬘経』『維摩経』の注釈書である三経義疏《さんぎょうぎしょ》が聖徳太子の撰述として伝わる。[*43] これらは実際に太子の作か否かの決着をみない史料であるが、それが太子の作として認識され伝えられるということは、実際太子の筆であるか否かにかかわらず、それが太子の思想・考え方を反映した当時の仏教的解釈であり、太子の唱えた仏教のあり方としてとらえられていたのは間違いないといえる。[*44]

これら三書において、仏は人びと（衆生）の「機」に応じて教えの程度を変えるとして、変わっていく教えの内容に対する解釈がなされる。「機」というのは、他からのはたらきによって変化する性質である。根源的な人間の性質ではないが、思想や考え方、境遇など人間のあり方のすべては、この「機」によって決定される。「機」はさまざまな外的要因によって規定されるため、その要因によって人間は容易《たやす》く変質してしまう。『法華義疏』では時間の経過によって人びとの「機」が変化し、今は人びとが「大機」（大乗の教え――『法華経』の教えを信受できる状態）を発する時期であるため、仏教的理想の社会（世界）を築くために『法華経』を説くとしている。このように、人間というのは他からの作用により容易に変質する存在であり、自身のなかに確固とした正しさをもつものではない。そのため自己規律的に社会を構築していくことができないとされ、正しさを示す者から常に教え導かれる必要があるととらえられているのである。

全知性を背景とした王である天皇は、正しさの提示が可能なただ一人の人間で、規範を法として与える存在であった。その正しさを自明のものとして受け入れ、法を順守する臣下である官人は、人びとの上に立ち、彼らを正しいほうへと導く役割を担っていた。こうした構造は、以上のような衆生観（人間観）の上に成り立っているといえよう。

おわりに

仏教受容・官人の創出・立法が不可分のものとして構想された聖徳太子の政策は、絶対的な王としての天皇を創出するための試みであった。社会の破綻を防ぎ人びとが安定して生きるための国家をつくるには、価値判断の源となる規範を示す絶対的な王が必要だとして、仏教による王の全知性獲得をめざしたのである。

しかしこの取り組みは内側に自己矛盾を抱えていた。それは本来自己完結する規律的な人間などいないという仏教の人間観によっていた。一人の人間が全知性を体現することは不可能であるとするにもかかわらず、王が全知性を獲得しているという構造をつくり上げるには、王の示す規範が社会全体の幸福に適うものであるという証明がなされる必要があった。その証明は、すべての社会の構成員が、王の示す規範を承認し、それに従うことで成立する。つまり王の全知性は、王の規範を承認し従う臣下である官人という存在があって初めて完成するのである。しかしこの官人の象徴を、蘇我氏という氏族に担わさざるをえなかったことが、聖徳太子の取り組みを不完全なものとした。氏族の存在理由は、血統によって生み出された慣習により、行動原理となる規範をもつことにあった。つまり蘇我氏の存在のあり方そのものが、天皇の全知性を完成するための官人とは矛盾していたのである。

聖徳太子が生涯皇太子として天皇に即位しなかったのは、全知の王の創出がこの矛盾により失敗に終わったためではないだろうか。その後、太子の上宮家と蘇我氏の対立の末上宮家が滅ぼされ、その蘇我氏（宗家）も中大兄皇子により滅ぼされたことは、仏教に全知性をおいた推古朝の政治が破綻したことを意味しているといえよう。

しかし全知の王としての天皇を創り出すという取り組みは、その後も継続して試みられた。それが大化の改新として行われた改革であり、律令国家の形成へとつながる一連の政策であった。全知の王としての天皇の創出には、王の規範に従う臣下の存在が必要であり、推古朝の政治破綻の最大の理由は、それができなかったことにあった。それを克服するために、臣下として天皇を助ける藤原氏が創出されたのだと考える。天孫降臨神話は、身分制を読み替え、天皇家の補佐を家職とする藤原氏をつくるための言説として形成されたのではないだろうか。そしてこの規範を示す絶対的な王と臣下の関係は、律令の編纂によって制度化され、官人の中枢に藤原氏をおくことで完成したのである。

このように、聖徳太子の立法という行為とめざした社会構造は受け継がれ、律令というかたちで制度化された。こうした体制の確立を図った天智天皇によってつくられた法は、不改常典としてその後の天皇の正当性の源となり、代替わりの際に確認され続けていった。

そして国家の危機を乗り越えるため、規範を与える絶対的な王である立法者として歴史に登場した聖徳太子は、全知性を体現した王であり、社会全体の苦しみの消滅のためにあらわれた菩薩であるとされ、その姿は太子信仰を通じて後世に語り継がれていったのである。

註

＊1 「聖徳太子」という名称は、後世、聖徳太子という存在を信仰する太子信仰のなかでつくられたものだとされるが、その信仰の本質と『日本書紀』で描かれる像とは同一であると筆者は考えている。よって、本稿では『日本書紀』に推古天皇の時代の皇太子として、さまざまな事績が記される人物を「聖徳太子」として表記する。

＊2 『日本書紀』推古天皇元年（五九三）四月己卯条。

＊3 『日本書紀』推古天皇二年（五九四）二月丙寅朔条。

＊4 『日本書紀』推古天皇十一年（六〇三）十二月壬申条。

＊5 『日本書紀』推古天皇十二年（六〇四）四月戊辰条。

＊6 『類聚三代格』巻一、序事。

＊7 『日本書紀』の記述に対してその信憑性を疑う向きは多々あるが、一個の歴史書としてみた場合、虚構や創作で構築するのは不可能な歴史の流れがそこにはある。神代から持統天皇まで一つの歴史の流れがそこには見いだせるのだ。ただしすべてが事実であると言っているのではない。後世の修飾や改変・加筆などは当然ある。しかし過去の積み重ねの集積により現在がある、過去と現在は因果的に関係して一つの流れが形成されるととらえるのが歴史であるならば、『日本書紀』は編年体として出来事の羅列を旨とする記述スタイルをとるが、確実にそれらは因果的に関係し合っており、人びとの営みや社会のあり方の集積としての歴史を描いている。そして歴史はそれらの積み重ねである以上、人間が故意につくれるものではない。以上のことから、『日本書紀』はたしかにある時期の人びとが王権のあり方や政治的正当性を担保するものとして手を加えた形跡があるにしろ、そこにつなげるために故意につくり出した物語でしかないとするのではなく、流れとしての歴史を描く歴史書なのである。したがって『日本書紀』に載る記事は客観的な歴史的事実として正確か否か、ではなく、その時期に生きた人びとのありようを描くものとして本章では扱う。そこに書かれていることをその通りとして扱うのではなく、そこにその出来事が書かれる意味を考えるのがめざすところである。

＊8 『日本書紀』欽明天皇十三年（五五二）十月条。
「是法於㆓諸法中㆒、最為㆓殊勝㆒、難㆑解難㆑入。周公・孔子、尚不㆑能㆑知。此法、能生㆓無㆑量無㆑辺福徳果報㆒、乃至成㆓辨無上菩提㆒。（中略）且夫遠自㆓天竺㆒、爰洎㆓三韓㆒、依㆑教奉持、無㆑不㆓尊敬㆒」。

＊9　『日本書紀』用明天皇元年（五八六）五月条。

＊10　『日本書紀』敏達天皇十四年（五八五）三月丁巳朔条。

＊11　『日本書紀』欽明天皇十三年（五五二）十月条。

＊12　村上麻佑子「飢饉・疫病と農業・貨幣の誕生」（小路田泰直編著『奈良女子大学叢書6　疫病と日本史――「コロナ禍」のなかから』敬文舎、二〇二〇年）。

＊13　谷口美樹「転轍機としての空海」（歴史と方法編集委員会編『歴史と方法1　日本史における公と私』青木書店、一九九六年）。

＊14　佐藤弘夫氏によると、あらゆる神々がみずからの意思を示すために起こす現象が「祟り」であり、よって古代における神は本質的に「祟り神」だという（佐藤弘夫『起請文の精神史――中世世界の神と仏』講談社選書メチエ、二〇〇六年）。

＊15　小路田泰直編著『奈良女子大学叢書2　日本史論――黒潮と大和の地平から』（敬文舎、二〇一七年）。

＊16　小路田泰直「聖書と記紀から読み解く天皇論」（小路田泰直・田中希生編『私の天皇論』東京堂出版、二〇二〇年）。

＊17　このような王のあり方は、雄略天皇の時代に確立されたという（前掲註15『奈良女子大学叢書2　日本史論――黒潮と大和の地平から』）。記紀によると、崇神天皇から応神天皇の時代は、国の範囲や統治システムが確定するまで、血統による身分制を確立していく過程が描かれ、それに続く仁徳天皇は、農本主義国家の王として規範を示す姿が書かれる。しかし反正・允恭・安康天皇は、人心の賛同を得ることでかろうじて天皇たりえ、自身の行為の正しさを自分で証明することができないとして、能力の欠如による国家の混乱が書かれる。そのような混乱のあと即位した雄略天皇は、自身と瓜二つの葛城の一言主神とともに行動し、人びとから有徳の天皇だと称賛されたとある。一言主神は小路田氏によると、雄略天皇の内に宿る神の比喩だという。また別雷神・高皇産霊神も一言主神同様、内に宿る神として雄略天皇の時代に誕生したという。

＊18　坂本太郎・家永三郎・井上光貞・大野晋校注『日本書紀』（四）（岩波文庫、一九九五年）、九六頁。

＊19　前掲註18『日本書紀』（四）、一〇四頁。

＊20　臣下は善悪に則り行動しなくてはいけないとする。
「六曰、懲レ悪勧レ善、古之良典。是以无レ匿二人善一、見レ悪以匡。」

（六に曰はく、悪を懲し善を勧むるは、古の良き典なり。是を以て人の善を匿《かく》すこと无《な》く、悪を見ては必ず匡《ただ》せ）。

（前掲註18『日本書紀』（四）、九八～一〇〇頁）

＊21 「九曰、信是義本。毎レ事有レ信。其善悪成敗、要在二于信一。群臣共信、何事不レ成。群臣无レ信、万事悉敗。」
（九に曰はく、信は是義の本なり。事毎に信有るべし。其れ善悪成敗、要ず信在り。群臣共に信あらば、何事か成らざらむ。群臣信无くは、万の事悉く敗れむ）。

（前掲註18『日本書紀』（四）、一〇〇頁）

「十曰、（中略）彼是則我非。我是則彼非。我必非レ聖。彼必非レ愚。共是凡夫耳。是非之理、詎能可レ定。」

（十に曰はく、（中略）彼是《よみ》すれば我は非《あしみ》す。我是すれば彼は非す。我必ず聖に非《あら》ず。彼必ず愚に非ず。共に是凡夫ならなくのみ。是《よ》く非《あし》き理、詎《たれ》か能く定むべけむ）。

（前掲註18『日本書紀』（四）、一〇〇～一〇二頁）

＊22 「三曰、承レ詔必謹。君則天之。臣則地之。天覆地載。四時順行、万気得レ通。地欲レ覆レ天、則致レ壊耳。是以、君言臣承。上行下靡。故承レ詔必慎。不レ謹自敗。」
（三に曰はく、詔を承りては必ず謹め。君をば天とす。臣をば地とす。天は覆ひ地は載す。四時順ひ行ひて、万気通ふこと得。地、天を覆はむとするときは、壊るることを致さむ。是を以て、君言たまふことをば臣承る。上行ふときは下靡く。故、詔を承りては必ず慎め。謹まずは自づからに敗れなむ）。

（前掲註18『日本書紀』（四）、九八頁）

＊23 前掲註18『日本書紀』（四）、九六～九八頁。

＊24 輪廻説は釈尊に先立つ「古ウパニシャッド」の段階で成立し、善く行うことでよく生まれ、悪く行うことで悪く生まれるという善因楽果・悪因苦果を説く業報説と結合していた（梶山雄一「インド仏教思想史――その発展の必然性について」『梶山雄一著作集 第一巻 仏教思想史論』春秋社、二〇一三年、初出：『岩波講座・東洋思想第八巻 インド仏教1』岩波書店、一九八八年）。

＊25 『岩波仏教辞典』第二版「釈迦」「八正道」の項。

＊26 前掲註24「インド仏教思想史――その発展の必然性について」、中村元『龍樹』（講談社学術文庫、二〇〇二年）。

＊27 「仏の説いた教え」「仏となるための教え」は、高崎直道氏のことばをかりた（高崎直道『如来蔵思想の形成――インド大乗仏教思想史研究』春秋社、一九七四年）。

＊28 他者とは人間に限らず、この世界を構成するすべての要素をいう。

＊29　仏教が百済の聖明王から伝えられたのも、こうした状況を打破する王権の確立が望まれたためだと考えられる。

＊30　雄略天皇の時代に確立された内に宿る神というのは、天皇が身分制の頂点に位置する存在であるということをあらわすものであり、それは天皇家の血統に基づく家職としてのあり方であった。しかし武烈天皇に後継者がおらず、応神天皇の五世孫である継体天皇を立てたことから、その血統が揺らぎ、氏族のなかに天皇家の家職への不審が生まれたのではないだろうか。それゆえ天皇の求心力が弱まり、氏族をまとめ上げることが困難になっていったのである。仁賢天皇皇女の手白髪命の子である欽明天皇を立て、血統を重視し天皇家の家職の回復をめざしたのだが、それが成される前に疫病という国家の危機が訪れたのである。

＊31　『日本書紀』推古天皇二十九年（六二一）二月条。
「於二日本国一有二聖人一。曰二上宮豊聡耳皇子一。固天攸レ縦。以二玄聖之徳一、生二日本国一。苞二貫三統一、纂二先聖之宏猷一、恭二敬三宝一、救二黎元之厄一。是実大聖也。」

これは太子の仏教の師であった高句麗僧の慧慈が、太子の薨去を知り、死後浄土でともに遭うことを願うなかで太子を称えたことばである。それによると、太子は生まれながらに優れた資質をもち、深く道理に通じる聖人の徳をもっていたとされる。そして中国の聖帝（禹王・湯王・文王）を包摂するほどの器量で、歴代の天皇の広大な事業を継ぎ、仏教に帰依して人びとを苦しみから救ったという。つまり優れた帝王の資質――従来の王に求められたあり方――と仏教帰依によって人びとを救済した存在、それが『日本書紀』の描く聖徳太子像であり、それゆえ「大聖」と称されているのである。

＊32　『日本書紀』推古天皇元年（五九三）四月己卯条。

＊33　仏教興隆の詔が出された際の諸臣連等の造寺は、主君のためにされたという（『日本書紀』推古天皇二年〈五九四〉二月丙寅朔条）。

＊34　前掲註18『日本書紀』（四）、九八～一〇〇頁。註20参照。

＊35　前掲註18『日本書紀』（四）、九八頁。

＊36　前掲註18『日本書紀』（四）、一〇二～一〇四頁。

＊37　前掲註18『日本書紀』（四）、一〇〇頁。

＊38　前掲註18『日本書紀』（四）、一〇二頁。

＊39　前掲註18『日本書紀』（四）、一〇四頁。

＊40　『日本書紀』推古天皇十五年（六〇七）二月戊子条。

＊41　十七条憲法の第四条には、新たなあり方が礼として規定されている。礼とは社会秩序を保つために成立した礼儀作法・制度・儀式などで、それは長い年月を経て承認された慣習としての規範だといえよう。

＊42　『日本書紀』推古天皇十四年（六〇六）七月条、是歳条。

＊43　三経義疏は、聖徳太子が死去してから一二〇年後に作成された「法隆寺伽藍縁起并流記資財帳」（天平一九年〈七四七〉）において、「上宮聖徳法王御製者」の『法華経疏』『維摩経疏』『勝鬘経疏』として、法隆寺に伝わる文物にあげられている。

＊44　石井公成氏は変格漢文と内容の分析から、三経義疏が隋仏教の持ち込まれる以前に日本人によって書かれたものであるとしている。そして太子の作と断定することはできないとしつつ、太子が百済もしくは高句麗の僧から種本となった注釈の講義を受け、それを略抄しながら自分の意見を加えていった状況を想定する。そして三経義疏は、推古天皇一四年の講経の手控えとして利用された可能性があるとしている（石井公成『聖徳太子――実像と伝説の間』春秋社、二〇一六年）。

第六章

八世紀における「天孫降臨神話」の変容

亀松 花奈

はじめに

天皇の統治をあらわす語に「治む」と「知らす」がある。前者は「天下を治める」といった表現で、後者は「大八洲国《おおやしまくに》知らしめす天皇」といった表現で用いられることが多い。「天下を治める」という表現は稲荷山古墳出土鉄剣銘などにすでにみられており、五世紀頃から用いられた表現であるのに対し、「大八洲国知らしめす天皇」という表現は、「現御神《あきつみかみ》と大八洲国知らしめす天皇命」として詔を発布する天皇の敬称として用いられることが多い。このことから「知らしめす」という語は、律令国家成立に対応して拡大した天皇の統治権をあらわす語という理解がなされてきた。たとえば熊谷公男氏は、「治む」を令制以前の「治天下大王」に淵源する「譜第的・双務的な統治権」をあらわす語、「知らす」は機構を媒介とした「片務的な統治権」をあらわす語であると論じている。[*1]

しかし、七・八世紀の支配層の人びとにとって「治む」と「知らす」の二語のもっとも大きな違いは神の存在如何にあったと思われる。筆者はこれまで『古事記』や人麻呂作歌、宣命などの用例から、「治む」は神の存在を必要とせずとも用いることができる語であるのに対し、「知らす」は神の存在を前提として初めて用いられる語であることを明らかにした。[*2]

ではこの二語は、それぞれ具体的にどのような政治行為と対応するのだろうか。「治む」は位階を授けること、任官、授位、賜姓、高年者などに対する賑恤《しんじゅつ》、立太子、罪を科すこと、あるいは天皇の裁量により減刑することなどを意味する用例が宣命にみられ、[*3]また国司に「治む」ことを任ずる用例（文武即位宣命など）

もみられる。つまり律令国家成立後の八世紀には、律令官僚制を介して人びとを対象に行われる政治行為が「治む」と表現されていたと思われる。対して「知らす」は天皇の敬称として用いられることが多く、「治む」のように具体的な政治行為を意味する用例はみられない。

では、律令国家をつくりだした七、八世紀の支配層の人びとにとって「知らす」ことは何を意味していたのだろうか。このことを考えるうえで重要なのが、「知らす」という語が用いられるときに「天孫降臨神話」が語られることである。たとえば文武即位宣命では、高天原《たかまのはら》から現在に至るまで「大八嶋国知らさむ」ことが連綿と続き、「天つ神の御子ながらも、天に坐す神の依し奉りし随に」「現御神と大八嶋国知らしめす」ことはあるという。また聖武即位宣命では「高天原に神留り坐す皇親神魯《かむろ》岐《き》・神魯《かむろ》美命《みのみこと》の、吾孫の知らさむ食国天下と、よさし奉りしまにまに」「大八嶋国知らしめす」ことはあるという。

これらの用例では表現の違いはあるものの、高天原から語り起こされ、神からの委任（文武即位宣命では「天に坐す神」、聖武即位宣命では「高天原に神留り坐す皇親神魯岐・神魯美命」）が説かれるという点で共通している。先に「知らす」は神の存在を前提として初めて用いられる語であると述べたが、より正確にいえば「知らす」は「天孫降臨神話」を前提として用いられる語であるといえるだろう。これまで「治む」も「知らす」も統治権といった同一次元で論じられてきたが、この二語がそれぞれあらわすものは次元を異にしており、別に論じるべき問題である。

ところで、八世紀後半に即位した光仁天皇の即位宣命において「知らす」ことと「治む」ことはどちらも天皇がなすべきこととして宣言されている。しかし即位・譲位宣命のなかで「天孫降臨神話」への言及がみられるのは孝謙譲位宣命までであり、[*4] 光仁が天皇のなすべきこととして宣言する「知らす」ことは、その思想的背景が前代までとは異なっていると思われる。またそもそも光仁即位宣命における新天皇としての宣言は、八世紀前半までのそれとはその趣旨が異なっており、八世紀から九世紀の転換期において天皇自身の国家統治に対する認識あるいは君主のあり方に対する認識が変化していると考えられる。[*5] 本章では、八世紀後半においてどのような変化が生じたのかを、即位・譲位宣命の検討を通して考えてみたい。

「天孫降臨神話」の変容

命じる神から助ける神へ

即位・譲位宣命において「天孫降臨神話」が用いられるのは、文武即位宣命、聖武即位宣命、聖武譲位宣命、孝謙譲位宣命である。まず文武即位宣命における神話表現と聖武即位宣命におけるそれを確認したい。

文武即位宣命（六九七年）

高天原に事始めて、遠天皇祖の御世、中・今に至るまでに、天皇が御子のあれ坐さむいや継々に、大八嶋国知らさむ次と、天つ神の御子ながらも、天に坐す神の依し奉りし随に、この天津日嗣高御座の業と、現御神と大八嶋国知らしめす倭根子天皇命（持統）の、授け賜ひ負せ賜ふ貴き高き広き厚き大命を受け賜り恐み坐して[*6]

聖武即位宣命（七二四年）

高天原に神留り坐す皇親神魯岐・神魯美命の、吾孫の知らさむ食国天下と、よさし奉りしまにまに、高天原に事はじめて、四方の食国天下の政を、弥高に弥広に天日嗣と高御座に坐して、大八嶋国知らしめす倭根子天皇（元正）の大命に坐せ詔りたまはく[*7]

文武に大命を授ける持統天皇は「高天原に事始めて（中略）現御神と大八嶋国知らしめす」という表現で修飾されている。この表現の大意は、「高天原から連綿と現在に至るまで歴代の天皇が大八嶋国を知らしてきたように、天つ神の御子であるがままに、天に坐す神[*8]が委任されたままに、この天津《あまつ》日《ひ》嗣《つぎ》高御《たかみ》座《くら》の業《わざ》と、現御神《あきつみかみ》として大八嶋国を知らしめす」になるだろう。聖武に大命を授ける元正天皇も「高天原に神留り坐す皇親神魯岐・神魯美命の（中略）大八嶋国知らしめす」という表現で修飾されている。この表現の大意は「高天原にいらっしゃる皇室の祖先である男神・女神が[*9]、皇孫が知らすべき天下であると委任されたままに、高天原から四方食国天下の政を、天日嗣と高御座にいらして大八嶋国を知らしめす」になるだろう。

一見して明らかなように、持統にかかる神話表現と元正にかかる神話表現はその表現や語句などが異なっている。以降の聖武譲位宣命と孝謙譲位宣命にも神話表現がみられるが、両者における神話表現は、語句などの点で元正にかかる神話表現との類似性が高い。このことから神野志隆光氏は、文武即位宣命とそれ以降の即位・譲位宣命は異なる論理をもつテキストであると論じられた。[*10] また水林彪氏によると、「高天原に神留り坐す皇親神魯岐・神魯美命」という『古事記』にも『日本書紀』にもない神名が用いられる聖武即位宣命以降は、記紀神話（水林氏によるととくに『古事記』）との親近性を語るべきではないという。[*11]

宣命にみられる神話表現を検討する際、宣命における神話表現と『古事記』や『日本書紀』との関係をどのように考えるかは重要な問題である。しかし宣命においても表現の差異がみられること、またそもそも『古事記』と『日本書紀』における神話の差異をどのように考えるかについて未だ定説がない。そこで本節では、即位・譲位宣命において「天孫降臨神話」表現がどのように変化していくかを検討していきたい。

「はじめに」で述べたように、文武即位宣命と聖武即位宣命の神話表現は、高天原から語り起こしていること、どちらも神の委任を説くこと、の二点において共通している。しかし文武即位宣命と聖武即位宣命を比べると、後者のほうがより神の委任を語ることに神話表現の比重がおかれているといえるだろう。では、次に神話表現が用いられる聖武譲位宣命（七四九年）ではどうだろうか。聖武は譲位の事情を説明するにあたり、次のように述べる。

（A）高天原に神積り坐す皇親神魯棄・神魯美命以て、吾孫の命の知らさむ食国天下と言依さし奉りの随に、遠皇祖の御世を始めて天皇が御世御世聞こし看し来る食国天つ日嗣高御座の業となも神ながら念し行さく[*12]

この文章の大意は「高天原にいらっしゃる皇室の祖先である男神・女神が、皇孫の知らすべき食国天下であると委任されたままに、はるか昔の天皇の御世からはじめて歴代の天皇が代々きこしめしくる食国天つ日嗣高御座の業であると思う」になる。聖武譲位宣命における神話表現も、神からの委任を強く説くものであると考えられる。しかしここでは文武・聖武即位宣命とは異なり、神話表現は前天皇（の大命）ではなく「食国天つ日嗣高御座の業」＝国家統治[*13]の正当性を保証するものとして用いられている。この用法は、つづく孝謙譲位宣命（七五八年）にも継承される。

（A）高天原に神積り坐す皇親神魯弃・神魯美命の吾孫の知らさむ食国天下と、事依さし奉りの任に、遠皇祖の御世を始めて天皇が御世御世聞こし看し来る食国高御座の業となも神ながら念し行さく

（B）かく聞こし看し来る天日嗣高御座の業は天に坐す神・地に坐す祇の相うづなひ奉り相扶け奉る事に依りてし此の座には平けく安けく御坐まして天下は知らしめす物に在るらしとなも神ながら念し行す[*14]

孝謙も譲位するにあたり聖武と同様のことを述べており、聖武と同じく「食国高御座の業」＝国家統治の正当性を保証するものとして神話表現を用いている。なお孝謙譲位宣命では「食国高御座の業」とあり聖武譲位宣命とやや表現は異なるが、（A）の文章のあとには「かく聞こし看し来る天日嗣高御座の業は」と続くため、「食国高御座の業」は「食国天つ日嗣高御座の業」の省略表現であるだろう。

「天孫降臨神話」表現がなされるのは孝謙譲位宣命が最後であるが、この孝謙譲位宣命において、天神地祇《てんしんちぎ》の加護について述べる（B）の文章があらわれていることに注目したい。孝謙は譲位にあたり、国家統治の正当性を高天原にいる二神からの委任によって語ったあとに、「このように聞いている（あるいは統治なされてきた）天日嗣高御座の業は、天神地祇が、良しとされお助けになることによって、皇位に平穏にいて、天下は知らしめす物であると思う」と述べる。[*15]ここでは高天原の二神からの委任という思想によって国家統治の正当性を語るだけでは十分ではなく、天下を「知らす」ことには、天神地祇の承認と加護が必要であると述べられているのではないだろうか。

この認識の転換は、孝謙譲位宣命と同時に出された淳仁即位宣命（七五八年）において宣言されている「治む」ことにみられる変化とも対応するものである。

然るに皇と坐して天下治め賜ふ君は、賢人の能臣を得てし天下をば平けく安けく治むる物に在るらしとなも聞こし行す。故、是を以て大命に坐せ、宣りたまはく、朕は拙く弱くあれども親王たちを始めて王たち臣等の相あななひ奉り相扶け奉らむ事に依りてし此の仰せ賜ひ授け賜ふ食国天下の政は平けく安けく仕へ奉るべしとなも念し行す。是を以て諂ひ欺く心無く忠に赤き誠を以て食国天下の政は衆助け仕へ奉れ*16

淳仁は、臣下に対して奉仕を要求するために、まず「天皇となり天下を治める者は、賢人《さかしきひと》の能臣《よきおみ》を得ることによって天下を治めることができると聞いている」と述べる。つまり天下を「治む」ことにおける臣下の重要性を天皇自身が認識しているということが、ここで述べられている。その後「私は拙く弱い者であるが、親王《みこ》たちをはじめて王《おほきみ》たち臣等の助けによって、前天皇（孝謙）から授けられた政を無事に行うことができると思う」という文章が続く。ここで表明されているのは、臣下の助けを受けなければ「治む」ことができない天皇像である。こうした天皇像が表明されたあと、「そのため、諂《へつら》ひ欺《あざむ》く心無く忠《まめ》に赤き誠をもって食国天下の政を衆《もろもろ》助け仕へ奉れ」と、臣下に奉仕＝補佐を要求している。

このようにして臣下に対して奉仕を要求する態度は、一見自明のことと思われる。しかし、この文章と文武即位宣命におけるそれを比べてみれば、その違いは明らかである。

是を以て天皇が朝庭の敷き賜ひ行ひ賜へる百官人等、四方の食国を治め奉れと任け賜へる国々の宰等に至るまでに、国の法を過ち犯す事なく、明き浄き直き誠の心を以て、御称々りて緩び怠る事なく、務め

結りて仕へ奉れ[17]

ここには、淳仁天皇即位宣命にみられた「親王たちを始めて王たち臣等の相あななひ奉り相扶け奉らむ事に依りてし」「衆助け仕へ奉れ」という臣下の補佐を求める表現はみられず、むしろ「国の法を過ち犯す事なく」「御称々りて緩び怠る事なく」という臣下を戒める表現がみられる。しかしこれは、臣下の補佐が淳仁即位の際に突然求められたという意味ではない。すでに聖武即位宣命には「故、親王等《みこたち》を始めて王《おほきみ》たち臣たち汝《いまし》たち、清き明き正しき直き心を以て、皇《すめら》が朝《みかど》をあななひ扶け奉りて、天下《あめのした》の公民《おほみたから》を奏し賜へ」という臣下に対して補佐を求める文章がある。しかし聖武即位宣命の大半は聖武の即位の事情を説明する元正の大命に費やされており、臣下の補佐を求める文章は一文程度である。つづく孝謙即位宣命において天下を「治む」ことを述べる文章は、次のような表現となっている。

朕は拙く劣く在れども、親王等を始めて王等・臣等、諸の天皇が朝庭の立て賜へる食国の政を戴き持ちて、明き浄き心を以て誤ち落すこと無く助け仕へ奉るに依りてし、天下は平けく安けく、治め賜ひ恵び賜ふべき物にありとなも、神ながら念し坐さく[18]

孝謙は「朕は拙く劣く在れども」とみずからの非力を表明し、「臣下らが助け仕へ奉ることによって天下を治めることができると思う」と述べるのと同時に、臣下に対して「諸の天皇が朝庭の立て賜へる食国の政を戴き持」つことを要求し、また「誤ち落すこと無く」と臣下を戒めている。このような過程を経たあと淳仁即位に至って、天下を「治む」ことにおける臣下の補佐の重要性が強調され、明確に宣言されたものと思われる。[*19]

つまり孝謙譲位宣命と淳仁即位宣命には、「知らす」ためには「天孫降臨神話」(神からの委任)を語るだけでは十分ではなく、それは天神地祇の承認と加護によって行われるという認識の転換と、「治む」ことは臣下の補佐によることで行うことができるという明確な宣言が表明されていると思われる。当該期にはこのような国家統治あるいは君主のあり方に対する認識の転換が起こっているのではないだろうか。のちに即位する光仁天皇は、天神地祇の承認と加護を述べる(B)の文章と淳仁即位宣命の「治む」ことを述べる文章をほぼ同じかたちで引き継いでいるが、「天孫降臨神話」表現は引き継いでいないため、「知らす」ことに対する認識の転換はより明らかとなっているといえよう。[*20]

天神地祇の変化

このような神話の変容が生じた原因には、当該期における神観念の変容の可能性があげられる。孝謙譲位宣命には承認と加護を与える存在として天神地祇があらわれているが、天神地祇自体は、和銅改元宣命(七〇八年)に祥瑞をもたらす存在としてあらわれているように、以前からある観念である。しかし孝謙譲位宣命以降の天神地祇と、聖武朝までの天神地祇は異なるものであるように思われる。そもそも聖武朝までの天神地祇は、「山川」や「名山大川」[*21]とともに祭られる存在であった。

辞別きて、此の大き瑞の物は、天に坐す神・地に坐す祇の相うづなひ奉り福はへ奉る事に依りて、顕し奉れる貴き瑞なるを以て、御世の年号改め賜ひ換へ賜ふ。（中略）また、諸国の天神・地祇は長官をして祭を致さしむべし。若し限の外に祭るべき山川有らば、祭ることを聴す[*22]

聖武は祥瑞があらわれたことを喜び、神亀から天平へと改元を行った。その際、祥瑞があらわれたことを祝うためにいくつかの処置を行っており、「また」以下はそのひとつである。ここで聖武は、祥瑞があらわれた理由のひとつに天神地祇の承認と祝福をあげており、それに対する処置として諸国の天神地祇を祭ることを命じている。天神地祇への祭りを命じる文につづいて「山川」への祭りについて命じる文があることから、天神地祇は「山川」の神と同時に祭られるものであったことがわかる。次の天平四年（七三二）七月丙午に出された詔にも同様の認識をうかがうことができる。

春従り亢旱して、夏に至るまで雨ふらず。百川水を減し、五穀稍彫めり。実に朕が不徳を以て致す所なり。百姓何の罹ありてか、燋け萎えたること甚しき。京と諸国とをして、天神地祇、名山大川に自ら幣帛を致さしむべし[*23]

聖武は、春から日照りが続いたことへの対処として、天神地祇と「名山大川」に幣帛を奉ることを命じている。この詔からも、天神地祇は「名山大川」とともに祭られる存在であるという認識がうかがえるだろう。しかし聖武朝（とくに天平九年）を境として、天神地祇と「山川」や「名山大川」をともに祭る事例がみられなくなる。

次にあげるのは、光仁が近頃頻発する災異への対処として天神地祇への祭祀を命じた勅である。光仁は諸の社が穢れており、また祭祀が十分に行われていないために、近頃は災異が多いと述べている。

> 神祇を祭祀るは国の大典なり。若し誠敬はずは何を以てか福を致さむ。如聞らく、「諸社脩めずして人畜損ひ穢し、春秋の祀も亦怠慢ること多し」ときく。茲に因りて嘉祥降らずして、災異荐に臻れり[*24]

災異とは、前年に起こった飢饉や地震、鼠害《そがい》、旱《ひでり》、風水害、蝦夷の騒擾《そうじょう》のことを指すという。[*25] 自然災害を含んだ災異への対処にも関わらず、ここでは天神地祇のみが祭祀対象としてあがっており、「山川」や「名山大川」への処置については言及されていない。聖武朝以前には天神地祇への祭祀は「名山大川」への祭祀とともに行うものという認識があったが、光仁の治世においてはその認識が変化していることがうかがえる。こうした祭祀方法の変化は、祭祀対象である天神地祇、つまり神に対する認識の変化をも意味するものであるのではないだろうか。

しかし当該期における神に対する認識の変化を論じるには、より詳細な検討が必要である。ここでは神に対する認識が、聖武朝を境として変化している可能性があるということを指摘しておきたい。孝謙譲位宣命で「知らす」ためには「天孫降臨神話」を語るだけでは十分ではないとされた原因には、聖武朝において神に対する認識そのものが変化した可能性が考えられるのではないだろうか。

八世紀における即位論理の転換

即位論理の変化

前節では、孝謙譲位・淳仁即位時（七五八年）に国家統治に対する認識の変化が生じていることを確認した。この変化と対応して、八世紀後半には即位方法（皇位継承方法）の変化も生じていると思われる。本節では、八世紀における即位論理の変化を検討したい。[*26] まず国家統治に対する認識の変化が起こる前の文武から孝謙即位宣命までの即位論理を確認したい。

文武即位宣命

高天原に事始めて、遠天皇祖の御世、中・今に至るまでに、天皇が御子のあれ坐さむいや継々に、大八嶋国知らさむ次と、天つ神の御子ながらも、天に坐す神の依し奉りし随に、この天津日嗣高御座の業と、現御神と大八嶋国知らしめす倭根子天皇命（持統）の、授け賜ひ負せ賜ふ貴き高き広き厚き大命を受け賜り恐み坐して、この食国天下を調へ賜ひ平げ賜ひ、天下の公民を恵び賜ひ撫で賜はむとなも、神ながら思しめさくと詔りたまふ天皇が大命を、諸聞きたまへと詔る[*27]

文武は即位にあたり、持統の授ける大命を受けたことを述べ、「この食国天下を調へ賜ひ平げ賜ひ、天下の公民を恵び賜ひ撫で賜はむ」と思うと述べる。「この食国天下を」以下の文章は、文武自身によるこれからの治世について述べた部分である。またこのあとに続くのは、臣下に対して奉仕を要求する文章である。文武即位宣命において、文武即位の正当性は「現御神と大八嶋国知らしめす」持統による譲位の大命に求められているといえるだろう。次に聖武即位宣命を確認する。

聖武即位宣命

高天原に神留り坐す皇親神魯岐・神魯美命の、吾孫の知らさむ食国天下と、よさし奉りしまにまに、高天原に事はじめて、四方の食国天下の政を、弥高に弥広に天日嗣と高御座に坐して、大八嶋国知らしめす倭根子天皇（元正）の大命に坐せ詔りたまはく、「（中略）天日嗣高御座食国天下の業を吾が子みまし王（聖武）に、授け賜ひ譲り賜ふ」と詔りたまふ天皇（元正）が大命を、頂に受け賜り恐み持ちて、辞び啓さば天皇が大命恐み、被賜り仕へ奉らば拙く劣くて知れること無し。進むも知らに退くも知らに、天地の心も労しく重しく、百官の情も辱み愧しみなも、神ながら念し坐す[*28]

聖武も即位にあたり、譲位の事情を述べる元正の大命を受けたことを述べている。聖武の場合、文武（聖武の父）→元明（文武の母）→元正（文武の姉）→聖武と即位するに至った事情を説明するために元正の大命は相当な長文であり、その内容も元正の大命のなかに文武と元明の大命が引用され、また祥瑞があらわれたことなどを述べるという複雑な構成をとっている。「頂に受け賜り恐み持ちて」以下の文章は、譲位の大命を受けたことに対して自分（聖武）が恐懼《きょうく》していることを述べる文章である。またこのあとに続くのは、臣下に対する奉仕の要求や即位に伴う大赦のことを述べる文章である。聖武も文武と同じく、みずからの即位を「大八嶋国知らしめす」元正による譲位の大命によるものと説明している。文武・聖武即位宣命において即位の正当性は、前天皇による譲位の大命に求められているといえるだろう。[*29] 次に即位した孝謙の即位宣命では、宣命の形式が変化する。

孝謙即位宣命（七四九年）

掛けまくも畏き我皇天皇（聖武）、斯の天つ日嗣高御座の業を受け賜はりて仕へ奉れと負せ賜へ、頂に受け賜はり恐り、進みも知らに退きも知らに、恐み坐さくと宣りたまふ天皇が御命を、衆聞きたまへと勅る[*30]

孝謙の場合も、聖武から譲位の命令を受けたことを述べているが、ここでは聖武から譲位の命令を受けたことを述べる文章が、前代と比べて簡素な表現となっている。これは即位宣命の前に聖武自身による譲位の事情の説明が行われているからであり、聖武は譲位にあたってみずからの即位について再度語り、「元正の大命を受けて自分は天下を治めてきたが、万の政が多く自分の身が堪えられないため、孝謙に譲位する」[*31]と述べている。聖武→孝謙時になると、譲位・即位の事情を譲位する天皇自身が宣命で語り、それを受けて新天皇の即位宣命が宣布《せんぷ》されるというかたちへと変化している。この形式は、つづく孝謙→淳仁時においても引き継がれている。孝謙即位時に、即位宣命の形式は変化しているといえるだろう。しかし文武・聖武即位宣命と同じく、即位の正当性が前天皇による譲位の大命に求められている点は変化していない。

では、国家統治に対する認識が変化したあとの光仁即位宣命、桓武即位宣命における即位論理はどうだろうか。淳仁の治世において藤原仲麻呂の乱が起こり淳仁は廃位され、孝謙が称徳として重祚した。称徳は皇太子を定めぬまま死去したため、臣下の推挙によって桓武の父である光仁が即位している。その光仁即位宣命において、前代の天皇から譲位の大命を受けたことを述べる文章は次の通りである。

光仁即位宣命（七七〇年）

挂けまくも恐き奈良宮に御宇しし倭根子天皇（称徳）の去にし八月に、此の食国天下の業を拙く劣き朕に賜はりて仕へ奉れと負せ賜ひ授け賜ひきと勅りたまふ天皇が詔旨を、頂に受け賜はり恐み、受け賜はり懼ぢ、進みも知らに退きも知らに、恐み坐さくと勅りたまふ命を、衆聞きたまへと宣る[*32]

称徳は皇太子を定めぬまま死去しているから譲位宣命は存在しない。また即位宣命のなかで言及されているような称徳による譲位の詔旨《おほみこと》があったわけではなく、これは創作であるという見解もある。[*33] しかし創作といっても、称徳の詔旨によって即位するという表現がとられたことは、奈良時代における前天皇による譲位の大命の重要性を物語っているといえるだろう。けれども文武や聖武の場合と比べると、その重要性は明らかに低下していることがわかる。

桓武即位宣命（七八一年）

掛けまくも畏き現神と坐す倭根子天皇が皇（光仁）、此の天日嗣高御座の業を掛けまくも畏き近江大津宮に御宇しし天皇の勅り賜ひ定め賜へる法の随に被け賜はりて仕へ奉れと仰せ賜ひ授け賜へば、頂に受け賜はり恐み、受け賜はり懼ぢ、進みも知らに退くも知らに恐み坐さくと宣りたまふ天皇が勅を、衆聞きたまへと宣る[*34]

つづく桓武は即位にあたり、「掛けまくも畏き現神と坐す」光仁による「此の天日嗣高御座の業を（中略）仕へ奉れ」という仰せを受け取ったことを述べている。しかし桓武即位宣命における文章の主眼は「掛けまくも畏き現神と坐す」光仁の仰せというよりも、「近江大津宮に御宇《あめのしたしらしめ》しし天皇の勅り賜ひ定め賜へる法の随に」[*35]皇位が譲られたことにある。つまりここでは、即位（皇位継承）は「天智の法」に定められた通りに行われたということが述べられていると思われる。即位宣命は桓武のものを模範として定型化し、以後長く継承されたことが指摘されているが[*36]、後代の模範とされた桓武即位宣命の画期性は、即位が前天皇の大命によるものというよりも即位・譲位方法の正当性に求められている点にあるのではないだろうか。

即位と「天智の法」

ここで用いられている「天智の定めた法」の実態や意味については、すでに多くの研究が積み重ねられている[*37]。しかし八世紀後半に国家統治に対する認識の変化――とくに「知らす」ことに対する認識の変化――が生じたという本章の視点からすると、注目したいのは「天智の法」の初出である元明即位宣命において、神話表現が用いられてない点である。

元明は病身である文武から皇位を譲られ即位するが、それを述べる文章は次の通りである。

元明即位宣命（七〇七年）

関くも威き藤原宮に御宇しし倭根子天皇（持統）、丁酉の八月に、此の食国天下の業を、日並所知皇太子の嫡子、今御宇しつる天皇（文武）に授け賜ひて、並び坐して此の天下を治め賜ひ諧へ賜ひき。是は関くも威き近江大津宮に御宇しし大倭根子天皇の、天地と共に長く日月と共に遠く、改るましじき常の典と立て賜ひ敷き賜へる法を、受け賜り坐して行ひ賜ふ事と衆受け賜りて、恐み仕へ奉りつらくと詔りたまふ命を衆聞きたまへと宣る。如是仕へ奉り侍るに、去年の十一月に、威きかも、我が王、朕が子天皇（文武）の詔りたまひつらく、「朕御身労らしく坐すが故に、暇間得て御病治めたまはむとす。此の天つ日嗣の位は、大命（元明）に坐せ大坐し坐して治め賜ふべし」と譲り賜ふ命を受け賜り坐して[38]

元明は、文武から皇位を譲るという大命を受けたことを述べる前に、持統と文武がともに「天下を治め」たという過去の事実について言及し、「是《こ》は」「近江大津宮に御宇《あめのしたしらしめ》しし大倭根子天皇の、天地《あめつち》と共に長く日月と共に遠く、改《かは》るましじき常の典と立て賜ひ敷き賜へる法」を受けて行ったことであると述べている。[39]文武と聖武の即位宣命の形式を考えると、文武の大命の前には神話表現がなされてもよいように思われるが、文武に対して神話表現はなされず「天智の定めた法」という語句が初めて用いられている。

再度「天智の法」が用いられる桓武即位宣命において、先に引用した文章のあとには「皇と坐して天下治め賜ふ君は、賢人の能臣を得てし天下をば平けく安けく治むる物に在るらしとなも聞こし行す」という、臣下の補佐を受けて「治む」ことができるという文章が続き、光仁即位宣命にみられた天神地祇による承認と加護を述べる文章はみられない。

元明即位宣命における「天智の法」と桓武即位宣命におけるそれは異なるという指摘もあるが[40]、どちらも神に関する表現が用いられていないときに「天智の法」が用いられるという共通点もあると思われる[41]。「天智の法」という語句には、神話表現とはなじまない性格があったのではないだろうか。

文武から孝謙即位宣命まで、とくに文武・聖武即位宣命において、即位の正当性は前天皇による譲位の大命に求められ、その前天皇に対して「天孫降臨神話」表現（宣命の神話表現は、神からの委任を語る傾向が強い）がなされていた。孝謙譲位・淳仁即位時において「天孫降臨神話」の変容とともに国家統治に対する認識の変化が生じたと思われ、のちの光仁・桓武もその変化を引き継いでいると考えられる。

その桓武即位宣命において、これまでとは異なった即位論理が示されており、神話表現とはなじまない性格があったと思われる「天智の法」という語句が用いられている。桓武即位宣命における変化の直接の原因は、桓武朝における即位儀式の再編によるものであると思われる[42]。桓武朝には中臣寿詞《なかとみのよごと》と神璽《しんじ》之鏡剣の奏上が大嘗祭へ移り、天皇即位式は譲位宣命が読まれ神器の移動が行われてすでに正式な天皇となっている新天皇が朝堂院の大極殿で高御座につき即位宣命を発する儀礼になったとされる[43]。つまり即位儀式における神話的要素が、その表現方法を変化させているといえるだろう。八世紀後半において「天孫降臨神話」が変容するとともに、皇位継承における「神話」の役割もまた変化しているのではないだろうか。

むすびにかえて

本章では、八世紀後半において「天孫降臨神話」の変容が生じ、天皇が「知らす」ためには神の委任が必要であるという認識から、天神地祇の承認と加護が必要という認識へ変化したことを論じた。しかし、八世紀後半に「天孫降臨神話」の変容が生じ、国家統治に対する認識が変化したとすれば、九世紀以降における神話的イデオロギーはどのようなものだったのだろうか。九世紀以降、神と天皇の関係性は、どのように認識されていたのだろうか。[*44] 今後の課題としたい。

註

＊1 熊谷公男『日本の歴史 第三巻 大王から天皇へ』（講談社学術文庫、二〇〇八年、初出二〇〇一年）。熊谷公男「〝ヲサム〟考」（『新日本古典文学大系 月報』第六〇号、一九九五年）。

＊2 亀松花奈「天皇の統治――『おさむ』と『しらす』を通して」（『私の天皇論』東京堂出版、二〇二〇年）。

＊3 宣命における「治む」用例の分析は、前掲註1「〝ヲサム〟考」によってなされている。

＊4 この指摘は、平原智子氏「八・九世紀の宣命と皇位継承」（『日本歴史』第五九五号、一九九七年）や、熊谷公男「即位宣命の論理と『不改常典』法」（『東北学院大学論集 歴史と文化』第四五号、二〇一〇年）によってなされている。

＊5 八世紀と九世紀以降では天皇のあり方に違いがみられることが、早川庄八「律令国家・王朝国家における天皇」（『天皇と古代国家』講談社学術文庫、二〇〇〇年、初出一九八七年）によって指摘されている。また、八世紀の天皇は頻繁に行幸を行うのに対し、九世紀以降になると天皇は宮中を離れなくなっていくといった違いもみられるという（鈴木景二「日本古代の行幸」〈『ヒストリア』第一二五号、一九八九年〉や仁藤敦史「古代王権と行幸」〈『古代王権と官僚制』臨川書店、二〇〇〇年、初出一九九〇年〉を参照）。

＊6 『続日本紀』文武元年八月庚辰条。以下、『続日本紀』の引用は、新日本古典文学大系『続日本紀』一～五（岩波書店、一九九五～九八年）による。なお、宣命については、北川和秀『続日本紀宣命 校本・総索引』（吉川弘文館、一九八二年）も参照している。

＊7 『続日本紀』神亀元年二月庚午条。

＊8 「天に坐す神」について、前掲註6『続日本紀 一』脚注には、「天坐神」は宣命第十四詔（天平勝宝元年七月条）の「『高天原神積坐皇親神魯棄神魯美命』に同じ」とある。

＊9 聖武天皇即位宣命における「高天原に神留り坐す皇親神魯岐・神魯美命」の前掲註6『続日本紀 二』の註を参照。補注九―五四には、「皇（すめ）親（むつ）神魯岐（かむろき）神魯美（かむろみ）の命（みこと）と訓む。スメはスメラ、スメロとも。至高の主権者。ムツは睦じい、親しい。スメラガムツでカムロキ・カムロミの形容語。ロは連体助詞。キは男、ミは女。全体で、皇室の祖先である男神・女神」とある。

＊10 神野志隆光「神話テキストとしての即位宣命」（『古代天皇神話論』若草書房、一九九九年）。

＊11 水林彪「『古事記』――成立期律令天皇制の正統思想」（『国文学 解釈と教材の研究』第三九巻第六号、一九九四

年）。

＊12 『続日本紀』天平勝宝元年七月甲午条。

＊13 「食国天つ日嗣高御座の業」は、ここでは広く意味をとり「国家統治」と解した。なお「天つ日嗣」「高御座」「食国」という語は、それぞれに各語がもつ意味やその意義が研究されている。「高御座」研究に関しては、榎村寛之「高御座（タカミクラ）とその研究動向に関する二、三の考察」（『続日本紀研究』第四二〇号、二〇二〇年）を参照した。榎村氏は「高御座とは天下の支配の象徴であり、その根源は天日嗣である現神しか「坐」せないモノ＝視覚的な座」だったと述べられている。

また「食国」は天皇の支配領域を意味する語として解されることが多いが、村上麻佑子氏によると「君主から臣下に対して統治を委任するという内容を意味」する漢語であり、かつ「日本においては、古伝としての性質が付与され、また宣命や祭祀の場で象徴化し演出されながら、繰返し語られる概念であった」という（村上麻佑子「古代日本における『食国』の思想」『日本思想史学』第四四号、二〇一二年）。

＊14 『続日本紀』天平宝字二年八月庚子条。

＊15 「うずなう（うづなう）」は『日本国語大辞典』には「良しとする。良しとして大切に思う」とある。また、「ウヅは珍。貴く珍しいこと、貴重であること。ウヅナフは、貴重なものとしてあつかうこと、よしとすること」（和銅改元宣命における「うづなう」に付された註）や「ともどもに貴いものとして肯（うべな）い申し。ウヅは貴いもの、珍しいものを意味し、ナヒはそれを動詞化する語」（孝謙譲位宣命における「うづなう」に付された註）とある。

＊16 『続日本紀』天平宝字二年八月庚子条。

＊17 『続日本紀』文武元年八月庚辰条。

＊18 『続日本紀』天平勝宝元年七月甲午条。

＊19 淳仁即位宣命に画期をおく研究に、八木充氏「古代の即位宣命」（『柴田実先生古稀記念 日本文化史論叢』柴田実先生古稀記念会、一九七六年）があげられる。八木氏は「淳仁の即位宣命は、以後のそれの一種の規範的な位置を占め、内容的に宣命文の固定化をもたらす端緒となったようにおもえる」と述べている。なお宣命文の固定化については、のちに早川庄八氏が桓武即位宣命からとされた（前掲註5「律令国家・王朝国家における天皇」）。

筆者も宣命の固定化は桓武以降と考えるが、淳仁即位宣命が「一種の規範的な位置」をもつという八木氏の指摘については同意である。また平原智子氏も前掲註4「八・九世紀の宣命と皇位継承」で、淳仁即位宣命から臣下に求める内容が変化したと指摘している。

＊20 前掲註13「高御座（タカミクラ）とその研究動向に関する二、三の考察」では、『続日本後紀』嘉祥二年（八四九）三月庚辰条・仁明天皇四十賀記事の興福寺大法師らが奉献した長歌を検討し、九世紀においても「高御座が神代に由来するという神聖意識はなお有効」であったと論じられている。また平安時代には『日本書紀』の講読が開催されており、九世紀以降における神話意識については、さらなる検討が必要である。

＊21 「名山大川」については、三宅和朗「日本古代の『名山大川』祭祀」（『古代国家の神祇と祭祀』吉川弘文館、一九九五年）や小林宣彦「古代における災異への対処とその思想的背景――神・仏・天のうち神祇の対処を中心に」（『律令国家の災異と祭祀』吉川弘文館、二〇一九年、初出二〇〇五年）を参照。三宅和朗氏は「名山大川」は中国の祭祀に倣った潤色表現と論じられたが、小林宣彦氏は「名山大川」を祭る事例が八世紀初頭に集中することなどから潤色表現とみることについて疑問を呈している。

＊22 『続日本紀』天平元年八月癸亥条。

＊23 『続日本紀』天平四年七月丙午条。

＊24 『続日本紀』宝亀七年四月己巳条。

＊25 『新日本古典文学大系 続日本紀 五』（岩波書店、一九九五年）、一二頁、脚注四を参照。

＊26 桓武に至るまでの即位と譲位宣命の変化を検討したものとして、平原智子氏の前掲註4「八・九世紀の宣命と皇位継承」があげられる。

＊27 前掲註6『続日本紀』文武元年八月庚辰条。

＊28 前掲註7『続日本紀』神亀元年二月庚午条。

＊29 熊谷公男氏は、前掲註4「即位宣命の論理と『不改常典』法」において、文武から聖武までの即位宣命の検討を行い、「奈良時代の天皇の統治権の正統性、すなわち即位の正統性は、〝先帝の意思による譲位〟という論理で根拠づけられていた。（中略）即位宣命をみれば、神話より先帝のコトバによって即位が正当化されていることは明らかである」と論じられている。

＊30　『続日本紀』天平勝宝元年七月甲午条。
＊31　『続日本紀』天平勝宝元年七月甲午条を参照。
＊32　『続日本紀』宝亀元年十月己丑条。
＊33　『新日本古典文学大系　続日本紀　四』（岩波書店、一九九五年）、五四二頁、補注巻第三〇〜四〇。
＊34　『続日本紀』天応元年四月壬辰条。
＊35　『続日本紀』では「随」は「まにまに」とよまれている。「まにまに」は「（1）行動の決定を他に任せて、他の意志や事態の成り行きに従うさまを表わす語。ままに。（2）ある事柄につれて他の事柄も進行しているさまを表わす語。…につれて。…とともに。（3）思いのままに。任意に」（『日本国語大辞典』）という意味の語である。
＊36　前掲註5「律令国家・王朝国家における天皇」。
＊37　「天智の定めた法」、いわゆる「不改常典」の研究史の整理および現段階での課題などに関しては、藤堂かほる「天智の定めた『法』について――宣命からみた『不改常典』」（『ヒストリア』第一六九号、二〇〇〇年）をおもに参照した。
＊38　『続日本紀』慶雲四年七月壬子条。
＊39　「是は」が前文のどこにかかるものなのかは、「不改常典」の実態・解釈を考えるうえで重要であり諸説ある。しかし本章の目的は「不改常典」の実態や意味の解明ではないため、神話表現がなされてもよいところで神話表現がなされず、この語が用いられている点に注目したい。なお藤堂氏は、即位宣命は臣下らに聞かせるものであり、宣命の内容は当時の官人たちにとってその場で聞いただけで十分理解しうるものであったと考えられるから前文全体を指すと解されている。
＊40　早川庄八「天智の初め定めた『法』についての覚え書き」（前掲註5『天皇と古代国家』所収。初出一九八八年）や藤堂かほる前掲註37「天智の定めた『法』について――宣命からみた『不改常典』」は、元明即位宣命にみられる「天智の法」と桓武即位宣命にみられる「天智の法」を異なるものとして論じている。
＊41　聖武即位宣命において元明が元正に伝えたというかたちで「天智の定めた不改常典」がみえている。神話表現が用いられる聖武即位宣命において「天智の定めた不改常典」が用いられているといえるが、これは聖武即位に至る経緯を説明する必要があるという事情によるものと思われる。

＊42　桓武朝の頃に前天皇から新天皇へ神器を移動させる践祚という儀式が成立し、即位儀礼は践祚・即位儀・大嘗祭の三種の儀式で構成されるようになったとされる。践祚に関しては、柳沼千枝「践祚の成立とその意義」（『日本史研究』第三六三号、一九九二年）を参照。

＊43　藤森健太郎「平安期即位儀礼の論理と特質」（『古代天皇の即位儀礼』吉川弘文館、二〇〇〇年）。

＊44　九世紀以降における神話を考えるうえで、『古語拾遺』を神器の起源を降臨神話に求める天皇の正統性のための新しい神話とする神野志氏の見解（「一元化への運動」前掲註10『古代天皇神話論』所収）などが注目される。

第七章

中世前期における「いきほひ」について

大島　佳代

はじめに

鎌倉幕府の歴史的位置づけは、古くより中世研究史上における主要な争点のひとつであった。このことに関する諸議論は、鎌倉幕府を朝廷とは異なるもう一つの国家とみなす東国国家論と[*1]、幕府を、天皇のもとで国家権力を分掌する諸権門の一つと規定する権門体制論の[*2]、二つの潮流として理解するのが、今日一般的である。なかでも近年は、鎌倉幕府の国家論上の位置を考える際に、天人相関説に注目すべきことが提起されている。[*3]

天人相関説とは、天意と人君による政の善悪とを相関的にとらえ、天は、有徳の君主の善政には祥瑞《しょうずい》を、不徳の君主の悪政には災害・怪異をくだす、と考える思想である。天人相関説は、天譴《てんけん》説や易姓《えきせい》革命思想、徳治《とくち》主義、徳政主義、仁政思想などにも通底する論理で、古代史・近世史においても、近年注目が高まっているという。[*4]

ここで問題となっている「徳」という概念は、思想史に限らず、徳政・撫民《ぶみん》政治・徳治主義といった切り口で、中世政治史においてもしばしば取り上げられてきた概念である。天人相関説で重視される「徳」は、前近代の東アジアにおける国家・統治イデオロギーとして、もっとも一般的なものといえよう。

ところで、統治のイデオロギーとしての「徳」は、世界を〈有徳／無徳〉〈化内／化外〉〈中心／辺境〉というかたちで把握することと不即不離の関係にある。絶対・中心を措定する規範概念を中心に、秩序が構築され、世界は構造化されるのである（以下こうした構図を〈構造〉と呼称する）。

先にあげた東国国家論と権門体制論との差異は、分裂・対立・複数性を中世国家の本質とみなすのか、統合・単一的側面を重視するか、という差異であるが、早くからその論理構造における類似性が指摘されてきた。[*5]また、鎌倉期の幕府将軍像には、朝廷に連なる秩序の保護者と、みずからが秩序をもたらす「徳」ある為政者、という二つの相貌が存在する。[*6]前者は権門体制的、後者は東国国家的「将軍」像であるといえるが、有徳の為政者ないし措定された中心・始原による徳政が及ぶべき支配領域（国家）の内部に位置するという点において、つまり右の〈構造〉を前提とするという意味において、両者は構造上の本質的差異がない。

東国国家論と権門体制論という二つの潮流は、在地領主論と武士職能論という中世武士論における二つの主要な学説[*7]と共鳴するものであることはよく知られているが、これと類似の構造は、国文学における中世軍記物語研究にもみられる。今日、軍記物語の構造そのものを総体として論じた国文学の代表的な成果としては、兵藤裕己氏と大津雄一氏の研究があげられる。兵藤氏は、王権・国家・歴史に疎外された「モノ」に寄り添い、『平家物語』に〈歴史〉とモノ語り、日常と非日常、中央と辺境（朝敵）といった相反する二つの論理と、その「反転」の構造を見いだす。[*8]これに対して大津氏は、軍記は等しく、「天皇王権の至高性を共通の規制とする共同体内部の秩序に、異者（反逆者・朝敵）が混沌を一時的に現出させるが、天皇王権を護持する超越者（神仏・冥衆・天）の加護のもと、異者は忠臣により排除され、共同体は秩序を回復する」という構造で描かれていると指摘する。[*9]

一見、兵藤氏は国家を相対化する「モノ」（辺境・朝敵・非日常）、大津氏は既存の国家の秩序回復に着目することで、両者は相反する議論を展開しているようにみえる。しかし、前者において、「反転」が起こったとしても（中央にいたはずの平家が朝敵となり、辺境の頼朝が朝敵を討つ将軍になったとしても）、〈中心／

辺境〉〈将軍／朝敵〉という構図そのものは保存され、むしろ強化されている点には注意する必要がある。国家・秩序世界を成り立たせる〈構造〉を暗黙の前提としているという点で、両者は背反しておらず、むしろ共通の土台に立っているともいえよう。

幕府論（国家論）・武士論・軍記物語研究のいずれも、近年は、いわゆる「上からの」把握や統合的側面――権門体制論・武士職能論・共同体の秩序回復――に主軸をおくことが主流となっているが、いずれの領域においても、先にあげた〈構造〉は重要な前提となっていると考えられる。「徳」もこうした諸議論に関わる概念、〈構造〉の軸となる概念として、重視すべきであろう。

そのうえで本章では、「徳」を「いきほひ」と読む事例があるという丸山眞男氏の指摘に注目したい。[*10] 氏は「徳」という漢字を「いきほひ」と読む事例に注目し、中国古典のような規範を帯びない「徳《いきほひ》」に日本特有の価値意識を見いだした。氏によると「いきほひ」は、「究極者の欠如によって、まさに無限の遡及性と不可測性を帯びた」「『初発』のエネルギーを推進力として『世界』が噴射され、そのまま一方向的に無限進行してゆく姿」であるという。絶対的始源ではなく、まずはじめに「いきほひ」がある、というのが、氏が見いだした日本人の「歴史意識の『古層』」（＝発想様式）であった。

この「いきほひ」を古代の政治的語彙として分析した成沢光氏によると、[*11]「イキホヒ」は、一度発するとそれを所持する人間にも制御しがたくなる傾向をもち、大王の「徳」をもってしても抗しがたい「力にかわる動的な何ものか」で、「イキホヒとは、自然・人間・神々に内在する霊的・呪術的な事象としての特徴を多分にもっている。人は、力や徳あるいは法によるよりは、外なるイキホヒをシリ、身に帯びることによって、（中略）より有効な支配を実現し得た」という。

成沢氏や丸山氏の論考ではふれられないが、中世史料においてもこの「いきほひ」は所見する。また、丸山氏は「いきほひ」を「理念」なき「うつろいゆく瞬間の享受」や、「非歴史的な、現在の、そのつどの絶対化」を呼び起こすとして否定的に位置づけるが、中世史料をみると「いきほひ」は、いわゆる「徳」とは異なるかたちで、先述した〈構造〉にも関わる、重要な概念であることがうかがえる。「いきほひ」は文学や貴族の日記、思想書、歌論など、多様な性質の史料に見いだされるので、次章以下で特徴的なものをあげつつ、その位相と歴史との関わりを考察したい。

皇位継承と「いきほひ」

「いきほひ」「勢」ということばは、多様な性質の史料に所見するが、気勢、威勢、形勢、あるいは政治的・社会的・経済的権勢、といった意味で解釈されることが多い。まず確認しておきたいのは、多様なニュアンスを有する「いきほひ」ということばのなかでも、本章が取り扱う「いきほひ」は、単なる暴力や勢力、「ノリ」といったものとは別物である、という点である。初めにこのことを、『神皇正統記』および京極派の歌論から検討したい。

『神皇正統記』の「イキヲヒ」

南北朝内乱の最中に、北畠親房が精魂を込めて記した『神皇正統記』において、個人として「イキヲヒ」を冠せられた人物が、一人だけ存在する。「我国中興ノ祖宗」と位置づけられる、継体天皇である。親房は、継体天皇即位の経緯を次のように語る。

> 武烈カクレ給テ皇胤タエニシカバ、群臣ウレヘナゲキテ国々ニメグリ、チカキ皇胤ヲ求奉ケルニ、此天皇王者ノ大度マシテ、潜龍ノイキヲヒ、世ニキコエ給ケルニヤ。群臣相議《はからひ》テ迎奉ル。三タビマデ謙譲シ給ケレド、ツヰニ位ニ即《つき》給フ。
>
> （『神皇正統記』「継体」）

賢王仁徳の子孫が、武烈の死去によって途絶えたため、群臣は、王者たるべき大いなる度量、そして、「潜龍ノイキヲヒ」を有していた継体を、天皇として迎えた（そしてそれはまた「天命」＝天照大神の思し召しであった）のだという。

皇位継承の論理に関して付言しておくと、親房は、「血統相続性に対する帝徳論の脅威」である「徳なきものは天皇たらざるべし」という理論に対して、「不断の徳行」によって支えられる「正統」の流れに基づく系図観を構成し、血統の連続を徳の証明として帝徳論を逆に利用することで、血統相続制を積極的に裏づけようとしたことが、石井紫郎氏によってつとに指摘されている。[*12] ここで継体天皇は、「不断の徳行」によって支えられる「正統」の観点で即位した代表例としてあげられている。

ただし、天命・帝徳・神器などによって担保される親房の「正統」は、決して万世一系的・静態的なものでなく、河内祥輔氏が指摘するように、「皇位継承の波乱に満ちた様々の成行の結果」として描かれている点は、注意しておく必要がある。[*13] 親房がその「波乱」の代表として特筆するのが、継体・光仁・光孝の三天皇で（「光孝」）、系図的には「カタハラ」の存在であった彼らの即位は、「正統」の流れに大きな変動をもたらした。継体が即位することで、仁徳系（仁徳・允恭・雄略・清寧・履中・仁賢・武烈）がすべて傍流として位置づけられ、光仁の即位では、天武・文武・聖武を含む天武系が、光孝の場合も、文徳・清和・陽成の三天皇が、傍流として位置づけ直されるという変革が起こったのである。

「カタハラ」から出た継体は、「ソノ御身賢ニシテ天ノ命ヲウケ」（「光孝」）、群臣の推戴をうけて、「不断の徳行」によって支えられる「正統」を継承した。筆者もこうした伝統的理解に賛同するものであるが、注意すべきは、「不断の徳行」によって支えられる天皇の「正統」を説く親房が、その「正統」の転換点ともいえる継体の即位を、ほかの天皇とは異なる「イキヲヒ」ということばで説明している点である。継体は賢王と称されているが、そもそも継体が即位することとなったのは、継体と同様に賢王とされた仁徳の遺徳が途絶えたからであった。こうして迎えた皇統の断絶という初めての危機に際して行われた継体の即位を、親房が「イキヲヒ」を用いて説明したことは、親房の皇位継承の論理が、旧来指摘されてきた帝徳・天命といった範疇のみでは、必ずしもとらえきれないことを意味してはいないだろうか。

ただし、親房が継体の即位を神意に基づいたものであると評価していることからもうかがえるように、この「イキヲヒ」を、帝徳・天命の単純な反対物、あるいは、王道に対する覇道のようなものと評価することはできない。親房は「神代」の記述において、天竺・震旦と日本との王位・皇位継承のあり方を比較して、「彼国（天竺：筆者）ノ初ノ民主王モ衆ノタメニエラビタテラレシヨリ相続セリ。又世クダリテハ、ソノ種姓モオホクホロボサレテ、勢力《せいりき》アレバ、下劣ノ種モ国主トナリ、アマサヘ五天竺ヲ統領スルヤカラモ有キ。震旦又コトサラミダリガハシキ国ナリ。（中略）乱世ニナルマヽニ、力ヲモチテ国ヲアラソフ。カヽレバ民間ヨリ出デテ位ニ居タルモアリ。戎狄ヨリ起テ国ヲ奪ヘルモアリ。或ハ累世ノ臣トシテ其君ヲシノギ、ツイニ譲ヲエタルモアリ」と述べている。

ここで「下劣ノ種」や「民間」「戎狄」「累世ノ臣」ももち得る「勢力」「力」は、親房の理論においては、あるべき皇位継承のあり方、およびその正当性を担保する「天命」「徳」といったものとは対照的な位置づけを与えられている。つまり、皇位継承という『神皇正統記』の主要なテーマのなかで、親房は継体天皇の「イキヲヒ」を、「下劣ノ主」や「民間」「戎狄」「累世ノ臣」がもち得る「勢力」「力」とは区別して叙述しているのである。親房の議論において、「イキヲヒ」と「勢力」「力」は、ともに王位・皇位につくものが時に帯びた力能であるが、両者は別物であるといえよう。

継体天皇は、彦王人《ひこうし》王を父、振媛《ふるひめ》を母として、父の本拠地である近江高島に生まれ、幼くして父を亡くしたため、母の出身地越前三国《みくに》において成長したとされる。成長した継体は近江に戻った可能性が高く、即位する以前から、近江を本拠地としつつ、琵琶湖と大阪湾を結ぶ淀川水系を掌握し、積極的な勢力の拡大を図っていたと考えられている。*14

古代史の領域では、継体は実際に応神五世孫としてそれ以前の大王たちと血縁関係にあったか――継体の即位は皇位の簒奪《さんだつ》・新王朝の創立か――が盛んに議論されてきたが、現在ではおおむね、継体朝から新たな王統がはじまったことが認められている。*15また中世においては、後鳥羽・後嵯峨・後光厳といったイレギュラーな皇位継承の際に、継体の事例が持ち出されて正当化が図られてきた。*16

一定の勢力を築いていた人物が畿外から大和に入り、その王権を継承したという点で、継体は既存の政権からすると相対的に外部性の高い天皇であるといえる。かかる特徴を有する継体は、中世には「異例」の即位の「先例」として想起される天皇であった。南北朝内乱の最中にあって執筆を進めていた親房が、継体の即位による天皇制の存続を、「徳」あるいは「勢力」「力」ではなく、ことば少なに「イキヲヒ」によって説明したことは、「イキヲヒ」のもつ意味の大きさを示唆している。

京極派の「いきほひ」

北畠親房は、鎌倉後期から南北朝期を生きた人物であるが、興味深いことに、南北朝内乱前夜に、「いきほひ」ということばを重視する人びとがあらわれる。京極為兼を中心に、伏見天皇周辺の人びとによって形成された、京極派である。京極派は、ことばを自由に用いて、光・動き・時間の移り変わりをとらえ、対象に迫真する、清新・革新的な歌風を特徴とする和歌の一派で、当時歌壇の主流であった二条派と対抗関係にあった。また為兼は、伏見院の近臣として権勢を振るい、鎌倉幕府によって二度も配流されたことでも知られている。[*17]

為兼による『為兼卿和歌抄』では、「いきほひ」が、心・詞・躰といった要素と同様にあげられており、為兼や伏見院は、「いきほひ」を歌論の核心に関わる要素と考えていたことが指摘されている。[*18] ただ、その「いきほひ」の内容に関しては、史料の少なさや意味のとりにくさもあってか、これまでほとんどといってよいほど検討されてこなかった。

京極派の「いきほひ」に関する唯一の専論を記した檜垣駿氏によると、京極派の「いきほひ」は、対象に「なりかへり」その「まこと」を明らかにしたうえで、「心のまゝに詞（ことば）のにほひゆく」ことを達成することで深くなるもの、作者の発想の瞬間的な力で、万葉に「立ち並ぶ」意識に基づく、威厳を伴う要素として用いられているという。[*19] 筆者も、檜垣氏の指摘に賛同するが、ここでは京極派の用いた「いきほひ」のなかでも、皇統に関する問題のなかで言及されている『二十番歌合』の事例に注目したい。

嘉元元年（一三〇三）～延慶元年（一三〇八）の成立とされる『二十番歌合』は、伏見院の主催による京極派の歌合であるが、この歌合の一九番の、伏見院の判詞のなかに、「いきほひ」が登場する。

一九番の題は「船」で、伏見院が「あま小舟島めぐるらしいさり火の見えつる影の又かくれぬる」、為兼が「物としてはかりがたしやよわき水におもき舟しもうかぶと思へば」と詠み、為兼に軍配が上がった。

以下はこの時の伏見院の判詞である。

左右舟、左は、わづかにみる所につきてよめるばかりなり、右、そのことわりにもたれておほきにいひくだせり、心詞のさまおもひよれるいきほひも、勝劣のさたに及ぶべからざるよし申し侍りて、勝の字を付了

（『二十番歌合』）

ここで、伏見院は「物としてはかりがた」い「理」を「おほきにいひくだ」した為兼の発想、「いきほひ」を賞している。「理」とは、ここでは弱い水に重い舟が浮かぶという計りがたいものとして描かれるが、具体的には水を為兼、船を伏見院あるいは皇統になぞらえていると考えられている。[*20] この『二十番歌合』は、先述のように嘉元元年～延慶元年の成立とされるが、為兼の一度目の配流が永仁六年（一二九八）～嘉元元年（一三〇三）で、その間正安三年（一三〇一）正月に、在位三年にして持明院統の後伏見天皇が大覚寺統の後二条天皇に譲位している。後二条天皇は徳治三年（一三〇八）九月まで皇位につくこととなるので、『二十番歌合』が成立した時期は、伏見院を中心とする持明院統にとって雌伏の時期であった。またこの歌合は、為兼が出詠した最後の歌合でもある。

為兼は出自の問題もあって政治的基盤に乏しく、伏見院の寵《ちょう》のみが唯一の拠所《よりどころ》で、朝廷の制度的な徳政沙汰・雑訴沙汰のメンバーにも入っていなかった。当時は幕府が主導するかたちで、公家徳政と呼ばれる改革が推進されており、為兼は如上の立場で政治に「口入」したことで、徳政を阻む「政道巨害」とみなされ、あるいは傍輩《ほうばい》の誹《そし》りを受け、あるいは幕府に対する陰謀の計画を疑われ、二度も配流の憂き目にあったと考

えられている。[*21]「徳政」が問題となっていた当時の朝廷において、徳政沙汰・雑訴沙汰といった政治的制度の埒外《らちがい》にありながら、政治的辣腕を振るい、持明院統が雌伏の時期にあるなかで、「物としてはかりがた」い、つまり計量化・可視化しがたい、皇統の存続をめぐる「理」を「いひくだ」す為兼は、院に「いきほひ」を有していると賞されているのである。

京極派の「いきほひ」という概念は、成沢氏が検討した古代の政治的語彙である「イキホヒ」と通底するものと考えられているが、[*22]「徳政」や既存の皇統・制度の外部的存在がもつ、計量化・可視化しがたい力、皇位・皇統にも関わるなんらかの力、という意味で、『神皇正統記』の「イキヲヒ」とも同じ次元の概念であるといえよう。

いずれにしても、「徳」「徳政」とは異なるかたちで、時に皇統や王権の問題と深く関わる「いきほひ」は、単なる暴力や勢力、「ノリ」とは別物なのである。次節からは、この「いきほひ」の位相をより具体的に検討していきたい。

「いきほひ」の位相

「いきほひ」の非構造性

「はじめに」で述べたように、成沢氏によると、古代の「イキホヒ」は、「外なる」もの、「力そのものよりは、働きの盛んな様相において表現された力、あるいは、力にかわる動的な何ものか」で、時に天皇による統治と関わるものであった。*23 前節で確認したように、中世における「いきほひ」も、外部的存在が帯びる、計量化・可視化しがたいなんらかの力であり、時に皇統・王権の問題と深く関わるかたちで所見することばであるが、中世の「いきほひ」は、必ずしも天皇による統治の問題と直結しない。さらに踏み込んでいうと、「いきほひ」は、単なる暴力や勢力とは別物であるが、他方で天皇の問題に限らず、「支配」「統治」という問題系列を、必ずしもその本質としていない。次にこのことを検討したい。

成沢氏は、『日本書紀』崇神紀六年の記事において、百姓の「勢」が大王の「徳」と対比的に描かれていることを指摘しているが、*24 中世においてもこうした対称性はみられる。たとえば、延慶本『平家物語』第六末「判官与二位殿不快事」では、兄源頼朝との関係に亀裂が入った源義経の勲功を、「平家、朝家《ちょうか》ヲ軽ジテ、帝王ノ御敵ト成シ勢《いきほ》ヒ、設《たと》ヒ十六大国ノ軍《いくさ》ヲ催テ責トモ傾ガタク、五百中国ノ兵ヲ集テ敗トモ、危クハ見ヘザリシヲ、去年ノ正月ニ彼ノ代官トシテ都へ打上テ、先木曽義仲ヲ追討セシヨリ、度々平氏ヲ責メ落ストテ、必死ノ剣ヲ遁テ、今年ノ春残少ク滅テ、四海ヲスマシ一天ヲ鎮テ、勲功無比類之処」と説明している。平家は「勢《いきほ》ヒ」の持ち主で、平家が「朝家」「帝王」と対立したのも「勢ヒ」のなせることであったのである。また『愚管抄』巻第六「後鳥羽」において、「東国ノ勢人」で「謀叛心ノ者」であった上総広常《かずさひろつね》を誅殺したと語る頼朝を、慈円は「朝家ノタカラ」と表現している。さらに、『発心集』第二第六「津国妙法寺楽西聖人事」では、平清盛のことを「イキヲヒイカメシフヲハスメレハ定テ罪モヲハスラン」と評しており、『方丈記』においても、「又イキヲヒアル物ハ貪欲フカク独身ナル物ハ人ニカロメラル」という表現がみられる。以上のように、「勢」は、時に「朝家」や「帝王」と二項対立的に描かれ、時に罪と結びつけられるものであった。

ただ、上記のような事例から、「勢」を単純に「朝家」あるいは「徳」の対立項と結論づけることはできない点は注意を要する。前節で若干の例をあげたように、「イキヲヒ」「いきほひ」は時に天皇・皇統に関わるもの、神や天皇、朝家に連なる人物が帯びるものでもある。たとえば、成沢氏が百姓の「勢」と大王の「徳」との対比を見いだした『日本書紀』崇神紀六年の記事の直前には、天照大神・倭大国魂《やまとのおおくにたま》の「勢」が盛んであることが原因で、両柱の神が「共住不安」となったことが描かれている。また、『吉記』治承五年（一一八一）六月二六日条所載の造東大寺知識詔書には、「夫有《たもつ》二天下之富一者朕《われ》也、有二天下之勢《いきほひ》一者朕也」とみえ、天下の「勢《いきほひ》」は一人天皇が有するべきことが宣言されている（この史料に関しては三節でもふれる）。

このような「いきほひ」の性質をよく示しているのが、延慶本『平家物語』である。以下にあげたのは、物語の序盤、伊豆山に籠っていた流人時代の頼朝に近侍する安達盛長がみた不思議な夢に対して、古老大庭景能が夢合わせをする場面である。

或夜ノ夢ニ藤九郎盛長ミケルハ、「兵衛佐（頼朝：筆者）、足柄《あしがら》ノ矢倉《やぐら》ノ館ニ尻ヲ懸テ、左ノ足ニテハ外ノ浜ヲフミ、右足ニテ鬼海ガ嶋ヲフミ、左右ノ脇ヨリ日月出テ、光ヲ並ブ。伊法々師、金ノ瓶子ヲイダキテ進出ヅ。盛綱、銀ノ折敷ニ金ノ盃ヲ居《すゑ》テ進ミ寄ル。盛長銚子ヲ取テ、酒ヲウケテ勧メレバ、兵衛佐三度飲」ト見テ、夢覚ニケリ。盛長此夢ノ次第ヲ兵衛佐ニ語ケルニ、景能申ケルハ、「最上吉夢也。征夷将軍トシテ、天下ヲ治メ給ベシ。日ハ主上、月ハ上皇トコソ伝ヘ承ハレ。今左右ノ御脇ヨリ光ヲ並ベ給ハ、是レ国主尚将軍ノ勢《いきほひ》ニツ、マレ給ベシ。東ハソトノ浜、西ハ鬼海嶋マデ帰伏シ奉ベシ。酒ハ是レ一旦ノ酔ヲ勧メテ、終《つひ》ニ醒メテ本心ニ成ル。近ハ三月、遠ハ三年間ニ酔ノ御心サメテ、此夢ノ告一トシテ相違フ事不可有」トゾ申ケル。

（延慶本『平家物語』第二中「兵衛佐伊豆山ニ籠ル事」）

ここで、頼朝の左右の脇から月日が出で光を並べる、という盛長の夢の意味を、古老大庭景能は「国主尚将軍ノ勢《いきほひ》ニツ、マレ給」ことを意味するものと語る。[*25] さらに地の文は、

北条四郎時政ハ、上《うへ》ニハ世間ニ恐テ、兼隆ヲ聟ニ取タリケレドモ、兵衛佐ノ心ノ勢《いきほ》ヒヲ見テケレバ、心ノ中ニハ深ク憑テケリ。兵衛佐モ又時政ヲ、賢キ者ニテ、謀アル者ト見テケレバ、大事《だいじ》ヲ成《なさ》ンズル事、時政ナラデハ其人ナシト思ケレバ、上《うへ》ニハ恨ムル様ニモテナシケレドモ、実《まこと》ニ相背ク心ハ無リケリ。

（同右）

と続け、この巻を終える。

従来、この夢合わせの逸話からは、中世的国土観や、[26]国土観と結びついた、日本国を守護するものとしての「肥大化された征夷大将軍」像などが指摘されてきた。[27]たしかに、頼朝はこの逸話の直前に伊東祐親《いとうすけちか》によって我が子を殺され、「義家朝臣ガ由緒ヲ不被捨者、征夷ノ将軍ニ至テ、朝家ヲ護リ神祇ヲ崇《あがめ》奉ベシ」、それがかなわなければ坂東八か国の押領使になりたい、それもかなわなければ伊豆一国の主として祐親を召し取りたいと、八幡大菩薩に起請している。

ただ注意したいのは、先に述べたように平家もまた「勢ヒ《いきほ》」の持ち主で、平家が「朝家」「帝王」と対立したのも「勢ヒ《いきほ》」のなせることであったこと、頼朝は「将軍」と呼称されるが、この段階の頼朝は未だ一介の流人であり、この頼朝の「勢《いきほひ》」は、王朝国家的権威やなんらかの実態的権力に、同時的に担保されているものではないことである。

つまり、物語全体を通してみると、京都にいる天皇の外戚で、「帝王ノ御敵」となる平家と、伊豆の流人で、やがて朝敵を打つ「征夷将軍」となる頼朝のいずれをも、延慶本『平家物語』は「いきほひ」の持ち主として語っているのである。このことは、「中央」「朝家」「将軍」と、それに対立する「辺境」「東国」「朝敵」という二項対立的〈構造〉のなかでは、「いきほひ」は決してとらえられないということを意味している。「支配」「統治」という問題系列は、中心をつくり出し、内・聖・善を措定するという意味で、〈構造〉の上に成り立つが、この〈構造〉を前提としない点に、「いきほひ」の一つの特質がある。

変転する「いきほひ」

「いきほひ」は、延慶本『平家物語』において、非常に重要な意味をもたされている。延慶本で「いきほひ」を付される具体的人物を確認してみると、

①その全盛期を「妙ナル勢《いきほ》ヒ」と評された藤原頼長（第一末「宇治ノ悪左府贈官等ノ事」）

②「平家重恩ノ者ニテ、当国ニハ其勢《いきほ》ヒ人ニ勝レタリ」とされ、流人頼朝の脅威であった伊東祐親（第二中「兵衛佐伊豆山ニ籠ル事」）

③国主を包む「勢《いきほひ》」を有した流人時代の頼朝（同前）

④「朝家」「帝王」と対立するまでの「勢《いきほ》ヒ」を有した平家（第六末「判官与二位殿不快事」）

⑤頼朝によって議奏公卿に推挙された人びと（推挙された者は「其威《ゐ》ヲ振ヒ」、されなかった者は「其勢《いきほひ》ヲ失フ」、第六末「斉藤五長谷寺へ尋行事」）

があげられる。

比較的多様な人物が「いきほひ」を有しているようにみえるが、②の伊東祐親は「平家重恩ノ者ニテ」「勢《いきほ》ヒ」があるとされており、⑤の公卿たちの「勢《いきほひ》」は頼朝に担保されたものである点は注意する必要がある。つまり、延慶本『平家物語』が「いきほひ」を有すると叙述するのは、ほぼ頼朝・平家（と、その寵を受けている人）に限られるのである。では、頼朝と平家は、延慶本『平家物語』のなかでどのような特徴をもつのであろうか。

『平家物語』の頼朝像には、「魔王」「異形」としての頼朝と、秩序維持の中心としての頼朝の、二つの位相

が見いだされてきたが、[28]近年はとくに、先に述べた大津氏の見解や、『平家物語』の骨子に、「将軍による朝敵の追討」という構図を見いだした佐伯氏の見解に代表されるように、後者の見方が主流であるように思われる。[29]とくに、平家諸本のなかでも、物語の最後で頼朝を称賛して擱筆《かくひつ》する延慶本は、頼朝に対する思い入れが強い反面、平家の驕《おご》りによる滅びを描くという一貫性を有していることが指摘されてきた。[30]筆者もこれらの成果を否定する立場にはないが、ただ右のような構図からみた場合、朝敵を討つ存在・秩序を保つ存在である頼朝と、みずからの驕りによって朝敵となって滅びてゆく平家のいずれもがもつ「いきほひ」の意味は、みえなくなってしまう。[31]

ここで注目したいのは、先にあげた夢合わせ譚《たん》である。これによると、頼朝の「心ノ勢ヒ《いきほ》」は「賢キ者ニテ、謀アル者」時政が密かに知る、「世間」に喧伝されない潜在的なものであり、頼朝の「勢《いきほひ》」が「国主」や国土を席巻するのは、頼朝の今の状況である「酔ノ御心」が「サメテ」「本心ニ成ル」ときであるという。頼朝の「勢《いきほひ》」が具現化するのは、流人に甘んじている頼朝が変容して「本心ニ成ル」ときで、物語の進行とともに、伊豆の流人頼朝は、国家・朝家を守護する将軍となり、京都にいる天皇の外戚平家は、朝敵となり都を離れ、海の藻屑となる。つまり、物語の主軸ともいえる頼朝と平家が他の登場人物と大きく異なる点は、物語の展開とともに、その存在を大きく変容させていることにあるといえる。

このことをして、「はじめに」であげた兵藤氏の指摘のように、頼朝と平家を、「反転」する存在であるとみなすこともできよう。[32]ただ注意したいのは、前述のように、たとえ反転が起こったとしても、〈中心／辺境〉〈朝敵／将軍〉という〈構造〉そのものに変化はない点である。ここで想起したいのが、生形貴重氏が注目する、平家と龍神との関係性である。氏は兵藤氏を批判して、龍神による世界の侵犯でカオス化した、すべてが中心性を喪失した状況からの秩序の回復過程として物語を分析すべきことを説く。[*33] ここでの龍神は、中心性を喪失させ、〈中心／辺境〉といった〈構造〉そのものを無化してしまう存在で、安徳・平家は龍神とその眷《けん》属《ぞく》であり、新たな秩序の中心となった頼朝によって、この世界の外に放逐される。『平家物語』が描くのは「反転」・権力の交代というより、頼朝と平家の変容と同時に進む〈構造〉の無化（とその回復）といえよう。頼朝や平家は、物語が進んでゆく原動力ともいえる、変容する存在であり、そうした存在にのみ付すことが許されるのが、「いきほひ」なのである。

変容することと「いきほひ」との深い関係性は、先にあげた京極派の歌論においてもみられる。みずからの感動をことばとしていかに表現するかという問題に対して、為兼は唯識論・三密相応（声字実相義《しょうじじつそうぎ》）などの仏教思想を援用して、独自の理論を構築していたことで知られるが、[*34] その歌論の核心は、「心のまゝに詞《ことば》のにほひゆく」という心詞論と、「その事にむきてはその事になりかへり、そのまことをあらは」さんとする主客融一の美的観賞論にあるとされる。[*35] 花を詠むときは花に、上陽人《じょうようじん》の悲しみを詠むときは上陽人に「能々なりかへりみて、其心より」詠むと、「いきおひのふかき」歌となる、と為兼は語る（『為兼卿和歌抄』）。みずからの存在を変容させることで、あるいは彼我の対抗関係を無化することで、対象に「なりかえり」詠む。為兼はここに、「いきおひ」の発生をみる。

『為兼卿和歌抄』と延慶本『平家物語』に所見する「勢」「いきおひ」は、かたや和歌論、かたや軍記の世界の問題であるが、同じ問題系列に属するといえる。「いきほひ」とは、〈構造〉を無化し、みずからの存在を変容させることができるものが帯びている力能のことなのである。

「いきほひ」のゆくえ

内乱・戦争と「いきほひ」

「いきほひ」が重要性をもつのは、物語の内部のみに限らない。前節で取り上げた延慶本『平家物語』は、治承・寿永の内乱を描いた軍記物語だが、同じく前節であげた『吉記《きつき》』治承五年（一一八一）六月二六日条所載の造東大寺知識詔書は、この内乱の最中に出されたものである。この詔書は、南都焼き討ちによって灰塵に帰した東大寺の復興を命じたものだが、ここで勧進の主体とされている安徳（安徳は幼少であるので、実質的には後白河院[*36]）は、「夫有《たもつ》二天下之富一者朕《われ》也、有二天下之勢《いきほひ》一者朕也」と述べ、そのうえで天下の「富勢」をもって、すべての民の協力のもと東大寺を復興すべきことを宣言している。

この文言はもともと、『続日本紀』天平一五年（七四三）一〇月一五日条所載の、東大寺大仏発願の詔の一節をふまえたものである。東大寺大仏発願の詔における「勢《いきほひ》」は、石母田正氏が法家の「勢」と解釈したのが通説となっており[*37]、新日本古典文学大系も註でこれを採用している。[*38]他方で成沢氏はこれに難色を示し、古代の政治的語彙として分析すべきことを主張する。[*39]両氏とも詳述しているわけではないので断定はできないが、まずはここで問題となっている中国思想の「勢」について、簡単に確認しておきたい。

中国思想において、「勢」は「徳」や「道」といった語と同様に、時に国家論とも関わりながら議論されてきた概念で、儒家・道家・法家などの諸家によって論及されてきた。「勢」は、中国語では古来「自然の生成力」という意味を有した漢字であり、『老子』は自然の「勢」を重視して、無為自然の「道」を説いている。対して、法家の『韓非子』は、人がつくり出し、国家・君主が独占する「勢」（権力）を重視した。[*40]

ここで注意したいのは、法家の「勢」は「法」と不可分のものであるという点である。[*41] 法家の論理は、「勢」の無規範性・無方向性という性質を克服するために、「法」が要請されるというもので、ここで「勢」そのものは本来的には無規範・無方向なものとして想定されている。

無規範・無方向な「勢」をもっとも原理的に説いたのは、兵家である。紙幅の都合上、史料の引用は避けるが、もっとも著名な兵家の著作『孫子』によると、「勢」は、水が石をも漂わせるほど激しく流れること、その量的程度や方向性というより力能そのものであり、次々と変化する戦況のなかで敵に異質な要素で対峙し、「不均衡」をつくり出すものとして理解される。[*42] 聖武天皇・安徳天皇が天下の「勢」と言ったときに汲み取るべきは、それが法家の概念か否かというより、法家の議論のなかから単独で取り出された「勢」の位相——無規範・無方向で、均衡（＝〈構造〉）を破り状況を変容させる（為政者にとっては独占しなければ脅威となる）力能——そのものであろう。

もう一つこの史料から注目したい点は、右の造東大寺知識詔書が、中世において「勢」が天皇に関わるかたちで述べられる、数少ない事例であることである。成沢氏が指摘したように、古代において「イキホヒ」は時に天皇の問題と関わって論ぜられてきたが、中世においては管見の限り、「いきほひ」が天皇に付せられる事例はほぼ存在しない。その例外が、治承・寿永の内乱期に発給された右の詔書、そして第一節で述べた『神皇正統記』と、京極派の『二十番歌合』なのである。

よく知られているように、『神皇正統記』は皇統の分裂がまさに現実的問題として存在した南北朝内乱の最中に書かれたものである。また、『二十番歌合』において院に「いきほひ」を有していると賞された為兼は、幕府による二度目の配流ののち、正慶元年（一三三二）年、幕府滅亡に向かって騒然とする河内で死去するが、後醍醐とともに倒幕に奔走し、幕府によって処刑された日野資朝が、二度目の配流の際に召し取られた為兼を「あな羨まし。世にあらん思い出、かくこそあらまほしけれ」と羨望したことはよく知られている（『徒然草』一五三段）。さらに南北朝期、「伏見院様」（京極派の歌風）は、北朝方の上級貴族から異風・不吉なものとして忌避されるようになる（『近来風躰《きんらいふうてい》』）。

天皇が「いきほひ」と結び付けられる数少ない事例が、内乱に関係するものに限られる点は、注目すべき傾向であるといえる。ただこれまで述べてきたように、中国思想史において「勢」をもっとも重視するのは兵家であること、延慶本『平家物語』で、「勢《いきほひ》」ある頼朝と平家を主軸に内乱が展開していくことなどから、「勢《いきほひ》」そのものが内乱と深い関係にあるといったほうが正確であろう。みずからの存在を変容させ、「不均衡」をつくりだして、既存の〈構造〉を無化し、変革を呼び起こすことのできるものが帯びている外的・動的な力能「いきほひ」は、内乱に向かうときに顕著となり、天皇の問題にまで浮上するのである。

消えゆく「いきほひ」

先にあげた延慶本『平家物語』における夢合わせ譚は、流人頼朝の若き日の恋と苦難を語る一連の説話のなかに位置づけられており、これらは「頼朝伊豆流離説話」として知られている。[*43] この説話には年代がいっさい記されておらず、このののち、文覚の出家・流罪・頼朝との対面・院宣の獲得、と話が進み、さらに東国での頼朝の苦戦と勝利のさまが、具体的に日付を追って語られていくことから、「年代記に入る以前の頼朝の神話時代の話」[*44]、虚構的説話と評価されている。ただし、「頼朝伊豆流離説話」は、源頼朝の挙兵の情報が平家のもとに到来し、頼朝の軍事行動が初めて発覚した場面の直後、挙兵が文覚のすすめによるものであったことを記す直前に挿入され、全国が内乱の渦に巻き込まれていく始点に位置づけられている。したがって、この説話は物語の基本構想に深く関わる、究めて重要な位置づけにあるといえよう。

この「頼朝伊豆流離説話」は、『平家物語』諸本のなかではもっとも古態を残すとされる延慶本にのみ載録されており、ほかには『平家物語』の異本である『源平盛衰記』『源平闘諍録《とうじようろく》』[*45]および、真名本《まなぼん》『曽我物語』にみられる。

興味深いのは、この説話が、成立自体は相対的に遅いものの高い文学的達成で知られる覚一本《かくいちぼん》にはみられないという点、さらに、延慶本『平家物語』で「国主尚将軍ノ勢ニツ、マレ給ベシ」とある箇所が、この説話を載録する史料によって微妙に異なる点である。後者についてより具体的に検討していきたい。

東国の霊場伊豆山で、安達盛長がみた夢を景義が説き、頼朝の未来を予言するという構図は、「頼朝伊豆流離説話」を載録する諸本に共通している。夢の内容とその解は、諸本によって多少の差異があるものの、頼朝の左右の袂に日月が宿す夢見について、日月を主上と上皇とし、征夷大将軍頼朝の保護によってその光が増すという構想、および、頼朝の流人状態を一時の酔いとし、まもなくその酔いから覚めて自由な飛躍の時代を迎えるという構想は諸本に共通しており、「この夢合わせの物語上の位置を一言で言えば、霊場走湯《そうとう》山《ざん》の庇護下に入った流人頼朝が、将来の日本国の統治者であることを神から告げられたとすることにある」ことが指摘されている[*46]。しかし、ほかならぬ「勢《いきほひ》」の部分が諸本によって異なることの意味は、看過しがたいように思われる。

『源平盛衰記』の該当部は延慶本『平家物語』と同文であるので、延慶本『平家物語』・『源平闘諍録』・真名本『曽我物語』の記述を比較してみたい。延慶本『平家物語』は、頼朝の左右の脇から月日が出て光を並べることの意味を、「征夷将軍トシテ、天下ヲ治メ給」「国主尚将軍ノ勢《いきほひ》ニツヽマレ給」と解くが、『源平闘諍録』一二「藤九郎盛長夢物語」における解は、「君武士の大将軍と為《し》て、征夷将軍の宣旨を蒙《かうぶ》り御《おはしま》すべし。太上天皇の御護りと成り給ふ好相なり」と語られる。さらに真名本『曽我物語』は、「成㆓主上々皇御後見㆒、日本秋津嶋可㆑成㆓大将軍㆒御至現」と説明する。いずれも頼朝と諸将軍とを結びつけている点に大きな変化はないが、差異がみられるのは「勢《いきほひ》」の部分である。

諸史料の成立については未だ定説をみていないものもあるため、詳しく立ち入る余裕はないが、夢合わせ譚部分の発展系列については、延慶本『平家物語』『源平盛衰記』がもっとも古く、ついで『源平闘諍録』、最後に真名本『曽我物語』という順番で成立・展開していったと考えられている。[*47] つまり、頼朝の「勢《いきほひ》」を語る箇所は、説話の発展とともに、「国主尚将軍ノ勢《いきほひ》ニツヽマレ給」（延慶本『平家物語』『源平盛衰記』）→「太上天皇の御護りと成り給ふ」（『源平闘諍録』）→「成㆓主上々皇御後見㆒」（真名本『曽我物語』）いう変化を遂げているのである。「勢《いきほひ》」は時代を経るにつれ、あるいは文芸的発展を遂げるにつれて、物語からは消えてゆき、「勢《いきほひ》」という外的力能を帯びた頼朝は、「御護」「後見」という秩序維持者へと姿を変えてゆく。

「いきほひ」のゆくえを、『太平記』のなかでももっとも古態を残すとされる、神宮徴古館本からも確認したい。『太平記』の場合、「いきほひ」に「威」の漢字を当てることが多く、また「威」とあっても「いきほひ」と読み下したか厳密には不明であるが、さしあたり、送り仮名や振り仮名によって「いきほひ」と読み下していることが判明するものを中心に検討したい。

神宮徴古館本『太平記』における「いきほひ」は非常に一時的なもので、ある戦に勝っていきおいづく、といったニュアンスが散見されるのが一つの特徴である。たとえば、巻第三「笠置城合戦事」において、後醍醐のこもる笠置山を攻める六波羅勢の一員、高橋又四郎は、抜け駆けを試みるが敵からの反撃を受け、「高橋始の威《ヲヒ》にも似す敵の大勢を見て一返も返さす捨鞭をうつて挽《ヒキ》ける間木津川の逆巻く水に追浸されて討る丶者その数を知す」とみえる。

さらに、紙幅の都合上具体例は省略するが、ごく限られた人物しか「いきほひ」を帯びていなかった延慶本『平家物語』と異なり、神宮徴古館本『太平記』は、多様な人物に「威《イキヲヒ》」あるいは「威」を付す。『太平記』の「威」は、一時の戦の結果によって変化する流動的なものであり、多数の「威」が勃興しては消えていくのが『太平記』なのである。

さらに、『太平記』の「威」に対する立場をよく示しているのが、次の著名な冒頭部である。

> 蒙窃《ひそかに》古今の変化をとつて、安危の来由をか丶みるに、覆て外無きは、天ノ道なり。明君これに躰して国家をたもつ、載て棄る事なきは地ノ徳なり。良臣これに則て社稷《しやしよく》をまもる、若夫其道違ふときは位に在といへとも持たす、（中略）其の徳欽るときは、威ありといへとも久からす（中略）其後頼朝卿の舅平時政か子、前陸奥守義時朝臣、自然に天下の権柄をとつて、其威《イキヲヒ》漸く四海に覆むとす。此時太上□□〔天皇〕後鳥羽院、武威下にふるは丶、朝憲上にすたれむ事を嘆欲《ヲホシメシ》て、義時を亡むとし給ひしに、承久の乱出来して天下且《しばらく》静ならす（中略）其より後、武蔵守泰時・武蔵守経時・相模守時頼・武蔵守長時・右馬権

頭時宗・相模守貞□□〔時相〕続て七代は、政《コト》武家より出て徳窮民を慰するに足り、威万人の上に被《カウムラシム》といへとも位四品の際《キハ》をこえす、謙《ケン》にゐて仁恩をほとこし己をせめて礼儀にと丶まる

（神宮徴古館本『太平記』巻第一「先代草創事 付後醍醐天皇御事」）

「威」は、臣（具体的には源平の武臣）[*48]の所持するものとされる一方、「道」や「徳」に対して相対的に低い位置づけを与えられている。『太平記』には名分論や宋学の影響がみられることはよく知られているが、「威」もまたそうした儒教的構造のなかに組み込まれていることは明らかであろう。

注目されるのは、右の冒頭部を含む現存の巻一は、成立過程のある時期に新しい構想をもって書き加えられた可能性が指摘されている点である。[*49] 延慶本『平家物語』の「勢《いきほひ》」が、文芸的展開・時間的経過とともに消え、「御護」「後見」となったことと、『太平記』の、ある構想をもって書き加えられた後出性の高い冒頭部が、「威」を「徳」「道」といった規範的概念の下位に構造化していることは、同じ現象であるように思われる。「いきほひ」の問題は内乱の最中に先鋭化し、天皇の問題にまで浮上するが、内乱の終息とともに消滅し、姿を変えてしまうのである。

おわりに

「辺境」「無徳」「朝敵」といったものは、反秩序的存在として国家や〈構造〉の外にあるのではなく、「中心」「有徳」「将軍」の存在によって、これらに従属するかたちであらかじめ〈構造〉のなかで規定されている。「いきほひ」とは、こうした「徳」や「朝家」の対立項ではなく、みずからの存在を変容させ、「不均衡」を創出して既存の〈構造〉そのものを無化し、変革をもたらしうるものが帯びる、外的・動的力能を指している。そのため、具体的存在としては、「朝敵」「将軍」双方が「いきほひ」の持ち主となることもありうるのである。かかる「いきほひ」は動乱のなかで重視され、特徴的に記されるが、内乱が終わり、合戦叙述が文学的達成を遂げるにしたがって、あるいは消滅し、あるいは〈構造〉化されてゆく。

鎌倉幕府の成立や中世国家を考える際に、内乱や戦争の問題を避けて通ることはできないが、この問題に思想的にアプローチする際には、前近代東アジアの統治イデオロギーとして重要な「徳」といった規範概念とともに、こうした概念が立脚する〈構造〉の外部的存在である「いきほひ」もまた、重視すべきではなかろうか。

註

＊1　佐藤進一「幕府論」（『日本中世史論集』岩波書店、一九九〇年、初出一九四九年）、同『日本の中世国家』（岩波書店、二〇二〇年、初版一九八三年）ほか。

＊2　黒田俊雄「中世の国家と天皇」（『黒田俊雄著作集 第一巻』法蔵館、一九九四年、初出一九六三年）。

＊3　下村周太郎「中世前期京都朝廷と天人相関説」（『史学雑誌』第一二一編第六号、二〇一二年）。

＊4　前掲註3「中世前期京都朝廷と天人相関説」。

＊5　上横手雅敬「鎌倉・室町幕府と朝廷」（『日本中世国家史論考』塙書房、一九九四年、初出一九八七年）、川合康「鎌倉幕府成立史研究の現状と本書の視角」（『鎌倉幕府成立史の研究』校倉書房、二〇〇四年）。上横手氏は、本来両者はともに鎌倉幕府＝全国政権とみなす当時の通説に対するアンチテーゼであり、東国国家論が統一的契機を無視して成立せず、権門体制論が分裂的契機を捨象して成立しないという撞着を指摘する。川合氏は、両者がともに朝廷からの公権委譲という観点から鎌倉幕府成立を説くことを問題点としてあげる。

＊6　大島佳代「中世前期『将軍』小考」（『歴史評論』第八三八号、二〇二〇年）。

＊7　前者は、石母田正『中世的世界の形成』（『石母田正著作集 第五巻』岩波書店、一九八八年、初出一九四六年）など。後者は、高橋昌明『武士の成立 武士像の創出』（東京大学出版会、一九九九年）など。

＊8　兵藤裕己「平家物語の〈語り〉の構造」（『語り物序説』有精堂、一九八五年、初出一九八一年）。

＊9　大津雄一「軍記と王権の〈物語〉」（『軍記と王権のイデオロギー』翰林書房、二〇〇五年、初出一九九六年）。

＊10　丸山眞男「歴史意識の『古層』」（『丸山眞男集 第一〇巻』岩波書店、二〇〇三年、初出一九七二年）。

＊11　成沢光「古代政治の語彙」（『政治のことば』講談社、二〇一二年、初出一九八四年）。

＊12　石井紫郎「中世の天皇制に関する覚書」（『権力と土地所有』東京大学出版会、一九六六年）。

＊13　河内祥輔『中世の天皇観』（日本史リブレット二二、山川出版社、二〇〇三年）。

＊14　継体天皇については、水谷千秋『継体天皇と古代の王権』（和泉書院、一九九九年）、大橋信弥『継体天皇と即位の謎』（吉川弘文館、二〇二〇年、初版二〇〇七年）、篠川賢『人物叢書 継体天皇』（吉川弘文館、二〇一六年）ほか。

＊15　遠藤慶太「歴史叙述のなかの『継体』」（『史学雑誌』第一二九編第一〇号、二〇二〇年）。

＊16　水谷千秋『謎の大王 継体天皇』（文春新書、二〇〇一年）、前掲註15「歴史叙述のなかの『継体』」。

＊17　京極為兼・京極派については、福田秀一『中世和歌史の研究』（角川書店、一九七二年）、岩佐美代子『京極派歌人の研究 改訂新装版』（笠間書院、二〇〇七年、初出一九七四年）、同『京極派和歌の研究 改訂増補新装版』（笠間書院、二〇〇七年、初出一九八七年）、今谷明『京極為兼』（ミネルヴァ書房、二〇〇三年）、井上宗雄『人物叢書 京極為兼』（吉川弘文館、二〇〇六年）ほか。

＊18　『歌論歌学集成 第一〇巻』（佐々木孝浩ほか校注、三弥井書店、一九九九年）、小川剛生氏による『為兼卿和歌抄』の補注23。

＊19　檜垣駿「『為兼卿和歌抄』の歌評語『いきほひ』について」（『国文学論叢』第六二輯、二〇一七年）。

＊20　これらの歌の解釈については、前掲註19「『為兼卿和歌抄』の歌評語『いきほひ』について」に研究史がまとめられている。

＊21　小川剛生「京極為兼と公家政権」（『文学』第四巻第六号、二〇〇三年）。

＊22　前掲註19「『為兼卿和歌抄』の歌評語『いきほひ』について」。

＊23　前掲註11「古代政治の語彙」。

＊24　前掲註11「古代政治の語彙」。

＊25　なお、佐藤弘夫氏によると、中世以降、「国王」という語は最高次の統治機能の形式的保有者、「国主」という語は実質的な権力者を意味するという（「日蓮の天皇観」『神・仏・王権の中世』法蔵館、一九九八年、初出一九九二年）。

＊26　福田豊彦「流人頼朝の夢物語」（『東国の兵乱とものののふたち』吉川弘文館、一九九五年、初出一九八九年）。

＊27　佐藤晃「二つの夢合わせ譚と頼朝六十六部聖伝承」（『日本文学』第四五巻第七号、一九九六年）。

＊28　前掲註27「二つの夢合わせ譚と頼朝六十六部聖伝承」ほか。

＊29　前掲註9「軍記と王権の〈物語〉」、佐伯真一「『将軍』と『朝敵』」（『軍記と語り物』第二七号、一九九一年）。

＊30　井本海「延慶本『平家物語』の叙述態度」（『文学史研究』第五二号、二〇一二年）ほか。

＊31　なお、頼朝による議奏公卿の推挙について、延慶本『平家物語』は「是人ノ非〻成、天ノ所〻与也」（第六末「斎藤五長谷寺へ尋行事」）と評しており、一見、「勢」を与奪する頼朝は天命を受けた存在であるかのようにみえるが、注意すべきは、こうした頼朝の行為は「威君僭臣」（同右）ととらえられはしても、「王法」の守り手とは描かれず、ここでの「天」も善なるものという側面の強い天人相関説的な「天」でないという点である（高木圭子「『平家

物語』における『天』の思想」『日本文学』第六三巻第六〇号、二〇一四年)。高木氏はかかる事例に基づき、延慶本『平家物語』の「天」を、帝王をも相対化する絶対的・抽象的権威としての「天」観の早い例と位置づけるが、「勢」を与奪する頼朝の力能は、天人相関説的ないし儒教的規範意識をその正当性の淵源としない点を、ここでは確認しておきたい。

＊32　前掲註8「平家物語の〈語り〉の構造」。

＊33　生形貴重「延慶本『平家物語』と冥界」(『日本文学』第三六巻第四号、一九八七年)。なお、『愚管抄』(巻第五「安徳・後鳥羽」)は、壇ノ浦に沈んだ安徳が龍神となって海に帰ったという言説の存在を語る。また、『玉葉』文治三年(一一八七)九月二七日条には、「宝剣未下帰二王府一給上間、猶入二海人一雖レ索二捜之一、更不レ見。若納二龍宮一歟、将又流二給他州一歟、如何」という陰陽寮の奏上がみえることから、当時の公家社会に、宝剣は龍宮に納められたというとらえ方が存在していたことがうかがえる。また、黒田日出男氏は、龍は政治や自然の秩序が乱れたときに、しばしば立ちあらわれるものであり、内乱期にあたる元暦二年(一一八五)の京都大地震は、「龍動」ととらえられ(『玉葉』『山槐記』)、清盛が龍となって地震を引き起こしたものと噂されたこと(『愚管抄』)を指摘する(『龍の棲む日本』岩波書店、二〇〇三年)。

＊34　岩佐美代子「為兼の思想」(前掲註17『京極派和歌の研究 改訂増補新装版』、初出一九八三・一九八四年)、井口牧二「為兼歌論と仏教思想」(『国文学研究』第七二集、一九八〇年)、藤平春男「為兼卿和歌抄」(『藤平春男著作集第三巻』笠間書院、一九九八年、初出一九八六年)。

＊35　藤平春男「まこと」(『藤平春男著作集 第四巻』笠間書院、一九九九年、初出一九七六年)。なお、史料の引用はいずれも『為兼卿和歌抄』。

＊36　上横手雅敬「東大寺復興と政治的背景」(『権力と仏教の中世史』法藏館、二〇〇九年、初出一九九九年)。

＊37　石母田正「国家と行基と人民」(『石母田正著作集 第三巻』岩波書店、一九八九年、初出一九七三年)。

＊38　『続日本紀 二』(青木和夫ほか校注、新日本古典文学大系一三、岩波書店、一九九〇年)。

＊39　成沢光「古代史における徳と『いきほひ』」(『丸山眞男手帖』第二二号、二〇〇二年)。

＊40　石川英昭「韓非子の社会統治論」(『中国古代礼法思想の研究』創文社、二〇〇三年、初出一九八四年)、吉田浤一「韓非の勢」(『中国専制国家と家族・社会意識』文理閣、二〇一二年)。

＊41　前掲註40「韓非子の社会統治論」。
＊42　武内義雄「孫子の研究」（『武内義雄全集 第七巻』角川書店、一九七九年）、浅野裕一『孫子』（講談社、一九九七年）、前掲註40「韓非の勢」ほか。
＊43　福田晃「頼朝伊豆流離説話の生成」（『軍記物語と民間伝承』岩崎美術社、一九七二年、初出一九六六年）、服部幸造「『源平闘諍録』の頼朝伊豆流離説話」（『語り物文学叢説』三弥井書店、二〇〇一年、初出一九八八年）ほか。
＊44　前掲註43「頼朝伊豆流離説話の生成」。
＊45　水原一「延慶本の文体と構造」（『延慶本平家物語論考』加藤中道館、一九七九年、原論文は一九七一年）。
＊46　『源平闘諍録（上）』（福田豊彦ほか編、講談社、一九九九年）、一二「藤九郎盛長夢物語」解説。
＊47　前掲註46「藤九郎盛長夢物語」解説。ただし、ここで指摘されているように、『源平闘諍録』の「頼朝伊豆流離説話」が、延慶本『平家物語』の説話と真名本『曽我物語』の説話とのあいだを直接的に媒介したことを意味するものではない。
＊48　『太平記 三』（兵藤裕己校注、岩波書店、二〇一五年）解説。
＊49　鈴木登美恵「太平記構想論序説」（『国文』第一二号、一九六〇年）。

第三部

近代のゆくえ

近代を考えるとき、歴史家は、民衆の存在を出発点にするか、理想的帰結の位置に置く。出発点や帰結を、王や英雄にではなく民衆に置いて歴史を眺めるのだ。前近代にも民衆はいる、という反論はあろう。だが、民衆の姿を追い求めるかぎり、それは近代を探す試みに近づく。この態度なしに、近代を他の時代と異化しようとすれば、おのずと科学技術の進歩や資本制社会の確立に還元される。必然的に、歴史学は《道徳》を失う。《道徳》を失っていいはずはないのだ。

しかし、それは歴史家の強弁だ。《道徳》は失敗する。役に立った試しがあるか。それどころか、足を引っ張ってきたのではないのか。おとなしく、科学技術や資本主義が問題を解決するのを待っていればいい。いまや、これらの狭間で、民衆は客体の位置に転落しつつある。だからこそ主体がキーワードになるのだが、いまやその不可能を語る言説があふれている。人文学者の近代からの離反傾向をみるにつけ、いかに近代が困難かを思い知らされる。近代は、反近代との対話としてしか存在できないというべきなのかもしれない。

それでも、近代史には救いがある。というのは、人間の歴史あるかぎり、自己なるものが可能だから。徒手空拳《としゅくうけん》で反近代と戦わねばならないわけではないのだ。民衆ということばに自身を含めない近代史家はいない。民衆・主体・主権、いずれにせよそれらは自己として自己において展開されるなにものかである。だから裸の自己を武器に、反近代と戦うことができる。

近代史において自己は、疎外された主体ではなく参与する主体であり、生の延長は、近代史の延長を意味する。反自己との夜の対話のなかに、近代が瞬く。前近代のどこに、自己のものとして歴史を語る者がいたか。英雄や王でさえ、語られることでしか自己を表現できない。奇妙にも、それができるのは民衆だけであり、しかも語ることで、時代を近代に変える。

しかし、そうした民衆は、なかなか確認できない、来るべき存在者でもある。近代とは、反近代との夜の対話のなかで、新時代を待望し橋渡す、本質的にプロセスであるような時代なのである。

数多《あまた》の思想や事績に借りて自身の歴史を語る。それが近代史を研究する意味だ。近代史家の《道徳》は、その意味で、自分自身のためのものである。(田中希生)

第八章

近代日本における天皇と国民

――北一輝の模索

八ヶ代 美佳

はじめに

一八六七年の王政復古の大号令以降、「万国対峙」を対外的なスローガンに文明国への仲間入り（すなわち「主権国家」化）をめざした近代日本では、自国を内側から支える国民創出の問題が、ことばを変えつつ取りざたされ、また時としてその国民のあり方をめぐる争いが繰り広げられてきた。[*1] それは極言すれば、西洋的な国民――自己自身の意志にしたがって行動し、またその責任に耐えうる、自律的あるいは理性的な「個人」としての「国民」[*2]――を求めるか否かに集約できるが、この国民創出の問題は、一八八九年の大日本帝国憲法制定と翌年の教育勅語発布により、一旦の政治的決着をみたといえる。

すなわち天皇の存在を前提とした日本国民の誕生である。それはかつて枢密院の憲法制定会議において、議長伊藤博文が開会の辞として述べた次の一節からもみてとれる。

抑《そもそも》 欧洲ニ於テハ憲法政治ノ萌《きざ》セル事千余年、独リ人民ノ此制度ニ習熟セルノミナラス、又タ宗教（キリスト教）ナル者アリテ之カ機軸ヲ為シ、深ク人心ニ浸潤《しんじゅん》シテ人心此ニ帰一セリ、（中略）我国ニ在テ機軸トスヘキハ独リ皇室アルノミ、是ヲ以テ此憲法草案ニ於テハ専《もっぱ》ラ意ヲ此点ニ用ヒ、君権ヲ尊重シテ成ルヘク之ヲ束縛セサラン事ヲ勉メタリ。[*3]

伊藤はここで、西洋諸国において立憲政治を補完しているもののひとつとしてキリスト教をあげ、これを国家の「機軸」と呼ぶ一方で、日本においてこの国家の「機軸」に該当するものは皇室を除いてほかはないと論じている。この演説のなかでは、どういうものが「機軸」になりえるのかについて説明されていないが、伊藤が憲法調査中に師事したシュタイン[*4]の講義録には、次のような一節がある。

西洋ニテハ愛国ノ精神ヲ養成スルニ宗教〔キリスト教〕ヲ以テシ、其人心ヲ一致セシムルニ至リテハ、戦陣ニ臨ミテ軍旗ノ向フ所避クルコトナク、又内治外交ノ政略上之ヲ利用シ、法律ノ及バザル所ニ於テ道徳ノ制裁ヲ用ヰ《ゐ》ルナリ。[*5]

このことから、伊藤がいう「機軸」とは、愛国の精神を養成しそのもとで人心を一致させうるものだと考えられる。つまり彼は、立憲制導入にあたって国民の愛国の精神を養成しその心を一致させる必要性を強く感じており、その精神的支柱の役割を連綿と続いてきた皇室（万世一系の天皇）に期待したのである。このことからも、文明国への仲間入りをめざす近代日本において、天皇の存在がいかに大きかったか、また自国を内側から支える国民創出の問題と表裏一体の関係にあったかがわかる。

このような天皇の存在を前提とした日本国民像は、その後穂積八束《ほづみやつか》や井上哲次郎《いのうえてつじろう》らに代表される皇室尊崇を核とした国民道徳論・家族国家論などによって強化され、若干の反動をはらみつつ二度の戦争（日清戦争・日露戦争）を経て広く民間に浸透していったとされるが、この流れに真っ向から対峙しようとした一人の革命家がいた。日本の右翼運動に大きな影響を与えた思想家として知られる北一輝（一八八三〜一九三七）である。

結論からいってしまえば、彼の試みは不完全のままで終わることになるが、本章ではこの北一輝の試みに焦点を当て、近代日本における天皇と国民創出の問題について論じてみたい。

二つの近代――北一輝の理想と現実

北の主要著書としては、日本における社会主義革命の実現を訴えた処女作『国体論及び純正社会主義』、自身が経験した中国革命を題材とした『支那革命外史』、天皇大権の発動による革命方策を描いた『日本改造法案大綱』の三冊（以後『国体論』『外史』『改造法案』と略記する）があげられる。このうち二冊目の『外史』は前半部と後半部で執筆時期にズレ[*6]があり、後半部では北の国民観および近代観に大きな変化がみられる。そしてこの変化に伴い、彼の天皇観および国民創出の試みも変化している。詳細は本章で述べるが、まず本節では『国体論』と『外史』前半部にみられる国民観・近代観を概括したうえで、『外史』後半部におけるその変化に言及する。

北の〈国民〉と「公民国家」

たとえば、処女作『国体論』のころの北は、国民を「国家の分子」と呼び、次のように論じている。

> 実に公民国家の国体〔君主をも国家の分子として包含し国家の人格を法律上の人格としても認めた近代に出現する国体〕には、国家自身が生存進化の目的と理想とを有することを国家の分子が意識するまでに社会の進化なかるべからず。即ち国家の分子が自己を国家の部分として考へ、決して自己其者《そのもの》の利

益を終局目的として他の分子を自己の手段として取扱ふべからずとするまでの道徳的法律的進化なかるべからず。（Ⅰ－三四八）[7]

北はここで、私益追及のために他の分子を自己の手段として取り扱うべきではないとするまでに道徳的・法律的に進化することを、「国家の分子」たる〈国民〉[8]に求めている。個々の〈国民〉が国家それ自体が有する「生存進化の目的と理想」、すなわち国益を理解し、自身が国家の一部分だと自覚することこそが、近代の国体「公民国家」に至る前提条件であった。そして北はこの前提条件を「国家意識の覚醒」と称し、明治維新を次のように評価した。

同一なる平等観は社会の進化と共に武士平民の一般階級にまで拡張して国民全部が国家なりと云ふ国家主義国民主義の進化に至れるなり。（中略）維新革命とは国家の全部に国家意識の発展拡張せる民主々義が旧社会の貴族主義に対する打破なり。而してペルリの来航は攘夷の聲に於て日本民族が一社会一国家なりと云ふ国家意識を下層の全分子にまで覚醒を拡げたり。（Ⅰ－三四九～三五〇）

北はペリー来航を契機としてはじまる明治維新を、社会進化による「平等観の拡張」を背景に「国家意識の覚醒」が〈国民〉全体に広がったことによる、国家の本体そのものを変更する〈革命〉[9]だととらえた。そして、この〈革命〉によって日本は近代の国体「公民国家」へと進化し、「『個人の自由は他の如何《いか》なる個人と雖《いえど》も犯す能はず』と云へる民主々義の世」（Ⅰ－一九一）になったと論じたのである。

このような〈国民〉像や「公民国家」観、そして明治維新に対する評価は、どこか西洋近代の幕開けとして語られる原理的な近代民主主義国家——自己自身の意志にしたがって行動し、またその責任に耐えうる自律的あるいは理性的な個人の出現を前提として描かれる、「市民革命」をはじまりとする西洋の近代国家の姿を彷彿《ほうふつ》とさせる。このころの北は、いわば西洋の近代化をなぞらえるかたちで、皇室（万世一系の天皇）を精神的支柱としない日本の近代を提示していたといえよう。

『国体論』は北の自信作であった。彼は「緒言」で次のように述べている。

> 著者は潜《ひそ》かに信ず、若し本書にして史上一片の空名《くうめい》に終るなきを得るとせば、そは則ち古今凡《す》べての歴史家の挙りて不動不易の定論（君臣一家論や忠孝一致論、君主主権論に代表される従来の国体論を指す）とせる所を全然逆倒し、書中自ら天動説に対する地動説といへる如く歴史解釈の上に於ける一個の革命たることに在りと。（I－二～三）

天動説に対する地動説のごとき、日本の「不動不易の定論」たる従来の国体論をくつがえす「一個の革命」と自賛したのである。しかし、この書が広く社会に流通することはなかった。河上肇《かわかみはじめ》、片山潜《かたやません》、福田徳三《ふくだとくぞう》らから高い評価を受ける一方、東京日日新聞から厳しい批判を受け[*10]、『国体論』は刊行後まもなく発禁処分となる。

さらに分冊出版を試みるが、これもうまくいかなかった。そうした状況のなかで、北はこののち、中国との関わりを深めていく[*11]。そして中国革命を経験し、『外史』後半部で自説を改め、新たな近代像を提示することとなる。

「本能的自由」の発見

北は『外史』後半部の「十五　君主政と共和政の本義」において、旧統一的権力を否定し打破しうる「思考の自由」と、その自由思考を実行しうる程度にまで旧専制力を打ち壊す「実行の自由」をあげ、次のように述べる。

是れ社会的解体の意味に於ける自由なり。従つて革命とは自由を得んが為めに来るものに非ずして、自由を与へられたるが故に起るものなりとも考へ得べし。（Ⅱ－一四四）

ここで示されている「思考の自由」「実行の自由」は、『国体論』のなかで想定されたような、「公民国家」の段階に至って初めて保障される近代的な自由ではない。[*12] 本質的に自己抑止力をもたない破壊衝動を伴う自由、理性をはるかに上回る感情的で原始的ないっさいの統制が利かない自由である。『外史』後半部の北は、この自由を「野蛮人及び動物の生れながらに有する本能的自由」（Ⅱ－一四四）と呼び、これを革命の前提とした。そして、中世と近代の違いを次のように説明する。

〔中国〕四億万民が各自権利の主体にして君主と其の代官とのために存する物格にあらずとの覚醒は、

実に中世的君主政治を排除して近代的共和政治を樹立し得べき根基にあらずして何ぞ。（Ⅱ－一四九）

北はここで、みずからが権利の主体だと民衆自身が目覚めること、すなわち個人の権利意識の覚醒に着目し、これこそが近代的共和政治確立の基礎だと述べている。つまり、『外史』後半部においては、国益を理解し自身が国家の一部分だと自覚する「国家意識の覚醒」ではなく、「本能的自由」に目覚めた民衆個人の権利意識の覚醒が、近代国家成立の前提とされたのである。

そしてこの近代国家は、次のような性質をもつという。

何となれば近代的統一とは自由の基礎の上に建てられたる専制にして、又自由を保護すべき為めの統一なればなり。（Ⅱ－一四六）

中国革命を経験し、現実の革命が近代国家を主体的に担いうる〈国民〉の出現によりもたらされるものでないと気づいた北は、自由を制御するための専制と自由を保護するための統一が必要だと説いた。近代国家体制構築の一過程として革命独裁を肯定したのである。*13

そして日本の近代も、この革命独裁をも近代国家体制構築の一過程として肯定する新たな近代を土台として描かれ直されることになる。

変容する天皇像——北一輝の葛藤

北の三冊目の著作『改造法案』では、『外史』後半部で提示された新たな近代像を下敷きとして、日本の国家改造が説かれる。しかし『外史』後半部の段階で、その兆しはすでにあらわれていた。本節では、『国体論』から『外史』後半部、そして『改造法案』に至る天皇観の変化を整理し、国民との関係がどのように説かれたのかを分析する。

「公民国家」の天皇から「明治大皇帝」へ

処女作『国体論』において、明治天皇を起点とする「公民国家」の天皇[*14]は、次のように述べられる。

> 即ち、大日本帝国は君臣一家の妄想にあらずして実在の国家なり、天皇は国民と平等なる親籍関係の本家に非らずして国家の利益の為めに国家に対して重大なる特権を有する国家の一員なり。
> （Ⅰ－二六三）

ここで描かれている「公民国家」の天皇は、近代以前にみられるような国家の所有者ではない。〈国民〉と一線を画した「重大なる栄誉権」（Ⅰ－二六三）をもちながらも、国家によってその立場を保障され、国家の目的と利益のもとに活動する国家の一員である。それゆえに、この天皇と〈国民〉の関係は、次のように説明される。

約言すれば日本天皇と日本国民との有する権利義務は各自直接に対立する権利義務にあらずして大日本帝国に対する権利義務なり。例《れい》せば日本国民が天皇の政権を無視す可からざる義務あるは天皇の直接に国民に要求し得べき権利にあらずして、要求の権利は国家が有し国民は国家の前に義務を負ふなり。（Ｉ－二一三）

さらに別頁（Ｉ－三六三）では、北は大日本帝国憲法施行を国家主権の発動ととらえて高く評価し、これにより天皇は法的に帝国議会と並ぶ「国家の最高機関」に位置づけられたとも述べている。つまり『国体論』の段階においては、天皇と〈国民〉はともに国家に対する権利義務を有し、また国家を介してつながるものであり、〈国民〉同様天皇も、国家との関係によってとらえられていたのである。

しかし『外史』になると、前半部の一か所（Ⅱ－五九）[*15]を除き、まず「天皇」という表記そのものがみられなくなり、代わって次の傍線部のような表記が出現する。

明治大皇帝は江戸のブールボン家（徳川家を指す）が親《みずか》ら海陸の大軍を率ゐて大阪城に屯《たむ》ろし威嚇《いかく》を以て己れに臨むを見るや、是れを伏見街道に迎へ撃ちて追撃席巻《せっけん》忽《たちま》ちにして革命政府を樹立したる革命的指導者なりき。（中略）明治大皇帝は征韓論の名に藉《か》れる第二革命の大臣将軍を一括して藩南に鎮圧したる強大新鋭なる統一者なりき。

（Ⅱ－一四五）

『外史』において、天皇に対してこのような表記（ほかに「明治大帝」「明治帝」などあり）があてられているのは、後半部と『外史』刊行に際して一九二一年八月に付された「支那革命外史序」のみである。[16] さらにいえば、この「明治大皇帝」は、『国体論』で描かれていたような、国家の最高機関としての「天皇」ではない。近代化の妨げとなる敵を強権的な力でもって制圧する「革命的指導者」であり「統一者」である。そして、北がこのように明治天皇を論じた背景には、次のような明治維新〔北のことばでいえば「維新革命」〕に対するとらえ方の変化があった。

所謂勤王無頼漢《きんのうぶらいかん》と称せられし切取強盗の本能的自由を恣《ほしいまま》にすることを得て幕府を倒したるもの、維新革命は自由を与へられたるが故に来れるものなり。而《しか》も明治大皇帝の革命政府は彼〔フランスの革命政府〕が如く自由の蹂躙《じゅうりん》が自由なりといふ論法を取らず、明白に統一的専制の必要を掲げたり。而して革命の目的は一天子の権力下に一切の統制なき本能的自由を圧伏《あつぷく》することに在りとして、秋霜烈日《しゅうそうれつじつ》の専制を二十三年間に亘《わた》りて断行したり。――革命が自由政治を求めずして専制的統一を渇仰《かつごう》するは東西に符節《ふせつ》を合《がっ》する如し。

（Ⅱ－一四四～一四五）

『外史』後半部で近代国家体制構築の一過程として革命独裁を肯定した北は、[17] 明治維新の前提を民衆の「本能的自由」の発露によるものととらえ直し、この自由を圧伏し統一的専制を二三年間にわたって断行した存在として、「明治大皇帝」を位置づけたのである。
そして三冊目の著作『改造法案』は、この「明治大皇帝」の革命を継ぐものとして描かれることになる。

「国民ノ天皇」の登場

『改造法案』は一九一九年八月、五・四運動の熱が吹き荒れる上海で執筆された『国家改造案原理大綱』（以下『原理大綱』と略記）を加筆改題し、刊行されたものである。一九二三年の改造社版をはじめ複数の版が現存しているが、いずれも刊行に際して削除・伏字とされた部分が多い。このため本章では、『改造法案』の原型である『原理大綱』をおもなテキストとするが、この『原理大綱』「巻一　国民ノ天皇」において、北は次のように論じている。

天皇ノ原義——天皇ハ国民ノ総代表タリ、国家ノ根柱タルノ原理主義ヲ明カニス。
此ノ理義ヲ明カニセンガ為ニ神武国祖ノ創業[18]明治大帝ノ革命ニ則《のっと》リテ宮中〔次頁の註に「現時ノ宮中ハ中世的弊習ヲ復活シタル上ニ欧州ノ皇室ニ残存セル別個ノ其レ等ヲ加ヘテ実ニ国祖建国ノ精神タル平等ノ国民ノ上ノ総司令者ヲ遠ザケルコト甚シ」との一節あり〕ノ一新ヲ図リ　（Ⅱ－二二二）

註——（前略）此時〔第三期、維新革命に始まる民主国時代[19]〕ヨリノ天皇ハ純然タル政治的中心ノ意義ヲ有シ、此国民運動ノ指揮者タリシ以来現代民主国ノ総代表トシテ国家ヲ代表スル者ナリ。即チ維新革命以来ノ日本ハ天皇ヲ政治的中心トシタル近代的民主国ナリ。　（Ⅱ－二二三）

天皇の役割は、「神武国祖ノ創業明治大帝ノ革命」を手本として宮中の一新を図り、「国民運動ノ指揮者」「国民ノ総代表」として「国家改造」に取り組むことにあるというのである。

また、北はこの「巻一　国民ノ天皇」の巻頭で「天皇大権ノ発動」（Ⅱ-二二一）による三年間の憲法停止を説いているが、その註で「日本ノ改造ニ於テハ必ズ国民ノ団集ト元首〈天皇〉トノ合体ニヨル権力発動タラサルヘカラス」（Ⅱ-二二一～二二二）と述べている。このことから、国民のとらえ方や天皇の位置づけにも、変化が生じていたことがわかる。

『国体論』では「国家意識の覚醒」を果たした個々の〈国民〉の出現が「公民国家」の前提として描かれていた。しかし『原理大綱』では、「国家改造」の主体は個々の〈国民〉ではなく一つのまとまり、「国民ノ団集」として語られた。そして天皇についても、『国体論』段階と異なり、国家との関係からでなく「国民ノ団集」との関係で説かれたのである。

これらの変化は「国家意識の覚醒」を果たした〈国民〉を近代国家成立の前提としなくなったことによる変化、『外史』後半部で提示した新たな近代を前提に日本の近代を描き直そうとしたことによる変化と考えられるが、次節では再び『外史』後半部に視点を戻し、同時期の北の『法華経』信仰への傾倒に着目して、この変化についてもう少し掘り下げてみたい。

『法華経』信仰への傾倒——北一輝の模索

なぜ、ここで北の『法華経』信仰への傾倒に着目するのか。それは『外史』後半部の近代をもたらす革命や「明治大皇帝」に関する文脈で、『法華経』にまつわることばが多く使われているためである。先行研究においても、北の『法華経』信仰への傾倒は『外史』後半部にみられる彼の主張の変化を説明するものとして言及されてきたが、[*20] 本節ではこの点に着目し、北の国民のとらえ方や天皇の位置づけの変化について、より深い分析を試みる。

末法の世の革命

『法華経』（厳密にいえば妙法蓮華教を指す。以下『法華経』表記で統一）は八巻二十八品、第一（序品《じょほん》）から第十四（安楽行品《あんらくぎょうほん》）までの迹門《しゃくもん》と第十五（従地涌出品《じゅうじゆじゅつほん》）から第二十八（妙音菩薩品《みょうおんぼさつほん》）の本門《ほんもん》からなる、大乗仏教の代表的経典のひとつである。このうち迹門では、『法華経』以前に説かれた三乗の教え（菩薩・声聞《しょうもん》・縁覚《えんがく》）は聴衆の資質や能力が異なるがゆえの方便（目的を達成するための手段）であり、一仏乗（万人を成仏に導く教え）の『法華経』こそ絶対唯一の真理であると説かれる。また本門では、かつてこの地（娑婆《しゃば》世界）にあらわれたブッダ（釈迦）は方便の姿にすぎず、本来は久遠実成《くおんじつじょう》の仏であり、悠久の過去から未来永劫《えいごう》にわたって人びとを救済し導き続ける至上の存在だと説かれる。

北がこの『法華経』に傾倒しはじめたのは、本人が二・二六事件の調書において「三十四歳の一月に、私は突然信仰の生活に入りました」（Ⅲ－四四四）と述べていることから、『外史』執筆を中断していた一九一六年一月であることがわかっている。そしてこれを裏づけるように、執筆再開後の『外史』後半部では「大乗仏」「弥陀如来」「折伏《しやくぶく》の剣」「地湧《ママ》の菩薩」「妙法蓮華経」など、『法華経』や日蓮にまつわることばが大量に出現する。

とくに目を引くのは、『外史』巻末で引用されている『法華経』の経文[*21]だが、北の特徴のひとつに『法華経』に描かれた釈迦入滅後の世界を現実の革命と重ねて語ったことがある。たとえば「支那革命外史序」で、彼は次のように述べている。

> 経文に大地震裂して地湧《ママ》〔地涌《じゆ》〕の菩薩の出現することを云ふ。大地震裂とは過ぐる世界大戦〔第一次世界大戦〕の如き、来りつつある世界革命の如き是れである。地湧《ママ》菩薩とは地下層に埋る、救主の群といふこと、則ち草澤《ママ》〔草莽《そうもう》カ〕の英雄下層階級の義傑偉人の義である。（Ⅱ－八）

ここでいう地涌菩薩とは、釈迦如来が『法華経』を説いたときに娑婆世界に生じた地の裂け目からあらわれた、上行《じょうぎょう》菩薩をはじめとする菩薩たちのことを指す。『法華経』第十五（従地涌出品《じゅうじゆじゅつほん》）によれば、弥勒菩薩を筆頭とする他方世界の弟子たちが、入滅後の世においてこの経典を護持・読誦・書写して供養したいと申し出たところ、釈迦如来は「わが娑婆世界に、自《おのずか》ら六万の恒河《ごうが》〔ガンジス川〕の沙《すな》に等しき菩薩・摩訶薩《まかさつ》有り、一一の菩薩に各《おのおの》、六万の恒河沙《ごうがしゃ》の眷属《けんぞく》あり。この諸《もろもろ》の人等《ら》は、能くわが滅後において、護持し、読誦して、広くこの経を説けばなり」[*22]と返答したという。

また『外史』には先にふれたように、「昔者《むかし》日蓮上人辻説法の迫害を蒙りつゝ『立正安国論』を草して執政者を戒む。而も上下悉く信ずる者なき今の日本の如し」（Ⅱ－二〇三）というような日蓮に言及する一節もみられる。日蓮宗において、地涌菩薩は久遠実成の本仏が教化した本化《ほんげ》の菩薩である。それゆえに釈迦如来の入滅後、人の悟りが不可能になった末法の世において『法華経』を受持し大衆を救済する役割を担うとされる。[*23]北は従来の世界秩序を大きく揺るがした第一次世界大戦を「世界革命の如き」ものと称し、その後激動する世界情勢に末法の世を重ね合わせ、新たな秩序・規範を生み出し民衆を導くべき草莽の革命家を地涌菩薩にたとえたのである。

では、このような末法の世のごとき世界において、日本はどのように語られたのか。

阿弥陀如来と日本の近代

『外史』後半部「十六　東洋的共和政とは何ぞや」には次のような一節がある。

日本の中世史〔一般的な歴史区分でいえば近世史〕が封建の暗黒に堪へずして自由と統一の中枢を二千五百年来の法灯に渇仰するに至るや、如来〔阿弥陀如来[*24]〕は終に明治大皇帝に権化して救済の為の折伏を賜へり。（Ⅱ－一五四）

『外史』後半部には「あ、諸公。日支相食みて終に二千五百年の国家を英露に委せんとするか」（Ⅱ－一八五）、「唯諸公にして猶《なお》神風の天恩を解せず再び処すべき所以の途を誤らば、二千五百年は諸公の亡ぼすところなるを断言す」（Ⅱ－一〇三）との一節があることから、文中の「二千五百年」ということばは神武天皇の建国以来続いてきた日本の歴史を指すものと考えられる。また同じく『外史』後半部には、「二千五百年間縷々《るる》として滅せざりし神道の法灯が国民の興国的信仰を統一したる」（Ⅱ－一三七）との一節もあり、文中の「法灯」は「神道の法灯」とみることができる。

ではこの「神道の法灯」とはなにか。この点について、北自身のことばによる具体的説明はないが、『外史』後半部には次のような一節がある。

万世一系の皇室が頼朝の中世的貴族政治より以来七百年政権圏外に駆除せられ、単に国民の信仰的中心として国民の間に存したることが、維新の民主的革命に於て民主々義の大首領をコルシカ島（ナポレオンの出身地）より輸入せざりし天佑に保全せられたる真義は未だ埋没せらる。（Ⅱ－一三六）

これらのことから、「二千五百年来の法灯」は、万世一系の皇室を核とする日本社会の歴史そのものを指すと推察される。

つまり、封建時代の近世から日本が抜け出したのは、有史以来国民によって途切れず積み重ねられ形づくられてきた、万世一系の皇室を核とする日本社会において、自由と統一の中枢となりえる人物の出現を渇仰《かつごう》した結果、西方浄土にある阿弥陀如来が「明治大皇帝」に「権化」して救済のための折伏を奮ったためだというのである。

ここで二点注意を促しておきたい。一つは、主体はあくまでも阿弥陀如来であること。より明確にいえば、「明治大皇帝」という人が阿弥陀如来という仏になるのではなく、仏たる阿弥陀如来が「明治大皇帝」の身体を借りてあらわれるということである。そしてもう一つは、この阿弥陀如来は二千五百年という年月を経て初めて出現することである。つまり「明治大皇帝」単独では阿弥陀如来の「権化」となることはできず、万世一系の皇室を核として過去から現在に至る国民全体の心を合わせることで、初めてそれが可能となる。北は万世一系の皇室を核として、過去から現在に至る国民全体の心を合わせることにより、新たな秩序・規範をつくりえる存在を創造しようとしたのである。

おわりに

以上のように、北の国民創出の試みは、『外史』後半部をターニングポイントとして大きく変化していた。『国体論』の段階では、近代における国民と天皇はともに国家に対する権利義務を有する存在として描かれ、両者は国家を介してつながっていた。より具体的にいえば、国民は「国家意識の覚醒」を果たした国家の分子たる〈国民〉であり、また天皇はこれと一線を画した「重大なる栄誉権」をもちながらも国家の目的と利益のもとに活動する国家の一員、帝国議会と並ぶ「国家の最高機関」のひとつであった。しかし、このような皇室（万世一系の天皇）を精神的支柱としない日本の近代を描いた『国体論』は、度重なる発禁処分を受け啓蒙《けいもう》の機会を失うこととなった。

そしてその後中国革命に接した北は、「維新革命」を含む現実の革命が「国家意識の覚醒」を果たした〈国民〉により成されるものでなく、国民の「本能的自由」の発露により起こると気づいた。そして国民観・近代観を変化させ、『外史』後半部で新たな近代を提示した。すなわち、旧体制の崩壊を引き金とした人の自由や欲望の解放による革命を契機とし、民衆が各自権利の主体として覚醒することにより成立する近代である。

そして日本の近代も、この新たな近代を下敷きに描き直されることになり、『外史』後半部では「本能的自由」を圧伏し統一的専制を行う「明治大皇帝」が出現する。この「明治大皇帝」は『国体論』で描かれた「公民国家」下の天皇とはそのあり方が大きく異なっていた。人でありながら人ではない、有史以来「二千五百年間縷々として滅せざりし神道の法灯」、万世一系の皇室を核とした国民の合一により「権化」した阿弥陀如来の化身であり、新たな秩序・規範をつくりえる存在である。そして『改造法案』(『原理大綱』)では、この「明治大皇帝」の革命を継ぎ「国家改造」を主導する、「国民運動の指揮者」「国民の総代表」としての天皇と、これを支える「国民ノ団集」が登場することになる。

以上のような『外史』後半部以降の北の主張は、一見すると天皇を精神的支柱として国民の愛国の精神を養成し、その心を一致させようとした伊藤の論と近いものにもみえる。しかし、先述したように、北が万世一系の皇室を核として過去から現在に至る国民全体の心を合わせることで、初めて阿弥陀如来の「権化」が可能となると論じていることからすれば、その主軸は天皇でなく国民である。それは『原理大綱』の巻一が「天皇ノ国民」ではなく「国民ノ天皇」と題されていることとも符合する。

また北は『外史』後半部で、革命の根本義は「伝襲的文明の一変、国民の心的改造に存する」(Ⅱ－一六九)と述べ、『原理大綱』「緒言」で次のように論じている。

只《ただ》天佑《てんゆう》六千万同胞ノ上ニ炳《へい》タリ。日本国民ハ須《すべか》ラク国家存立ノ大義ト国民平等ノ人権トニ深甚《しんじん》ナル理解ヲ把握シ、内外思想ノ清濁ヲ判別採捨スルニ一点ノ過誤ナカルベシ。（中略）全日本国民ハ心ヲ冷《ひやや》カニシテ能ク〔欧州諸国の大戦に対する〕天ノ賞罰斯《か》クノ如ク異ナル所以《ゆえん》ノ根本ヨリ考察シテ如何《いか》ニ大日本帝国ヲ改造スベキカノ大本ヲ確立シ、挙国《きょこく》一人ノ非議ナキ国論ヲ定メ、全日本国民ノ大同団結ヲ以テ終《つい》ニ天皇大権ノ発動ヲ奏請《そうせい》シ、天皇ヲ奉ジテ速《すみや》カニ国家改造ノ根基ヲ完《まっと》ウセザルベカラズ。

（Ⅱ－二一九～二二〇）

「全日本国民」は「国家存立ノ大義」と「国民平等ノ人権」に深い理解を示し、内外思想の清濁を取捨選択する判断力をもつべきであり、また「国家改造」にあたり、大同団結して天皇を奉じてその大権の発動を願うべきだというのである。これらのことをみれば、北は『外史』後半部執筆以降もなお、「国家意識の覚醒」を果たし自己自身の意志と責任において主体的に国家を背負いうる、〈国民〉としてあるべき姿の模索を諦めていないようにも思える。

このような北の葛藤は、〈国民〉不在のなかでいかにして秩序・規範をつくるかという、近代立憲国家における支配の正統性の問題とも深く絡んでくると考えられるが、この点の考察については今後の課題としたい。*25

註

＊1　自由民権運動に対する政府の弾圧や、明治一四年の政変の背景にあった大隈重信の意見書に対する伊藤博文・井上毅・岩倉具視らの対応、また枢密院の憲法制定会議における議長・伊藤博文と文部大臣・森有礼のあいだに起こった「臣民権利義務」をめぐる解釈の論争などは、まさに国民創出をめぐる対立の代表例といえる。

＊2　以下、文中では史料引用を除き、人や人びとをあらわす概念として四つの語（国民・「国民」・〈国民〉・民衆）に分けて表記する。国民は自国を内側から支える国家の構成員としての人びとを、「国民」は西洋的な国民、自己自身の意志に従って行動しまたその責任に耐えうる人びとをあらわす。また〈国民〉は北独自の解釈による（詳細は註8参照）。また民衆は、上記三つの概念に該当しない一般的な人びとを指すものとする。

＊3　大久保利謙編『近代史史料』（吉川弘文館、一九六五年）、二三九頁。

＊4　ローレンツ・フォン・シュタイン。ドイツの法学者・社会学者で、憲法起草のために渡欧した伊藤に国家学の講義を行い、伊藤に憲法制定を含めた国家組織構想に関する啓示を与えたといわれる。

＊5　吉野作造主編『明治文化全集 第四巻 憲政篇』（日本評論社、一九二八年）、五一六頁。

＊6　前半部は「一 緒言」から「八 南京政府崩壊の経過」（『外史』公刊に際して付された「支那革命外史序」では「南政府崩壊の真相」となっている）、後半部は「九 投降将軍袁世凱」から「二十 英独の元寇襲来」を指す。北は一九一五年一一月から『外史』前半部の執筆に着手したが、政府当局者らに頒布するため同年一二月に執筆を中断、翌年四月から五月のあいだに後半部を書き上げている。

＊7　以下、『北一輝著作集』全三巻（みすず書房、第一巻・第二巻：一九五九年、第三巻：一九七二年）からの引用は、巻数をローマ数字、頁数を漢数字で略記し、本文中に付す。たとえばⅠ‐三四八は第一巻三四八頁を指す。

＊8　以下、文中で〈国民〉と表記する場合は、国家の分子であり「国家意識の覚醒」を果たした人びとを指すものとする。

＊9　以下、文中で〈革命〉と表記する場合は、近代の国体「公民国家」に至る契機として国家の本体そのものを変更する革命を指すものとする。

＊10　東京日日新聞は、憲法上における言論の自由はできるかぎり寛大に解釈されるべきと前置きをしながらも、「然も事既に我国体に関する議論なる以上、又言の我皇室に対及せる以上、吾人は臣民の一部として又教育を受けた

る紳士の一楷として、相当の敬意礼貌を表示せざるべからざるや論を待たざる処なり」（Ⅲ－五七四～五七五）と述べ、我が国の基礎である国体と教育上の本義に関わる北の『国体論』は、その内容を精査して発禁処分にすべきだと批判した。

＊11　北は中国革命との関わりが深い。一九〇六年一一月には宮崎滔天《みやざきとうてん》が主宰する革命評論社の同人となり、同年一二月には孫文を総理とする中国同盟会に入党している。また黒竜会の客分として機関誌『内外時事月函《ないがいじじげつかん》』の編集を手伝っていた縁で、辛亥革命勃発に際して中国に派遣され、以後一九一三年四月に清国上海駐在日本総領事から三年間の国外退去処分を受けるまで、革命渦中にある中国に滞在し、その目で現実の革命を見続けている。『外史』はこの体験をふまえて書かれたものである。

＊12　「国家意識の覚醒」を果たした〈国民〉による〈革命〉を前提とする。『国体論』や『外史』前半部の北は、このような近代的な自由は一個人の利益のために他の個人が犠牲にされてはならないと自覚する理性的な「国民」がもつ自由であると考えていた。

＊13　革命独裁をも肯定するこの新たな近代は、西洋諸国に遅れて近代化を図るアジアの国のみを対象としていない。それは北が『外史』後半部において「進化律の波は白人の居住する地域と黄人の生息する地球〔マヽ〕の部分とをダーダネス〔ダーダネルス〕海峡によりて堰き止めらるゝものに非ず。即ち皮膚の生理的差別が白人の政治組織を古来自由主義ならしめしといふことの虚偽なる如く、黄人の其れが将来永遠に自由組織なる能はずとは大なる迷妄なり」（Ⅱ－一四六）と述べていることからも明らかである。

＊14　北は国家が進化するように天皇もまた時代を追って進化すると考えており、「家長国」までの天皇と「公民国家」の天皇とでは文字が同一でもその存在意義が異なると論じた。彼は『国体論』において、大日本帝国憲法の第一条にある「万世一系の天皇」は「現天皇を以て始めとし、現天皇より以後の直系或は傍系を以て皇位を万世に伝ふべしと云ふ将来の規定に属す」（Ⅰ－三六一）と述べている。

＊15　「ルヰ《ゐ》十六世に代《か》ふべきオルレアン公」や「徳川に代ふべき天皇」をもたないために中国は共和政体を樹立したという内容で、中国の政体を論じる文脈のなかで取り上げられている。

＊16　「明治大皇帝」一二六か所（うち「支那革命外史序」一か所）、「明治大帝」「明治帝」六か所（うち「支那革命外史序」一か所）。

＊17　王政復古の大号令から大日本帝国憲法施行までの期間。『外史』後半部では、明治天皇は「『万機公論に決す』の自由主義を宣布しつゝ、而も二十三年間専制を以て統一」（Ⅱ-一三六頁）したものとされる。

＊18　この「神武国祖ノ創業」ということばからは、「王政復古の大号令」の一節（「諸事神武創業ノ始《はじめ》ニ原《もとづ》キ、縉紳《しんしん》・武弁・堂上《とうしょう》・地下《じげ》ノ別無ク」）が思い起こされる。この点についての考察は八ヶ代美佳「第十章　北一輝と天皇――『国家機関の一つの天皇』から『国民の天皇』へ」（小路田泰直・田中希生編『私の天皇論』東京堂出版、二〇二〇年）、三〇五～三〇七頁参照。

＊19　北は「巻一　国民ノ天皇」（「天皇ノ原義」註の一節）において、日本の国体を三段階の進化で説明する。第一期は藤原氏から平氏の過渡期に至る「専制君主国時代」、第二期は源氏から徳川氏に至るまでの「貴族国時代」と定義している。

＊20　革命独裁への肯定、武力クーデターの論理や西洋列強に対する正義の戦争の論理の登場など、その対象は多岐にわたる。たとえば萩原稔は「第三革命の予想外の成功は、人間の理性的な判断を超えたところで革命が動く、ということを北に知らしめた。ゆえに彼は議会革命に代わって、『天』という絶対的な権威を背景とするカリスマ的指導者、いわゆる『窩闊台汗《オゴタイハン》』を中心とする革命独裁という手段を選びとった。そして、このような新たな中国革命のプランを実践するうえで必要とされたのが法華経だったのである」と論じている。萩原稔『北一輝の「革命」と「アジア」』（ミネルヴァ書房、二〇一一年）、九六～九七頁。

＊21　『法華経』第十三（勧持《かんじ》品《ほん》）「有諸無智人　悪口罵詈等　及加刀杖者　我等皆当忍（諸の無智の人の悪口《あっく》・罵詈《めり》などし　及び刀杖を加うる者あらんも　われ等は、皆、当に忍ぶべし）」「我不愛身命　但惜無上道（われは、身命を愛せずして　但、無上道のみを惜むなり）」、第二十一（如来神力品《にょらいじんりきほん》）の「如日月光明　能除諸幽冥　斯人行世間　能滅衆生闇（日月《にちがつ》の光明の能く諸の幽冥《くらやみ》を除くが如く　斯の人は世間に行じて　能く衆生の闇を滅し）」の三節。書き下しは坂本幸男・岩本裕訳注『法華経』（岩波書店、一九七六年）中巻二三六・二三八頁、下巻一六四頁による。宮本盛太郎は『法華経』からのこれらの引用について、「『法華経』の弘通《ぐずう》をはかる者に加えられる迫害と、その迫害に耐えて末法の世に真の法を説き、人々を導こうとする強烈な使命感」がみられると評価している。宮本盛太郎『北一輝研究』（有斐閣、一九七五年）、一二九～一三〇頁。

＊22　前掲註21『法華経』中巻、二八四・二八六頁。

＊23　日蓮の『如来滅後《にょらいめつご》五《ご》五百歳《ごひゃくさい》始観心本尊抄《しかんじんほんぞんしょう》』には「此の本門の肝心、南無妙法蓮華経の五字に於ては、仏、猶ほ文殊・薬王等にも之を付属したまはず、何《いか》に況《いわん》や、其の已下を乎《や》。但《た》だ、地涌千界を召して、〔本門〕八品を説いて之を付属したまふ」とあり、妙法蓮華経の題目を末法にひろめる者は本化地涌の菩薩だとされる。兜木正亨校注『日蓮文集』（岩波書店、一九六八年）、三一〇頁参照。

＊24　『外史』後半部に「而も国家の統一の為めには最高の功臣大西郷が過ちて錦旗に放ちし一羽翦を仮借せざりしほどの利剣を持てる弥陀如来なりき」（Ⅱ‐一五四）、「日本の弥陀如来は折伏の剣を揮つて十年間に殆ど百回に近き大小の兵変暴動を弾圧し終に西南役に於て全国の帯刀的遺類を一掃したり」（Ⅱ‐一五六）などの一節があることから、ここでいう如来は阿弥陀如来を指すと考えられる。

＊25　もう一点、本章で言及できていない問題がある。それは「明治大皇帝」に「権化」したのが「阿弥陀如来」だったことである。「阿弥陀如来」は浄土教の中心をなした仏である。衆生救済のための本願（四十八願）を立てて長い修行の末に仏となり、ひたすら念仏を唱え極楽往生を願うことしかできない衆生を救済する存在とされる。たしかに『法華経』には「阿弥陀如来」も登場するが、『法華経』の教主は「釈迦如来」である。もし北が「釈迦如来」でなくこの「阿弥陀如来」を意図的に選んだのだとすれば、このことが何を意味するのかを考える必要がある。

〔付記〕本章記載の北の『法華経』への一連の解釈についての分析に関する成果は、二〇二〇～二〇二二年度日本学術振興会科学研究費助成事業・若手研究・ＪＰ２０Ｋ１２８３９の助成を受けたものである。

第九章

吉本隆明「転向論」

――断層への固執

平野 明香里

はじめに

柄谷行人が「死語をめぐって」という論考において、死語——すなわちためらいや留保なしには使えないようなある種のことばとして、批判的に紹介している「知識人」なる存在は、柄谷の目に映った吉本隆明その人に外ならない。[*1] 柄谷によると、知識人とは階級でも職業でもなく、「大衆ではないという自己意識」である。しかし知識人は大衆のアンチテーゼとしてのみ存在しうるので、彼らは必然的に大衆の獲得を必要としているのだ。

吉本は、日本における一九三〇年代の転向現象の最大の要因とは知識人が抱いた「大衆からの孤立（感）」であると論じたと、柄谷は理解している。「知識人の批判こそが知識人の特徴なのだ」。柄谷がこう語るとき、転向したインテリゲンチャを批判している吉本は、まさに死語としての「知識人」でなくて何であろうか。大衆をより深く理解せよと、知識人は知識人を批判する。しかし「大衆から遊離しないような『知』があるだろうか。知は、大衆＝自然と遊離しているがゆえに、知である」と、柄谷は語る。大衆から遊離することで生まれた知識人が、みずから否定したはずの大衆に近づこうとするのは一見、自己矛盾としか思われない。柄谷にとって、「大衆からの孤立感」のために転向したインテリを批判する吉本は、それを否定することでみずからが知識人たりえたはずの「大衆」という存在を、むなしく追い求める痛ましい一知識人として映っているのではなかろうか。

吉本隆明は、佐野学・鍋山貞親らを日本封建制の優性遺伝的要素に絡め取られた知識人として、小林多喜二・宮本顕治らを現実的動向を省みない知識人として、それぞれ批判している。一見すると佐野を批判するには小林のように教条主義的でなければならないように思われるし、小林を批判するには佐野のようなかたちでの転向が致し方ないことのように思われる。そしてその両者への批判を実現することは一見成り立ちがたいようにみえる。そこでこの矛盾を解決するために次のように仮説を立てたい。すなわち、吉本が佐野や小林とは異なる意味で大衆の自己疎外態であったからこそ、両者に対する批判が同時に成り立ちうるのではないか。本論では敗戦がもたらした「死にそこないの世代」としての吉本の自己規定を浮き彫りにし、自明の死の否定という課題に取り組む思想的格闘の結果として「転向論」を位置付づけ、さらに右に述べた柄谷の知識人像に再検討を迫りたい。

「転向論」の概要

転向の三分類

吉本隆明「転向論」の概要を確認しておこう。同論考は、一九五八年一二月一日発行の『現代批評』創刊号(書肆ユリイカ発行)に発表され、『芸術的抵抗と挫折』に収録された。[*2]「転向論」は、「マチウ書試論」や「固有時との対話」などと並ぶ、一九五〇年代における吉本の代表的作品のひとつである。

吉本は、近代日本のインテリゲンチャが、いかにして彼らの把握した社会に向き合ったのか、その向き合い方を類型化する。そのなかで、「転向」とは「日本の近代社会の構造を、総体のヴィジョンとしてつかまえそこなったために、インテリゲンチャの間におこった思考変換」だと、分析に先立ってあらかじめ規定する。この思考変換はいくつかの類型に分類することができるのだが、その第一のパターンが、佐野学、鍋山貞親らの転向のパターンである。鍋山は一九二九年に四・一六事件で検挙され、佐野は一九三二年に治安維持法違反により逮捕されたが、彼らは一九三三年に獄中で転向声明「共同被告同志に告ぐる書」を発表する。

彼らの転向に対し、吉本は「日本封建制の優性因子にたいする無条件の屈服」という評価を下す。西欧の政治思想や知識に飛びついた上昇型インテリゲンチャが、弾圧によって封建制から追いつめられ孤立したときに、「侮りつくし、離脱したとしんじた日本的な小情況から、ふたたび足をすくわれた」という事態である。彼らは単に足をすくわれただけではなく、それまで侮っていた日本的小情況を「それなりに自足したもの」とみなすようになってしまうという。

こうした転向と区別される思考変換の型として、小林多喜二、宮本顕治らに代表される「日本的モデルニスムス」型の「転回」（ないし「非転向の転向」）があげられる。この思考のタイプの特徴は、「思考自体が、けっして、社会の現実構造と対応させられずに、論理自体のオートマチスムスによって自己完結すること」である。ここでは、当時マルクス主義の名を借りて流通していたイデオロギー（決してマルクス主義そのものではないと、吉本は断じている）のサイクルから逸脱しているか、していないかだけが問題となる。しかしここでは現実的動向や大衆的動向は一顧だにされない。このような現実との接触を欠いたいわば教条主義的、形式的な「非転向」の論者を、吉本は「転向」の一種としてとらえるのである。

右の二つの思考変換とは異なり、吉本が唯一積極的な評価を与えているのが、中野重治の「転向」である。中野の転向体験を綴った作品である「村の家」のあらすじは次のようなものだ。[*3] 転向・出獄し、郷里の実家で翻訳業で生計を立てている主人公・勉次は、ある日父・孫蔵に転向を責められ、筆を折るよう言いつけられる。すなわち、自分はお前が捕まったと聞いたときにはもう生きて会うことはないと思っていた。そのため転向したと聞いたときにはひどく驚いた。転向したのであれば今まで書いてきたことはみな無意味になってしまうのであり、過去の作品がよいものであればあるほど転向したことによってだめになってしまう。出獄後に書いたものは、転向の言い訳にすぎないのだから、今まで書いたものを活かしていきたいのなら筆を折るべきだ、という叱責である。しかし勉次は、一見筋が通っているように聞こえるこの孫蔵のことばのなかに「或る罠」を感じ、「よくわかりますが、やはり書いて行きたいと思ひます」と答えるというものだ。[*4]

この勉次の抵抗は、小説の上でだけなされたものではない。一九三四年、板垣直子は「文学の新動向」において、転向作家は社会に適応した方法で売文渡世して終わったと後世の歴史家に書かれるだろうと、孫蔵とまったく同じ論理で転向作家を批判した。これに対し中野は、「もし僕らが、自ら呼んだ降伏の恥の社会的個々的要因の錯綜を文学的綜合の中へ肉づけすることで、文学作品として打ち出した自己批判を通して日本の革命運動の伝統の革命的批判に加はれたならば、僕らは、その時も過去は過去としてあるのではあるが、その消えぬ痣を頬に浮べたまゝ人間および作家としての第一義の道を進めるのである」と答えた。吉本はここに、単なる屈服や論理の空転に終始しない「転向」を見て取る。すなわち吉本が中野の「村の家」を転向小説の白眉として評価する理由は、「『村の家』の勉次は、屈服することによって対決すべきその真の敵を、たしかに、眼のまえに視ているのである。いいかえれば、日本封建制の優性にたいする屈服を対決すべきその実体をつかみとる契機に転化している」ことによる。そしてそうした意味での「転向」を行った中野を、吉本は高く評価するのである。

その背景

右に、三つの転向パターンをみてきた。だが注意しておきたいのは、この三種類の転向現象はそれぞれ別個の原因によるものではなく、ある一つの共通する原因をもっているということである。

近代日本の転向は、すべて、日本の封建性の劣悪な条件、制約にたいする屈服、妥協としてあらわれたばかりか、日本の封建性の優生遺伝的な因子にたいするシムパッシーや無関心としてもあらわれている。このことは、日本の社会が、自己を疎外した社会科学的な方法では、分析できるにもかかわらず、生活者または、自己投入的な実行者の観点からは、統一された総体を把むことがきわめて難しいことを意味しているとかんがえられる。分析的には近代的な因子と封建的な因子の結合のようにおもわれる社会が、生活者や実行者の観念には、はじめもないおわりもない錯綜した因子の併存となってあらわれる。もちろん、けっして日本に特有なものではないが、すくなくとも、自己疎外した社会のヴィジョンと自己投入した社会のヴィジョンとの隔りが、日本におけるほどの甚だしさと異質さとをもった社会は、ほかにありえない。[*5]

こうした歪みがなぜ発生するのか。それは日本独特の歴史的背景——すなわち、「封建制の異常に強大な諸要素」と「独占資本主義のいちじるしく進んだ発展」との結合という、日本以外のいかなる国でも起こりえなかった一事情による。「三二テーゼは、多分に、この結合をたんなる結合と理解した傾向があり、また反対に絶対主義権力は、この結合の両面を、巧みに使いわけた」[*6]。日本における「芸術的抵抗」は、こうした困難な条件をはじめから背負っていた。それゆえ、革命運動の「前衛」の中におこった政治意識と生活意識の矛盾も、特殊な様相を孕むはずであった。しかしこの「結合」の事情をとらえそこなったために、転向という思考変換が生じたという。すなわち、優性遺伝的因子にたいするシンパシーであれ無関心であれ、吉本にとってそれらは「日本の近代社会の構造を、総体のヴィジョンとしてつかまえそこなった」ことの結果にほかならないのである。[*7]

断層への固執

この項では、「転向」を論じることが吉本にとってどのような意味をもったのかを検討したい。たとえば吉本と同世代の評論家・橋川文三は自身が戦時中天皇制に「いかれた」体験をもとに『日本浪漫派批判序説』を執筆している。[*8] インテリゲンチャの転向が相次いだ一九三〇年代初頭、吉本は一〇歳前後の少年であった。生を受けているとはいえ、同時代に直接思想的影響を与えたと断ずるのは難しい「転向」を、なぜ吉本が取り上げたのか、そこにどのような意味があるのかを本節で論じたい。

一九五〇年代の日本と文芸復興期

一九五六年の経済白書が「もはや戦後ではない」ということばで締めくくられたように、日本経済は戦後復興期を経て高度経済成長期に突入していた。また同年には日ソ共同宣言の成立と日本の国連加盟が実現し、本格的に国際社会へ復帰する。「転向論」や、久野収・藤田省三・鶴見俊輔らによる『戦後日本の思想』が出された一九五八年から翌五九年にかけては、当時の皇太子明仁の婚姻で世間がいわゆる「ミッチーブーム」に沸いた時期でもあった。戦後社会には、大衆文化が花開き、以前とまったく異なる様相を見せていた。

そうした社会情勢のなか、政治と文学をめぐる同時代の情況に関して、吉本には一つの危惧があった。それは、「文芸復興期の文学の状態と、現在のそれと、かなり類似的に考えられる時代がいま来ている」のではないか、という危惧であった。[*9] 吉本によると、文芸復興期とは、一九三三、三四年のプロレタリア文学運動の崩壊後から、一九三七年の満州事変までの期間であり、そこでは、作家たちは「政治との関わりを問題にしないで文学を生みうるのではないか」という考え方がまかりとおっていた。具体的にいえば、侵略戦争にかり出された庶民は、「生ける銃架」であり、中国やソヴィエトロシアに戦争を仕かけるために弾丸を運ぶ庶民労働者は「めくら馬」であるというような考え方がなされていた。

しかし、そのような考え方をしているかぎり、「前衛」がいかなる理論を展開しても机上の空論にすぎないことは言を俟《ま》たない。[*10] 吉本は、プロレタリア文学運動・政治運動の敗退は、「それ自体に内在した、理論的な、組織的な欠陥と誤謬によって、大衆から孤立したことに最大の原因があった」としている。すなわち日本社会の二重構造をとらえそこなったという理論的欠陥の結果として、大衆から見限られたインテリゲンチャは、中野のような特殊な事例を除けば、大衆に対して無条件に屈服するか、大衆と訣別して論理上の自己完結のみをめざすかのどちらかを選ばざるをえなかった。

自由主義者と対立しようが、チーム・ワークを組もうが、大衆意識や大衆組織との対応性の問題が、芸術理論や組織論として、正当に解明されないかぎりは、いつの時代でも反体制的な運動の没落は必至であるというほかはないのだ。[*11]

日本型モデルニスムスはもちろん、無条件の屈服も、大衆と具体的に交錯したことにはならない。だからこそ吉本がめざしたのは、平時にある大衆と、いかに具体的な接点をもつかということにほかならなかった。

文学と現実の政治、ないし文学と現実の歴史を切り離し、日常から乖離した抽象的な、理論の世界に甘んじることや、来るべき革命を非日常のものとみなすことは、吉本にとって許されざることであった。そうした彼の認識は、「死にそこないの世代」としての自己規定と地続きのものであったといえる。

自明の死の否定

吉本は、一九四二年、一七歳で米沢高等工業学校に入学すると宮沢賢治に傾倒するようになった。「ポエムをかくがゆえに、わずかにポエトたるの詩人にあらず、化学を専攻するがゆえに、わずかに化学者たるにあらず、農業問題をテーマとする政治運動家なるがゆえに、わずかに実践運動家たるにあらず、といったような宮沢賢治の総合的な性格」に憧れ、それを自身にも課していたというが、その志は「戦中・戦後の大断層」によって断たれることとなる。[*12]

敗戦の日、わたしは動員で、富山県魚津市の日本カーバイトの工場にいた。その工場には、当時の福井高等工業学校の集団動員の学生と、当時の魚津中学校の生徒たちがいた。わたしは天皇の放送を工場の広場できいて、すぐに茫然として寮へかえった。何かしらぬが独りで泣いていると、寮のおばさんが、「どうしたのかえ、喧嘩でもしたんか」ときいた。真昼間だというのに、小母さんは、「ねてでなださえ」というと蒲団をしき出した。わたしは、漁港の突堤へでると、何もかもわからないといった具合に、いつものように裸になると海へとびこんで沖の方へ泳いでいった。水にあおむけになると、空がいつもとおなじように晴れているのが不思議であった。そして、ときどき現実にかえると、「あっ」とか「うっ」とかいう無声の声といっしょに、恥羞《（原文ママ）》のようなものが走って仕方がなかった。*13

これは吉本隆明による、太平洋戦争終戦時の回想である。もちろん敗戦が日本史に切れ目を入れた、などというのはこれ以上ない陳腐化した表現であろう。誰もが一九四五年八月一五日を以て近代史の幕引き、もしくは現代史の幕開けとみなしている。そのことは、吉本についても例外ではなく、「転向論」もまた、吉本の敗戦体験の産物にほかならない。同論考は「日本の社会構造の総体にたいするわたし自身のヴィジョンを、はっきりさせたいという欲求に根ざし」たものであるが、このヴィジョンなしには文学的な指南力がたたないので、このヴィジョンの追求はすべての創造的な欲求に優先するのだという「気狂いじみた執念」に吉本を駆り立てたのは、なによりも敗戦体験であった。*14

吉本は戦後一、二年のあいだ、天皇ないし天皇制にまつわる物やことばを見聞きすると腹痛、寒気を覚えるというような、「奇妙なノイローゼ」を患ったという。*15 その理由は吉本が回想しているように、死にゆく自分を納得させようとするとき、どうしても残る空白を、「生き神様」としての天皇で埋めようとしたこととも深く関わっていると思われる。*16

ぼくにも多少似た経験がありますからよくわかりますが、いったん死を覚悟したあと、戦争が終ったからといって今度は生き直さなきゃいけない。そのときの気持の切り替えがいちばんキツいわけです。特攻隊員としていったん死ぬ覚悟をしたあと、その気持を生き直すほうに向けることはなかなかできないのです。[*17]

吉本は、積極療法が一番だ、という医者のすすめもあり、それを徹頭徹尾、論理的に追求することに決めた。

太平洋戦争は、不毛の世代とよばれるわたしたちを生産した。この世代にとっては、死をおそれざる自己の否定という課題が、戦後の思想的な課題となりえた。イデオロギイとしていえば、戦争という非日常的な世界につかれた観念から、日常世界への通路をつける思想的な課題であった。すくなくとも、平和とはそのように理解されたのである。このような世代にとって、革命という課題が、思想上の日程にのぼるとすれば、けっして革命を戦争体験とそのまま同型にかさねあわせることはありえないのである。[*18]

吉本ら「不毛の世代」にとって、戦時中、死は自明のものとされていた。こうした「非日常的な世界」から一転して日常の世界に放り込まれたとき、かつての死の自明性を否定することが第一の課題となった。そうした体験をもつ世代にとって、来るべき革命とは、「非日常的な世界」のものであってはならない。こうした観点から、花田清輝や「近代文学」同人、旧作家同盟系の文学者たちのような「文学評価と歴史評価とを分裂させ、あるいは切離す方法」を拒否する。吉本が追求したのはどこまでも具体的・実体的な大衆にほかならない。ここに、敗戦という「断層」によって時代に取り残されてきた世代が、葛藤を経て、「生き直し」を計る様相がみてとれる。

ここで吉本は、自分は「自明の死」を死んでいたかもしれないという意識を捨ててはいないことに注意しておきたい。吉本は『きけわだつみの声』に対する短い書評で次のように述べる。

いいようもなく事実であることは、戦没学生たち（の世代）が、自明の死に直面したときに、その現実体験のすさまじさに対決しうるだけの思想的指標を、出隆らの世代の何人からも見出すことができず、自ら考えて死と対決せざるをえなかったということだ。

たとえば、戦没学生の死を無駄にしないために、平和を守らねばならないという意志は、『きけわだつみの声』の編集意図のなかにくみとられているかもしれないが、かれらが孤独のうちに追いつめた思想の重量はうまく編者によってうけとめられてはいない。わたしが、山下肇の『駒場』からも、『日本の息子たち』や『同じ喜びと悲しみの中で』からも納得しえなかったのは、その思想の重量であった。すなわち、わたしのような死にそこないの世代が、いまもって冥黙するわけにゆかない所以である。[19]

吉本を支えているのは、死を受け容れるために孤独な格闘をしていた「死にそこないの世代」としての自己規定である。幾人かが死に幾人かが生き残ったなかで、死んでいった同世代の思想的格闘がすくい上げられず時代の断層によって切り離され戦前においてきたままにされていることが、吉本を黙らせてはいなかった。[20]

吉本は、「死にそこないの世代」という自己規定に沿いながら、彼の思想をつくり上げていく。このことは、「死んだまま生き」「生きながら死ん」でいるみずからの運命と闘う過程にほかならない。「ようするに十六歳から二十歳ころまでのわたしは、何ものでもない庶民の卵にしかすぎなかったかもしれないが、しかし、この何ものでもない存在が、敗戦にぶつかり啓示したものを、掘下げ、拡大し、ねり直し、うちのめすよりほかに、生きながらの死を、すこしずつ解き放していくみちはなかったのである[*21]」。

知識人像の再検討

日本近代の二重構造を見わたす視座

現実的な大衆の動向と、理想的思想（マルクス主義でも、天皇でもよい）とを両極にもつ数直線――「村の家」と、コミンテルンとを両極にもつ数直線と言い換えてもよい――を措定し、その線分上の任意の一点に知識人をおくという考え方をとることは容易である。このとき、佐野・鍋山は、数直線の上でまず理想的思想に近づこうとし、結局大衆の側に絡め取られたとみてよいだろう。[*22] しかしここで注意すべきは次の点である。佐野の転向について吉本が批判したのは、佐野は日本の封建制的な重い枷を解いて純粋に「マルクス主義」を徹底するべきだった、などということではない。なぜならその批判の仕方は、「日本型モデルニスムス」による転向批判の仕方にほかならないからである。また同時に、吉本が「日本型モデルニスムス」を批判するときに、より佐野のように大衆に迎合するべきだった、などと主張したわけでもない。よりどちらかの極に近くあるべきだった、などと言ってもはじまらない。より大衆に近づいたのが佐野で、より理想的思想に近づいたのが小林だったのだから。

つまりその数直線の上に自身の立ち位置を定めてしまった時点で、日本の知識人はどちらかのベクトルにしか舵を切りえないのである。その両極――吉本のことばで言えば、日本の「封建制の異常に強大な諸要素」と「独占資本主義のいちじるしく進んだ発展」――を見すえないかぎり、どちらへ転んでも吉本によって「転向」と批判されることが運命づけられているのだ。「知識人の批判こそが知識人の特徴なのだ」という柄谷の言説が、吉本への批判としてあてはまるとすれば、佐野や小林と吉本とは、まったく異なる立ち位置にいると考えなければならない。吉本が、知識人批判を展開するとき、大衆か公式のどちらかにより近づけ、などと言っているとみなすことは誤りで、右の意味での数直線から離脱せよ、と主張しているのだと理解すべきではないだろうか。日本における両極の結合の構造が見渡せないのであれば、佐野・鍋山と日本型モデルニスムスの両方を批判することはできないだろう。吉本がめざす「日本の近代社会の構造」の把捉とは、この両極の結合の構造をとらえることにほかならない。

敗戦という断層への固執

とはいえ、知識人は数直線の上を自由に動いてゆける、あるいは数直線から自由に外れていけるような存在だ、という言い方も容易にはできないと思われる。吉本をして数直線から離脱せしめたのは、敗戦がつくり出した「断層」であった。鶴見俊輔は「転向論の展望」のなかで吉本を、ディケンズの小説『大いなる遺産』の登場人物ミス・ハヴィシャムになぞらえたが、これはきわめて秀逸な比喩と思われる。結婚式の当日婚約者に裏切られ発狂した彼女は、それ以来花嫁衣装を着て暮らし続けている。彼女の屋敷の時計は、破談の手紙を受け取った九時二〇分前で止められている。鶴見のたとえを借りるならば、吉本はいわば一九四五年八月一五日で止まった時計のある屋敷に住む偏執狂といったところだろうか。この屋敷に閉じこもることは、吉本を「日本人の多くのもつ易変的、他者志向的性格」から解放した。自然の時間の流れと同じように変容してゆく大衆と、時間が止まったままの固執の屋敷のコントラストはきわめて鮮やかに思われる。しかし吉本は単に内閉的になるばかりではなく、戦前のインテリゲンチャがとらえきれなかった「屋敷の外」に、鋭い視線を向けていたことも忘れてはならない。

吉本が「詩作行為とは自然現象のやうに明滅する僕らの精神の状態を持続し恒久化しようとする希求に外ならない」[*23]と述べて、詩と批評の両側面をもった新しい方法を編み出していったこと、そして『固有時との対話』および『転位のための十篇』を通じて「孤独」との対峙の仕方を決定していったことは、先行研究によって明らかにされている。[*24]自然現象のように明滅する精神を恒久化しようとする吉本は、たえず変貌する大衆的動向をも、それを批評ないし詩のことばによってとらえようとしたのではないだろうか。

仲正昌樹は、吉本を「日本のマルクス主義陣営の内部で標準的な唯物史観を内側から変容させ、現代思想につなげるような議論をした人」と説明しているが、[*25]奇妙なことに、吉本の先進性の背景にあるのは「死にそこないの世代」としての自己規定だという逆説が潜んでいるように思われる。

おわりに

たとえば浅田彰のように、ハイアラーキーに定住し蓄積をモットーとするようなパラノ型社会から逃走して、軽やかに知と戯れるスキゾ型の知識人の姿を吉本に見て取ることは難しい。[*26]吉本に「大衆からの自己疎外態」としての姿を見て取るならば、むしろ思想的に柔軟な大衆とは対照的に、敗戦がつくり出した時代の断層に固執する、偏執狂的な知識人という言い方ならば成り立ちうるように思われる。もちろん、浅田と吉本のいずれが優れているかを論じたいわけではない。繰り返し強調しておきたいのは次の点である。知識人と大衆との関係は、自由と不自由、ノマドと定住民、啓蒙主体とその対象、そういった関係性だけではない。時代の断層に固執する知識人と、時代の断層を軽々と越えてゆく大衆という関係性もありうるのではないだろうか。吉本が大衆から遊離しているとするならば、こうした意味においてであると思われる。

しかし、「死にそこないの世代」と自己規定する吉本が、学生運動の指導的理論者となり、また八〇年代ポスト構造主義ブームの下地になったとはどういうことか、この点についてここでふれる余裕はないが、柄谷が言うように大衆から遊離した、大衆の単なるアンチテーゼとしての知識人に、大衆を牽引することができるのかは問われなければならない。時代の断層に固執しながらも動態的な大衆を追い続けたからこそ吉本は、大衆的動向と無関係に論理を空転させる「日本型モデルニスムス」を批判する資格を得たのではなかったか。

本論ではあくまで吉本の敗戦体験と転向研究に焦点を当てて論を進めたが、のちに書かれることになる彼の広範な著作にこの断層の意識がどこまで貫かれているのか、また深化したり、放棄されたりしているのかについての検討は、稿を改めねばならない。[*27]

本論は、平野明香里「吉本隆明「転向論」——断層への固執」(『人文学の正午』第一〇号、二〇二〇年)を改稿したものである。

註

*1　柄谷行人「死語をめぐって」(『終焉をめぐって』講談社学術文庫、一九九五年、原著一九九〇年)。

*2　吉本隆明「転向論」(『吉本隆明全集五』晶文社、二〇一四年。以下、同書を『全集五』と表記する。「転向論」については『全集五』六五〇頁の間宮幹彦による解題も参照のこと)。

*3　中野重治「村の家」(『全集現代文学の発見 第三巻 革命と転向』学芸書林、一九六八年、原著一九三五年)。

*4　「村の家」には主人公・勉次の、「失わなかったぞ、失わなかったぞ!」という叫びではじまる有名な場面があるが、この場面を転向の描写とみなすか否かについては、研究者によって解釈が分かれている。笠森勇「ヘラスの鶯——中野重治における『転向』」(『金沢学院大学紀要』第三号、二〇〇五年)によると、現在ではこの場面を非転向とみなす見解が主流になっているとのことだ。笠森論文は、この場面の勉次の述懐(「『命のまたけむ人は——うづにさせその子』——おれもヘラスの鶯として死ねる——彼はうれし泪が出てきた。」)に着目し、ギリシア神話のピロメラすなわちヘラスと日本武尊の「思国歌」を結びつけた点にロマンチスト中野独自の創意工夫が認められると評価し、中野と日本浪漫派の巨匠・保田與重郎との接点を考察している。官憲に弾圧された勉次がみずからをなぞらえたというピロメラとは、ギリシャ神話の登場人物である。義兄テレウスに陵辱を受けたピロメラはテレウスの子を殺し彼の食卓に上す。そしてテレウスに追われる身となったピロメラは夜鶯に姿を変え難を逃れたが、テレウスはピロメラの舌を切ってしまったという伝説がある。転向・出獄した勉次は、妻と妹の前で頭を下げる。しかし、「舌を切られた鶯」としての勉次は「何を、なぜ謝るのかはいえなかった」。

*5　吉本隆明「転向論」(『全集五』)、三六九〜三七〇頁。

*6　吉本隆明「芸術的抵抗と挫折」(『全集五』、原著一九五八年)、二九七頁。傍点は原文の通り付した。

*7　吉本の「転向論」は、鶴見俊輔・藤田省三ら、思想の科学研究会による共同研究グループがとった方法と比較して次のような特徴が認められる。まずは「転向」の定義についてである。繰り返しになるが、吉本は「転向」を「日本の近代社会の構造を、総体のヴィジョンとしてつかまえそこなったために、インテリゲンチャの間におこった思考変換」と定義し、あくまでも内発的な意志を重視する。共同研究グループは「転向」という現象を「権力によって強制されたためにおこる思想の変化」とした。「権力」とは自己以外の人を支配する力、とくに国家権力であり、「強制」とは権力が屈服を要求して、各種の具体的、特殊的手段に訴えることと定義づけしている。

次に、研究対象について比較しよう。吉本が転向現象をあくまでインテリゲンチャの問題としたことは、鶴見らの研究グループが、大衆運動家タカクラ・テルや翼賛運動の設計者近衛文麿まで、共産党員以外の人びとをも転向研究の対象としていることと好対照をなすといえる。このように両者は方法、対象ともに好対照をなしているが、共同研究グループの代表的研究者鶴見俊輔からは吉本の議論においては転向の用語規定がそのまま日本思想批判の結論となっているとして、批判がなされていることもふまえておかねばならない。思想の科学研究会編『共同研究 転向』（上、平凡社、一九五九年）、および鶴見俊輔「転向論の展望——吉本隆明・花田清輝」（『共同研究 転向』下、平凡社、一九六二年）を参照のこと。

＊8 橋川文三「日本浪漫派批判序説」（『日本浪漫派批判序説』講談社、一九九八年、原著一九六〇年）。

＊9 吉本隆明「中野重治『歌のわかれ』」（『全集五』、原著一九五八年）、三九〇頁。

＊10 吉本隆明「芸術的抵抗と挫折」（『全集五』）、一八二頁。

＊11 吉本隆明「アクシスの問題」（『全集五』、原著一九五九年）、四三二頁。

＊12 吉本隆明「草野心平編『宮沢賢治研究』」（『全集五』、原著一九五八年）、六〇七頁。

＊13 吉本隆明「戦争と世代」（『吉本隆明全集六』晶文社、二〇一四年、原著一九五九年）、六六頁。

＊14 吉本隆明「転向論」（『全集五』）、三六八頁。

＊15 吉本隆明「天皇制をどうみるか」（『全集五』、原著一九五九年）、五〇一頁。

＊16 吉本隆明『日本語のゆくえ』（光文社、二〇〇八年）、一四三頁。

＊17 前掲註16『日本語のゆくえ』、一〇〇頁。

＊18 吉本隆明「アクシスの問題」（『全集五』）、四三五頁。

＊19 吉本隆明「戦後学生像の根——戦中・戦後の手記を読んで」（『全集五』、原著一九五九年）、六〇九頁。『きけわだつみのこえ』は「戦争謳歌」に近いような短文を採録しない編集方針が取られたが、吉本は戦没学生という「生活責任を疎外された大衆」の出身階層とその思想は分かちがたく結びついているため、近視眼的視野にとらわれず全階層の戦没学生の手記を集めていたら、全戦没大衆の手記を象徴しえていたはずだと批判を加える。

＊20 吉本は、「橋川文三への返信」（『全集五』、原著一九五九年、五〇五頁）において次のように語っている。「あなたが提起された興味ある指摘——即ち、敗戦による日本人の発想法の断絶は世界史的にも稀有ではないか

ということ、また、明治とは明治十年代までを指すということ――は、はなはだ暗示的で、これを延長すれば、昭和というのは十年代までで、それ以後は昭和でない何ものかへの過程であるのかもしれません。そして、われわれの世代は、まさに昭和の最後を大戦争の体験によって実感した光栄（?）ある世代であるのかもしれません」。プロレタリア文学運動が崩壊しはじめた「文芸復興期」にあたるのが、吉本が一〇歳前後であった頃であり、その約一〇年後に敗戦を迎えるまで、学生時代をほとんどその時代に過ごしたことになる。一九二二年生まれで吉本の二歳年上にあたる橋川文三も同様である。なお、この論考は橋川文三の「近衛も東条も知らぬ若い人／吉本隆明に／僕は既に旧弊な人間になったのか」に対する返書である。

＊21　吉本隆明「戦争と世代」（『全集六』）、六七頁。

＊22　柄谷行人「日本精神分析」（『日本精神分析』講談社学術文庫、二〇〇七年、原著一九九七年）。柄谷は、「無限抱擁性」と思想雑居性外来思想のなにもかもを受け容れつつ同時に排除する日本文化のメカニズムを、漢字と仮名の併用という観点から解明する。吉本の言い方を借りれば、佐野や鍋山の転向は、日本的小情況に足をすくわれた、柄谷の言い方を借りれば、マルクス主義は日本においてファシズムへと「造り変えられた」と表現することができよう。

＊23　吉本隆明「詩と科学との問題」（『吉本隆明全著作集五　文学論Ⅱ』勁草書房、一九七〇年）。

＊24　高橋優香「『固有時との対話』・『転位のための十篇』と転向批判との関係」（『国際文化研究』二五、二〇一九年）。高橋は、吉本が詩という形式を用いた批評の方法を確立する経緯を追ったうえで、『固有時との対話』（一九五二年）と『転位のための十篇』（一九五三年）における「眠り」「睡り」ということばの意味の変化から、吉本が戦後社会からの孤立を受け容れ、徹底抗戦の態度へと移行していく過程をたどっている。

＊25　仲正昌樹『〈戦後思想〉入門講義――丸山眞男と吉本隆明』（作品社、二〇一七年）、一八四頁。

＊26　浅田彰『逃走論――スキゾ・キッズの冒険』（筑摩書房、一九八四年）。

＊27　吉本の六〇年代安保闘争体験に関する研究として、白井聡「吉本隆明と藤田省三――「大衆の原像」の起源と行方」（『ひとびとの精神史　第六巻　日本列島改造――一九七〇年代』岩波書店、二〇一六年）をあげておきたい。吉本は六〇年安保闘争を、敗戦後の民主化プロセスの延長線上に位置づけられるものではなく、戦後の全社会に対するトータルな否定だととらえた。さらに吉本は、私的利害の追求によって日本はブルジョワ民主段階に到達す

るという現状認識をもたない丸山眞男を、「擬制進歩主義」として批判した。藤田省三によると、明治レジームは、近代的国家権力として自立できなかったために封建的共同体の原理を統治原理のなかに積極的に組み込まざるをえなかった。このことが、天皇制国家の支配原理の起源であり、本質であるとした。藤田のこの見解は、吉本の「近代日本の二重構造」という論点と通底している。

第一〇章

明治前半期における統計学と進化論についての一考察

田中　希生

序論　表象の動揺

　われわれは、表象と実在の不一致に悩んでいる。時代が混沌としてくると、なおさら不一致の傾向は強くなってくる。大臣や知識人といわれる人たちのあの軽薄さ。商人たちの前で頭を垂れる、刀を帯びた侍たちのあのみすぼらしさといったら。為政者を有徳といい、金持ちを有徳というが、武士と商人とでは、いったいどちらが偉いのか。あるいは、将軍と天皇は？　品や位、名や徳、身分や職能は、人間個人の存在論的本質とぴったり重なり合うようにして存在しているのではなかったのか。

　わけても問題は《名》である。

　たとえば処刑場に晒された罪人たちの身体。儒学的な知的布置において、罪人の心臓と彼に死を宣告した為政者の心臓とは違っているのでなければならなかった。西洋の解剖学がその固定観念を破壊してしまうまで、名と現実世界のずれは、妖しげな怪異、《変化《へんげ》》に属するものでしかなかった。名のもとに現実世界のすべてを帰そうとする近世日本の知的体制にあって、《変化》は虚構以上に秩序をゆるがす妖怪的なものであり、だからかえってなにもかもが、妖怪と結びつかずにはおれなかったのだ。人間がこしらえた名にすべてが属すなど、どうしても不可能だったからであり、またそれにふさわしい別の名をこしらえたとしても、《変化》だけはどうしてもこの思考法ではとらえきれなかったからである。

　本質的にいって、名は名であり、現実は現実であって、名と現実とは、ついに別離を運命づけられたなにものかではないか……。そうした絶望に囚われたとしても不思議はない。極論すれば、名と現実的対象の一致とは、かくして矛盾以外のなにものでもなくなる。こうした本質的な、表象と実在との不一致を、ヘーゲルは「地の暴力」と呼んだ。天＝神がそれにふさわしいものとして与えた名＝理念に対して、地＝現実／鬼が牙を剥く、というわけだ。

ヘーゲルはこうした矛盾をもたらす「地の暴力」を調停する権利を、ヘーゲル本人の主観的精神以外には、ただひとり歴史にのみ与えていた。だが、ジャック・デリダのように、それにすら反対する者もいる。[*1] 言語はその本質において、徹底してメタファーであり、しかもその背後には現実や実在や実態ではなく、やはりメタファーが存在するのであって、この反省的道行きは、決して直接的に実在にはたどりつかない……。《名＝言語》論の問題構成においては、どうしてもカント的な二元論が頭をもたげてしまう。すなわち、権利問題と事実問題である。われわれは、他者の名を呼ぶ権利を有する。だが、その呼びかけにもかかわらず、事実として彼が振り向くかどうかは別の問題だ、というわけである。だが、あきらかに、いまだ試みられていない、もっと別の思考法がある。それは、《名＝言語》の実現可能性や不可能性を語るのではなく、むしろ現実の変化の線に寄り添い、ときには追い越してでも紡がれるような、すなわち、生成変化を現実の可能性として肯定するタイプの言語である。ことばが対象に一致する前に、どうしても現実が変化してしまうのだとして、ならばことばを、その変化をもたらすいくつかの重要な特異点のひとつと考えてはいけないのか。

網羅の果て

統計学

さて、明治初頭から、統計学に関心を示した知識人は多かった。この関心のもとを正せば、近世後期、日本の洋学がとりわけ注意を払った解剖学にある。名に現実を回帰させようとする儒学＝漢方医学の知的布置のなかで、西洋医学、とくに解剖学が示した構図は特異なものだ。解剖書は、現実の解剖身体の一つひとつに端を発して、その名を与えていたからである。つまり、古代中国の医学書に書かれた理想的身体から発して、それに対応しない現実の臓器を異常として排除するのではなく、現実の臓器の一つひとつから出発して、あまさずこれを表示する名を与えることで、人間身体が学問的に再構成されていたからである。

今日では、前者を演繹といい、後者を帰納というが、その概念を知らずとも、洋学者はこのことの革新的な意味を読みとっている。『解体新書』における杉田玄白の注記にはこうある。

わが国では、先輩たちが真実を知りたいと、ときどき解剖を行って視た。しかし、古い考え方に染まっているために、内臓や骨が旧説と違うのを見ると、いたずらに事実を疑うのであった。[*2]

オランダが実物に則さない理論を立て、図を画くことはしない。植物図譜でも蓮の実を描いて、花や葉を描かない。なぜなら、この国では蓮を作らないから、花や葉を見たことがないために書かないのである。獣や鳥、虫、魚の類でも乾燥標本を見れば、その状態のまま写生するという国である。したがって人々は解割〔解剖〕にあたって事実を写生して憶測をしない。それゆえに図は本によって異なり、同じ図はない[*3]。

彼のいう「旧説」とは、漢方医学の古典『黄帝内経《こうていだいけい》』（日本には、唐の楊上善の注による『黄帝内経太素《たいそ》』三〇巻が伝わっている）に端を発する文献学的な議論を指しているが、よくいわれる「五臓六腑」や肺の「六葉両耳」、肝臓の「左三葉右四葉」は現実には確認できないか、不十分なものである。これら旧説と現実とが異なれば、彼らは解剖身体を例外として、現実のほうを廃棄することで、古典の地位を一〇〇〇年変わることなく守りつづけたのである。文献との不適合は、解剖の対象となる罪人のような無徳の者ゆえであり、有徳の為政者にあっては――解剖できないにせよ――適合しているはずだ、と。

それに対する玄白の明断な指摘をみれば、洋学の優位を帰納性に認めていたのが容易に理解できる。それどころか、「図」にさえ演繹を許さぬ個体差を読みとった点で、常識的には行きすぎた読解であっても、論理的な徹底においてその意味を把握しているのはかえってあきらかである。

inductionを「帰納」と翻訳したのは西周である。彼はこれを「改革の法」と名づけていた。

A Method of the new logicにして英国のJohn Stuart Millなる人の発明セし所なり其著は所の書籍はSystem of Logicとて、随分大部なるものあり是よりして学域大に改革し、終に盛むなるに及べり、其改革の法なるものは即ちinduction（帰納の法）なる是なり、（中略）さてinduction即ち帰納の法は演繹の法に反して、是を人の魚を食するに譬ふ、それ人の魚を食するや、其美味なる所を少しづゝ食ひ、終に食すべき所を食ひ尽すなり、此の如く真理を其小なる所より悉く事に就て外より内に集るなり、此の帰納の法を知るにはonly truth即ち真理無二と云ふことを知らざるべからず、凡そ宇宙間、道理に二ツあることなし是に外なるものは必ず偽りなるものなり（中略）古昔は西洋も皆演繹の学なりしが、近来は総て帰納の法と一定せり[*4]

もちろん、西洋世界が「総て帰納の法と一定せり」というのは誤解である。だが、むしろ西と同じほどの期待をもって、「帰納」を眺めてみることにしよう。

なるほど、帰納は有為転変する現実の側に真理があることを宣言する。とすれば、書物の側に、つまり孔孟の脳内に真理の所在を認めてきた、儒学的言説を一変させる「改革の法」とまでいわれるのは理解できる。帰納は、存在者から出発してこの世界を構築しようとする、幕末維新期の人びとの希望の原理にみえたのである。

そうした動的なものをとらえて離さぬ学問とは、どのようなものだろうか。

よく知られるとおり、福沢諭吉は『文明論之概略』のなかで精神の文明化を説いた。しかし、その手段としてあげられていたのは「スタチスチク」（統計学）だけである。文明開化の手段がスタチスチクにのみ帰せられる、というのでは当然ないとしても、この一例をあげるだけで、文明の本質が言い当てられると考えるほど、彼はこれを重視している。

この法〔統計学〕に拠てこれを求れば、人心の働にはただ一定の規則あるのみならず、その定則の正しきこと実物の方円を見るが如く、版に押したる文字を読むが如く、これを誤解せんと欲するも得て誤解すべからず。[*5]

福沢と同時代の学者にもふれておこう。一八七〇年七月、大蔵大輔大隈重信にあてて統計学の必要を訴える建白を行った杉亨二《すぎこうじ》である。

スタチスチックの実地経験の学理にては人間社会の一つの現象は種々なる原因の集合より起り又種々なる現象は一つの原因より起り或は種々なる現象は種々なる原因より起ることを明かにしたり特に一国の人民は恰も鎖の連続せしが如くに相互に多少の関係をなすことを発見せりスタチスチックの功用あること斯の如きものなり[*6]

杉によれば、統計学は、縁なしの、すなわち存在者の無意識の関係をあきらかにする。そしてそれによって、「上下隔絶之弊無之」こと、「人民大約同一」とを実現する。[*7] この建白の二年前には、大久保利通が「上下隔絶」の「弊習」打破を求めて天皇が京都を出て、全国を旅すべきことを建白していたが（「参与大久保利通遷都ノ議ヲ上ル」[*8]）、天皇の行幸と同じことを、統計学は実現しうる。

別の統計学者、日本最初の国勢調査を主導した呉文総《くれあやとし》のことばも引いておこう。

統計の法は個人に対して強制力を有せす統計法の確定は人類の自由意志を滅却せす社会には規則のあると共に不規則あり選択は個人の意思に在り[*9]

「社会」は「混雑」している。[*10]それが杉ら統計学者の社会認識だが、統計学以前には、社会の統治は、地縁や血縁など、ある一定数の人間を束ねる封建的な有力者を通じて行われ、そのため中央政府と民衆とのあいだをとりもつ中間団体（名主）が不可欠だったのだ。だが、統計学はそれを不要のものとし、無縁を実現する。身分はもはや統治に不要の概念であり、それどころか「社会」が「混雑」したままで一向にかまわない。

国の文明は、上政府より起る可らず、下小民より生ず可らず、必ず其中間より興りて衆庶の向ふ所を示し、政府と並立て、始て成功を期す可きなり。（中略）国民の力と政府の力と互に相平均して、以て全国の独立を維持すべきなり。[*11]

いかに上下に隔絶があり、また対立があろうと、それらは統計学のつくる表のなかに溶解し、平均化される。こうして統計学は、あらゆる人間を網羅するとされる福沢の天賦人権論の、その現実的な実践可能性の論拠を提供する。この学に基づくかぎり、身分に応じた権利の傾斜配分など不要なのである。数に転化した民衆を起点に、いきなり《国家》なるものを構想でき、だからこの学は「国家学」とも呼ばれることができた。

たしかに、ひとたび人間を数に置き換えることができれば――名に束ねるのではなく――、国民なるものを規定する平均値も割り出せようし、統治に必要とされるさまざまな方程式の解を導くことも可能になるだろう。しかし、人や事物を数えるための個体化まで数学に委ねることはできない。混雑し、多様な存在者を、単位――数に置き換えることは、数学の仕事ではない。弁証法の仕事である。すなわち、演繹《デダクション》はおろか、帰納《インダクション》によっても解決しない、翻訳《トランスダクション》（転導）という、次元の異なる場をつなぐ弁証法である。

洋学の起こりが、解剖学であると同時に翻訳であったことを想起しておいてもいいが、ともあれ、精神の文明化の手段を統計学に見いだしていた福沢は、それが「国家学」たるためには、弁証法が必要になることに気づいていた。

少しづゝにても人情に数理を調合して社会全体の進歩を待つの外ある可らず[*12]

統計学は、単なる帰納を意味しない。単なる手段でもない。人を数え上げるといっても、数え上げられた人間が以前と同じ、無傷のまま帰ってくるとは思わないことだ。杉もまた、「スタチスチックは学問と方法と一つの則りに合体して作用をなす者[*13]」といっていた。統計学は、学問であると同時に政策であり、それどころか、それが実践される以前と以後とで、人間を造り替えてしまうという、生政治的な認識が、彼らにはある。それは裏を返せば、名に代わって新たに頂点に君臨した数に捕獲された、いいかえれば数ならぬ身ではありえなくなった近代的存在者の、やむにやまれぬ蠢動《しゅんどう》でもある。

博言学

すべてを名のうちに収斂させる本草学的な、いささか狂った欲望は、本来の目標を突き抜けて帰納の発見につながっていた。もともとミルの帰納が逆演繹法といわれたように、あるいは実証主義が論理実証主義に帰着するように、この区別は、双方のもっとも尖端的な場所でつながっていて、循環している。

それでいったい、存在者はどこに帰納するのか？　西欧の統計学に装いを借りた数もそのひとつだが、それがすべてではない。存在者から個体へ、個体から数への翻訳《トランスダクション》ぬきに、存在者をそのままの姿で捕縛するため、網のほうを世界大に拡張しようとする別の計画もあった。博言学である。最初期の博言学者である上田万年は次のようにいっていた。

> 最も科学的なる言語の定義は如何といふに、一人の口より発し、他人の耳に聞かる、音の一体にして、社会の人が、各自の思想を通達するために符牒として用いるものなりといふのであります。（中略）言語そのものを研究する学問を、博言学と申します。この学問は、一般の人類が用いる言語を研究するもので、古となく、今となく、東西となく南北となく、開明となく野蛮となく、凡そ空間時間に発生する言語は、尽く取りて研究するものであります。*14

博言学。いまや耳慣れないことばである。それは、「凡そ空間時間に発生する言語は、尽く取りて研究するもの」である、という。一八八六年創立の帝国大学文科大学が設定した四つの学科が、哲学科、和文学科、漢文学科、博言学科だったことからしても、この学に与えられた明治社会の期待の大きさを想像できねばならないが、この学知の欲望は、あらゆる存在者の帰納すべき音声の極端な増大化に帰着している。

同じ博言学者、小島一騰は次のような「発明」を行っている。すなわち、アルファベットを変形した二四の新字に、短音点・長音点・詰音《きつおん》点・二音点など四種の異なる点を上下左右のさまざまな箇所に施し、その組み合わせによって、正音二〇四、変音六〇九、あわせて八一三音を表記できる「日本新字」である。[15] 世界中の音声を集めて表記するためには、日本語の貧しい音声表記がまず克服されねばならない。八一三音からなる「日本新字」なら、あらゆる表象を網羅できるはずだろう。上田の次の発言も、同じ線上に理解できるものだ。「自国語にて訳しがたき外国語をばなるべく原語のまゝ輸入する事」として、「漢字ばかり使つて居る支那人なればまだしもだが、立派な仮字のある日本で、こんな事〔漢語での翻訳〕をするとは不見識といはねばならぬ。（中略）国語の根本を動かさぬ限り、広く外国語を輸入して、一日も早く万事用のたりる活きた言葉とせねばならぬ[16]」。

あらゆる音声を日本語のうちにそのままのかたちで「輸入」することは、たしかに、音声を「活きた」まま捕獲するのと同じかもしれない。しかし、それは、問題を問題のまま、なんの解決もなしに反復することであり、その語の理解とは、かけはなれたものだ。問いの大きさに対して、解は小さくなければ解たりえない（ただし、解は問いをそのうちに含んでいるということができる）。大海でやっと捕らえた魚を、別ではあっても同じ大きさの海に入れることに等しい。

しかし、明治社会において、すべてを数や言語のうちに捕獲しようとする、統計学や博言学に寄せられた過剰な期待や狂った欲望は、かえって生成変化の必要や可能性の自覚に道を開いていた。もっと正確にいえば、理解する、とは、同じ一つの楕円のなかで循環する演繹《デダクション》でも帰納《インダクション》でもなく、生成変化を含む翻訳《トランスダクション》＝転導でなければならないのであり、解剖書であると同時に翻訳書としてはじまった、すなわち、現実的・身体的な位相と言語的な位相とをつなぐ弁証法を革命的に含んでいた洋学《オクシデンタリズム》がもとよりたどりついていた場所に、人を回帰させるのである。

「フルヘーヘンド」は堆《うずたかし》といふ事なるへし。しかれは此語は堆と訳してハ如何といひけれは、各これを聞て、甚尤なり、堆と釈《やく》さは正当すへしと決定せり。其時の嬉しさハ、何にたとへんかたもなく、連城の玉をも得し心地せり。（杉田玄白『蘭学事始』）

かくして、対象はもちろん、それに対応するはずの語もまた変化するのでなければ、解には達しないし、それどころか真の問題にさえ達しないのである。攘夷や開国・国粋や開明といった、学知から表面的に印象づけられている、対立的イデオロギーとは無関係に、その深部において、幕末維新期の知は、《名》なるものを越える生成変化の怒濤のうちに、雪崩れ込んでいく。

奇妙な進化論――加藤弘之と植木枝盛

存在のための闘争

前近代において、生成変化はもっとありふれていた。有史以前のトーテミズムをもちだすまでもない。古事記によれば、イザナギの涙から生じたアマテラスは太陽であり、天皇はその末裔である。だから、涙―太陽―人間の生成変化を想定することなしに古事記は読めないし、それどころかアマテラスに先んじる産霊《むすひ》の神々は、生成変化それ自体を指していわれたほどである。また、中世社会を覆う仏教には、『成実論《じょうじつろん》』がある。人は転生の過程で牛にも狐にも蛇にもなった。そもそも悟りとは、人間の生成変化の肯定であって、いかに未熟なかたちではあれ、変化なるものを社会内に組み込んでいたのだ。それに反して、先述したように、近世社会は存在者の生成変化を名のうちに封印しようとした。だが、それは表向きの話である。あの新井白石が取り合わねばならぬほど、かえって巷《ちまた》に妖怪や鬼神があふれ返った。

近代は、生成変化の可能性を再び解放したが、近代特有のそれとして、二つあげるのが適切だろう。一つは、前近代においてはやむにやまれぬ生成変化を強いられた悲劇的な存在者だった、自由な労働者である。テクノロジーによって準備され、そしてたちまちテクノロジーによって飼いならされたとはいえ、身体ひとつでどのような仕事をもやってのける抽象的な労働者は、存在者と職能とが正しく一対であるべき近世職分論が放擲《ほうてき》していた生成変化を、社会の内部において一身に体現する近代特有のあり方である。

もう一つの傾向は、サイエンスに基づく。錬金術や魔術に端を発する化学が生成変化を扱うのはいうまでもないが、生命もまた生成変化は避けて通ることができなかった。近代のトーテミズムともいうべき進化論である。リンネにおいて花屋の知識にすぎなかった、つまり植物学者の主題では決してなかった変異は、ダーウィンによって、生命の中心的課題のひとつへと昇華された。

何物タリト雖モ変化アリ。然ラバ何ゾ獨リ人類ニ変化ナシト言フヲ得ンヤ。*17

科学が依拠する不可逆の絶対時間にしたがって、その方向が未来に固定されているとはいえ、進化は、近代的な生成変化の重要な可能性でありつづけることになった。

そもそも、西欧において科学はどのように機能していたか。革命期西欧において、メンデルスゾーンとカントとが提出した「啓蒙」の問いに対して、もっともセンセーショナルなかたちで解答を導きだした、オーギュスト・コントを一例として振り返っておこう。

啓蒙が教育の課題なら、人は永遠に啓蒙には達しない。昔ながらの教育によっては、知的に優れた人間とそうでない人間の差が開いていくだけだからである。もっと別のやりかたが試みられねばならない。社会的に啓蒙された状態が、政治的秩序の確立を意味するとしよう。また、啓蒙にせよ、秩序にせよ、それらが人間の知、あるいはそれに基づく学問に関わる問題であることも明白である。だから反対に、「啓蒙」なる問いは、秩序の範囲を拡張する学問の変革を要請しているのである。コントが、人間の歴史を理性的主体の――福沢風にいえば天賦人権の――形成史として描く際、社会統計に基づく（あるいはそれが基づく古典的因果律に基づく）実証科学の完全性を根拠にしていたことはよく知られている。一見して無秩序にみえる事象に秩序を見いだすことのできる実証主義に人類が達した瞬間に、「啓蒙」の問いは一挙に解決し、問いを廃棄できる。いいかえれば、人間理性の啓蒙とは、人類が「実証主義」に達することそれ自体である。実証主義者による政治――それがコントの予想した近未来だが、福沢の「人情に数理を調合して」とは、そのことの別の表現なのである。

ならば、天賦人権に対するもっとも適切な反駁は、それが依拠している科学それ自身から行うことである。天賦人権の可能性が、すべてを網羅しようとする統計学の可能性と同じだったことはすでに述べたが、存在者の統計的なふるまいが、かえって不可避的に存在者自身を変容させるとすれば、どうだろうか。

加藤弘之はいう。

余ハ物理ノ学科ニ係レル彼進化主義ヲ以テ天賦人権主義ヲ駁セント欲スルナリ進化主義ヲ以テ天賦人権主義ヲ駁撃スルハ是レ実理ヲ以テ妄想ヲ駁撃スルナリ之ヲ一撃ノ下ニ砕粉スル何ノ難キ〵カコレアラン抑進化主義トハ蓋シ動植物カ生存競争ト自然淘汰ノ作用ニヨリ漸ク進化スルニ随テ漸ク高等種類ヲ生スルノ理ヲ研究スルモノニシテ……。[*18]

哥比尼加斯《コペルニクス》から達賓《ダーウィン》にいたって科学がたどりついたのは、博物学的な網羅の可能性をゆるがす「進化主義」

である。加藤が、この主義に天賦人権を否定する根拠を求めたことは、逆説的に、天賦人権が統計学の網羅性に依存していたことを物語っているが、問題は、進化主義から「上等平民」なる概念が登場したことである。

ときに研究者の誤解にさらされているが、天賦人権派から転向した彼を国権派の御用学者とみなして、ダーウィニズムはそのイデオロギーに利用されたにすぎないと考える必要はないし、いまとなっては怪しげな「社会進化論」の責任まで背負わせる必要もない。すべてを名に還元し、変化を名の内部に封印しようとする近世社会にはありえなかった新しい知性を全面的に受け容れ、可能なかぎり理解しようとする彼は、福沢が政党間抗争よりもその融和を重んじて、[19] 政党政治に対する皇室の超越を説いていた時代に、[20] 政治論に徹底した変異と闘争の科学的な可能性を持ち込んだ最初のひとである。[21]

さて、彼は、通俗的な弱肉強食の世界観を進化主義に認め、それを援用して、強者による統治を単純に推奨したのだろうか？　――おそらくそうではない。そうした理解なら、必ず唯一の強者による統治に――あるいは封建制に、さもなければ加藤が上等種族と認める欧米人による世界大の植民地支配に――行きつくはずだが、そうなっていないからである。彼がなぜ、政治主体として、天賦人権説を前提した民衆ではなく「上等平民」を提案したのか、彼の論理を注意深く読み解いていこう。

「進化主義」によれば、種の内側、すなわち諸々の個体に起こった小さな変異がしだいに蓄積され、一定の条件を満たした場合に、学者が種に割り当てていた枠組みを個体が侵し、乗り越えることがあるという。こうした場合に、種が書き換えられる必要は当然に生じるが、だからといって、種や、あるいは属・綱・目といった、それより上位のカテゴリーがまったく抽象的なもの、というわけではない。逆に、それはむしろ歴史的なのであって、個体同様に不変性を欠いているからこそ、かえって種にも実在性を認めねばならない。個体だけが実在して種は虚構なのか、それとも種こそ実在であって個体は空虚なのか、という二者択一ではなく、種は、実在する個体のポテンシャルとして、個体化の過程で発現しうる潜在的な実在性を有している。要するに進化は、個体のみならず種の実在性をも主張しているのである。

したがって、統計的な表（あるいはテクノロジー）を念頭に福沢が描いた天賦人権説が前提しているような、無数の民衆と、それが占める場としての天といった構図は、「進化主義」からみれば、いささか平面的であって、個体間の自由な闘争が繰り広げられる社会と、政治的な天のあいだに、種としての「上等平民」の存立する余地が十分にある。だから、個体間の闘争の結果、「上等平民」が書き換わる可能性を当然前提にしているが、そのことは「上等平民」の抽象性を意味していない。むしろ「上等平民」が政治的に実在性をもつことを意味しているのである。したがって、古典的な分類学・博物学が個体ではなく種の差異から出発して属・綱・目に達したように、政治上の権利の出発点は新たな種をなす「上等平民」にこそおかれるし、「上等平民」による「上等平民」の制限選挙こそ、近代社会にもっともふさわしいものとなる。これが、天賦人権説ならびに、当時にわかに活況を呈しはじめていた自由民権運動に対する加藤の批判である。

くりかえすが、進化論において、種や属といったカテゴリーは、具体的な個体に対して、単に抽象的なものではない。たとえば魚や鳥、獣の身体に横断的に存在する脊椎のように、個体内部において現実に機能している、実在性をもった特性群である。種や属は、与えられた環境のなかで個体が生存するために必要な条件を満たす、具体的な表現なのである。こうした観点を政治にも敷衍できるなら、ときに対立する諸個人を数に還元しこれを平均化するだけですませていた一九世紀の統計学《スタチスチク》と異なり、種など上位のカテゴリーの実在性を根拠に、闘争＝弁証法の可能性を担保したまま、政党のような、個人よりも上位のカテゴリーの自然的な実在性を主張することができる。

加藤はいう。

今日社会活動ノ両主義タル保守《コンセルバチーフ》ト漸進《リベラール》トハ即遺伝ト変化トニ異ナラスシテ此両主義ノ相須テ社会ヲシテ能ク活動セシムルハ其理宛カモ動植物ノ遺伝ト変化ト相須テ動植物ヲシテ能ク長育進化セシムルト一般ナリ*22

これを、次にあげる福沢の政党論と比較すれば、加藤の独創は明らかである。

英国ニ政治ノ党派二流アリ一ヲ守旧ト云ヒ一ヲ改進ト称シ常ニ相対峙シテ相容レサルカ如クナレトモ守旧必スシモ頑陋ナラス改進必スシモ粗暴ナラス（中略）英国文明中ノ人民ニシテ全体ノ方向ヲ殊ニスルニ非ス其相互ニ背馳シテ争フ所ノ点ハ誠ニ些細ノミ之ヲ衣服ニ譬フレハ守旧モ改進モ其服制ノ長袖カ筒袖カニ於テハ固ヨリ相同シト雖モ唯縫裁ノ時様ノミヲ異ニスル者ノ如シ*23

福沢においては、闘争＝弁証法に対して「全体」に優位がある（相互の項を安定させる、共通の第三項に基づく対話＝弁証法がある）。諸個人の帰属意識に左右されない、その意味で自然な「全体」に対して、政党はそれより重要性の劣る、人為的な制度にすぎない。福沢にとって重要なのは、個人がどういう思想を抱いていようと、数としておのれを表現しうる人間のつくる平均、ないし統計的な集合（＝国体）のほうである。

加藤においてはどうか。保守・革新の抗争は、「些細」というべきではなく、優勝劣敗の過酷な作用と同断であり、抗争の場は、融和のための「全体」というよりも、〝存在のための闘争（生存競争 struggle for existence）〟の行われる「一大修羅場」*24である。要するに、その批判的内容や「上等平民」のような守旧的表現にもかかわらず、政党政治の存立根拠を示しているのであって、かえってますます自由民権運動を活気づけているのである。

では、それに対する反駁はいかになされていただろうか。加藤は、この闘争に終わりがないことを主張していた（「吾人カ遺伝ト変化ノ優劣ノ等差ハ永世滅スルノ期アラサルヿ明カナレハ此優劣ノ等差ヨリ生スル所ノ競争勝敗ノ事モ亦幸ニ永世滅スルノ期アラサルヲ保スルニ足ルナリト云ヘリ」[*25]）。つまり彼が民権派を沈黙させるべくもちこんだ進化主義の闘争は、さいわいにも、終わらない。このパラドックスを汲みとったうえで、次の植木枝盛の民権擁護は理解されるべきである。

蓋シ斯ノ如クニ世界人類ノ漸クニ自由同権ニ傾向スルモノハ何ゾヤ。ソレ詢ニ天理《てんり》民彜《みんい》ノ漸ク行ハル、所以ニハアラズヤ。ソレモ極メテ優勝劣敗ト云フコトヲ広ク考ヘタル所ニテハコレ天理民彜ハ無理非道ヨリモ優レルガ故ニ、乃チ其優ナル所ノ天理民彜ガ其劣ナル所ノ無理非道ニ勝チ、其劣ナル所ノ無理非道ガ其優ナル所ノ天理民彜ニ敗シタルモノニシテ、仍ホ且ツ優勝劣敗ノ作用ヲ外レザルナリト云ハヾ云ハル、コトナラン。初メヨリ之レヲ以テ優勝劣敗ト云フモノナランニハ、優勝劣敗ハ必ズ自由同権ニ帰着スベキナリ。其説ヲ唱フルノ人ニシテ寧ンゾ自由同権ニ喙ヲ容ル、ノ儀アランヤ。

（中略）加藤氏ガ保守論ノ城ヲ築クニ彼ノ進化主義ヲ以テシタル次第コソ右ニ記スルガ如キノ道理ナレ。全体進化説ヲ資用シテ保守論ノ陣ヲ張ルハ、己レノ城ニ向テ銃ヲ放タントスルノ兵卒ヲ採用シテ敵軍ヲ攻メントスルニ比ブベキ所以ナレバ、決シテ勝利ヲ獲ルノ気遣ハナキナリ[*26]。

植木は単に、政体の変遷を進化のプロセスに置き直し、自由同権に優位を認めつつ、劣位から優位への不可逆性を論じただけのようにみえる。つまり当時流行の、典型的なスペンサー流の社会進化論というわけだが、そうした粗い見方は措いて、立ち入って考えてみよう。なぜ政体の変遷を進化のプロセスと同一視できるのか。

加藤において、上等平民という種を形成するにとどまっていた闘争が、植木においては、より上位のカテゴリーである政体の水準においても認められる。つまり、個体間の闘争がいくつかの上等平民を形成する、ということが否定されているというより、その同じ闘争が政体上の闘争をも意味できる、というのである。加藤のいう優勝劣敗の闘争は、多様な「上等平民」を形成しうるが、しかしその上に築かれる議会政治は優勝劣敗の原理からは隔離されている。つまりそこでは闘争は否認されているのであって、個体間の闘争は「上等」種をめぐって、それ以下の階層でしか行われない。議会政治と闘争とは、厳密に別のものだったのである。だから「権利」は、「優勝劣敗ノ作用ヲ制ス」ことのできる「優者」ないし「上等種族」に与えられる、闘争から隔離されたものであり、また隔離されうることそれ自体を指していう。[*27]

しかし一方の植木においては、闘争を排除しうるそうした観念的な区分は存在していない。個体から出発して種から属、目、綱、もしかすると門や界に至るまで、それらはすべて、個体が闘争を繰り広げる一枚の地図のなかに描かれているのであり、それどころか個体とは、いくつかの階層の闘争を織り込んだ地図そのものなのである。「自由同権」とは、まさにそうした闘争の謂《い》いである。人はなににもまして、戦う権利をもっている。加藤が権利未然のものとした優勝劣敗の闘争こそ、植木にとっての権利である。だから逆に、加藤の説に基づくかぎり、路傍での演説だけが闘争ということになるが、そうではない。仮に「上等平民」だけで構成されるものだったとしても、議会での演説もまた闘争である。だからこそ植木は、進化主義を用いつつ闘争を種以下の世界に閉ざした加藤の「保守論」について、闘争から隔離すべく築いた城をみずから攻撃する自殺行為だと反駁できるのである。

無―法地帯における闘争

種は、どうやら純粋な問題的概念である。というのは、解決はおろか定義さえ困難であり、にもかかわらず、問題的（論争的）であるということによって、存在を主張できるからである。一九世紀における進化論解釈の正当性を検証するのは、この論自体の思弁的傾向を考慮すればそうとうに難しいが、その点でより重要なのは、この時期、存在者の生成変化を解放する、非常に戦闘的《アンタゴニスティック》な空間が生まれていたことである。加藤の『人権新説』発表と同じ一八八二年の福島事件や、一八八三年の高田事件、一八八四年の群馬事件、秩父事件、加波山事件、名古屋事件など、板垣退助率いる自由党（一八八一～八四年）に関わって、いわゆる「激化」と呼ばれる傾向が広く澎湃《ほうはい》していたことが知られている。板垣の頭脳だった植木の思考を追いかけることは、こうした闘争を経て生じる主体化がいかなるものかを教えてくれるはずである[*28]。

一八八〇年三月一日付けの日記のなかで、植木はこういっていた。

心ハ無字ノ書籍也。心ノ書籍ヲ読マズシテ徒ニ紙ノ書籍ヲ読ムハ薬帳上ノ記ヲ舐ツテ薬ナリトスルガ如シ。笑フ可キノ甚シキノミ[*29]。

彼の語る「心」は、どのような精神だろうか。古い儒学的精神のいう「心」の残滓を、つまりときに動揺するとはいえ不動を理想とする性を読み込むべきだろうか。それとも「心」を動的なものとみなす本居宣長の精神を読み込むべきだろうか。あるいはそもそも、彼の「心」にそういったものを読み込むのは的外れだろうか。

翌年の一二月三〇日には、こうもいっていた。

其書ヲ読ムハ、之ニ従ハントシテ読ムニアラズ、之ヲ破ラントシテ読ムモノナリ。其学ヲ為スヤ、古人ノ道ヲ明ニセントシテ之ヲ為スニアラズ、之ヲ滅ボサントシテ為スモノナリ。[30]

どうやら、儒者のいう聖人の道は拒絶されている。家永三郎は、この態度を「客観的真理を主体的に直接認識しようとする自主的な学問精神」と絶賛した。[31] たしかに、植木が拒絶しているのは、書物のことばを世界に探す転倒した態度であり、維新以来の帰納主義の枠内に配置できるだろう。だが、それだけなら、〝滅ぼす〟や〝破る〟という攻撃的な表現の意義は失われる。「心ハ無字ノ書籍也」ということばは、現代の科学精神の原型や萌芽という以上の込み入った問題を提起している。もっと丹念に「日記」の文章を追ってみよう。

〔明治〕十四年二月一日　十二時寝に就く、天皇と偕に寝ね又皇后と同衾して寝ね交媾する事を夢む。

十四年八月二日　天皇、今日より本町自由亭に宿す〇得月楼書画会あり、紫瀾漁長と之に赴く、遂十五年九月二十四日　夜新竹楼千代浦婢を率いて朕を問ふ。朕也た新竹楼に行く、百の舞妓を召して之に妓を徵して酒を吞む。

十六年二月十三日　天皇先月の中旬より陰部に病あり。[*32]をみる。

天皇や皇后と同衾する夢をみるだけではない。しだいに天皇と自己の存在とが重なり合っていく。書簡では「植木大王」と刻印された印鑑を用い、「寰宇大皇帝[*33]」と名乗るようになる。その態度に、精神分裂病や誇大妄想狂の徴候を見いだす研究者がいたとしても不思議はない。そもそも彼自身、次のように述懐していた。

我ハ気違ナリ、気違ノ親玉也。天下ノ人モ皆気違ナリ。我若シ気違ニアラザレバ我ニ非ラズ。他人若シ気違ニアラザレバ他人ニ非ラズ。已ニ他人ト異ニシテ別ニ我ト云フ、是レ他人ト気違ヒタルモノ也。他人我ト異ニシテ各々我レ我レと為ス、是各気ノ違ヒタルモノナリ。[*34]

植木は自分が狂っているのを知っている。しかし、自分だけではない。誰もが狂っている……。家永は、先の発言に「戯作者的ユーモア[*35]」をみて、狂人扱いを否定していた。「客観的真理を主体的に直接認識しようとする自主的な学問精神」とは明らかに異なる彼の精神を黙殺するために、これらのことばをとるに足りないユーモアとして、史料《コーパス》から取り除いてしまおう、というわけだ。しかし、同じ日記の文章を真実の吐露と虚構的ユーモアとに分ける根拠が提示されているわけではないし、それでは、植木のもつ狂気は単に視界から遠ざけられ、思考の本質を把握する契機を失わせる。

敗戦によって均《なら》された戦後日本人の精神には想定しづらい、別種の精神についての言及にふれておこう。山路愛山はこういっている。


抵抗ノ精神猛烈ニシテ何処マデモ其意地ヲ立テ通シ、其信ズル所ニ殉ジテ、一身ヲ主義ノ殉教者トシタルモノナリ。此意地、此抵抗ノ精神ハ則チ日本国民ノ世界ニ誇ルベキ特色ニシテ……[*36]

天下を通じて皆海賊の心なりき……[*37]

キリスト教徒だった愛山は、進化論に感染して「種族」なる概念の意義を再認識、その「団結」に基づいて諸外国と戦う帝国主義者になった男だが[*38]、自由民権期に執筆活動を開始した者らしく、日本人の精神とは「猛烈」な「抵抗ノ精神」を意味した。

一八七七年の西南戦争を決定的な契機に、三〇〇年、あるいは八〇〇年にわたって醸成され、封建社会の一方の極として定着した武士なる自己規定を失った——必然的に他方の極である百姓もその規定を喪失する——者たちが、新たな自己規定、主体化のための拠りどころを求めて、舶来品の島から島へと渡り歩いて、反動につぐ反動を繰り返していた時代である[*39]。しかし、わけても進化論の主張する〝存在のための闘争〟は、われわれの想像以上に、進化論のもつ狭義の意味を飛び越えて、時代精神を覆うものだったといいうる。徳川慶喜を護衛する彰義隊員であり上野戦争・箱館戦争に従軍した父をもつ愛山が、日本人はみな海賊の末裔だと語ることの意味は、存在を賭けた闘争の行われる平面を前提して、初めて正しく理解される。

こうした「精神」の特異なあり方は、客観的真理をめざして進む学問精神のごとき一般的なものにはまるで還元できないし、すべきでもない。この精神をもし現代風に翻訳するなら、客観的真理の前では自制さるべき主観的精神《ルサンチマン》ではなく、重さをほとんどもたないピンポン球が壁に当たるに似て、精神の内容は即座に外部に表現され、実行に移される情動《アフェクション》というべきである。

植木はいう。

書ハ心ノ反射影ニシテ、心ハ書ノ本真体ナリ[*40]

植木が書を読む際に、書に囚われることを非難するのは、「客観的真理」なる外的なものに達するためではなく、反対に、打倒すべき書き手の精神、すなわち内部に奥深く進むためである。いいかえれば、彼の進化論解釈があらゆる階層に闘争を求めていたように、植木は肉体のみならず、精神においても戦うことを求めている。誰もが「気違い」であると語る彼にとって、誰がみても妥当する「客観的真理」などに興味はなく、またそれを担保する第三者なるものも認めていない。彼は平民主義者ではない。「上等平民」に似た「良民」を求めはしたが、「平民」は嫌っていた[*41]。この世界は「喰合ノ世ノ中」であり、「今ノ世ノ中ヲ観渡セハ何モ角モ喰合中ニアラサル者ナシ」といい、しかも行われているのは「精神ノ喰合」である[*42]。加藤のことばを借りれば、地球上の全存在が「一大修羅場」に巻き込まれているのであって、戦いであるからには、精神はむしろ徹底的に他と違っていなければならない。

植子曰。天下植木枝盛ノ糞ヲ喰ヘバ、富ミ且ツ栄ン。

世界一ツ食フトモ口ガ濡ハズ。土星、木星、海王星、天ノホシ〲ヲ聚メテ食ヘバ、今日ノ夕飯ノ足シトハナルラン。

一日大声ヲ発シテ余ガ家ニ来ル者アリ。曰ク、予ハ上帝ナリ、乞フ汝ト角力セン。植木枝盛ノ曰ク、爾ヂ上帝何ンゾ其レ亡礼ナル、妄ニ予ニ向ツテ敢テ力ヲ試ミントス。何等ノ盲ゾ、何等ノ盲ゾ。上帝怫然トシテ怒リ起ツテ余ニ抗セントス。余一指ヲ以ツテ其胸ヲ撞一撞ス。上帝蹌々トシテ踣レ、頭ヲ掻テ逃走ス。

植子曰、彼ノ万国ノ帝王ハ形ノ王ナリ、予ハ世界ノ心ノ王ナリ。

天下ハ植木枝盛ノ糞ナリ。先生一タビ糞ヲ放テバ化シテ水トナル化シテ土トナル、化シテ米トナル化シテ麦トナル、化シテ金トナル化シテ銀トナル。天下ノ人食焉テ美シト為シ、飲焉テ甘シトナシ、腹ヲ肥ヤシ身ヲ養ヒ、学ヲ修メ業ヲ務メ、家ヲ斉ヘ国ヲ治メ、文明ニ趨リ開化ニ進ミ、然後天下光輝アリ。故ニ曰ク、天下ハ植木枝盛ノ糞ナリ。

仏トハ植木枝盛ノ屁ノコトナリ。先生芋ヲ茹テ屁ヲ放レバ其音ブーブート云フ、是レ仏矣。

植木大明神、植木大権現、植木大菩薩、植木大自在天神、植木天帝、植木南無阿弥陀仏、植木如来。

植子曰。植木枝盛ノ糞ハ万国ノ帝王ノ頭ヨリモ尊シ。*[43]

神さえ跪《ひざまず》かせる傲岸《ごうがん》について、これを彼の嫌う「平民」、すなわち「卑屈の奴隷*[44]」に対する過激な啓蒙とみればみることもできるが、それは教育ではなく政治的対決に変革可能性をみた彼の理屈を顧みずに素通りすることだ。植木は生成変化の徒である。水にせよ土にせよ、米にせよ金にせよ、世界は植木の糞が変化したものだが、もとは自身の糞だった世界をまた植木は食らうだろう。世界は「喰合ノ世ノ中」なのだ。こうした生成変化の循環のなかで、彼の精神は、帝王や神にもなり、あるいはそれらを超越することもあり、また反対に俗世では全国民「三千五百万の末弟」[*45]と自称し、「人民」とともに戦う——「人民ニシテ吾々人民ト云フノ精神」[*46]——民権家でもある。

支配者にして奴隷——ひと言でいえば矛盾というほかないが、同じ人民を、その格を無視して両極に分裂させる狂気なしに、民主主義は可能にならない。[*47]植木にとって、民主主義とは、カエサルであると同時にスパルタクスであることを求める狂気の思考である。われわれは、たとえば合議のごとき集団決定を自動的に民主主義とみなすような、諸政体を為政者の数で規定するやりかたにあまりに泥《なず》んでしまって、そのことを忘れているだけなのである。

武士は武士に、百姓は百姓に——。民主主義が、名のもとに還元すればそれですんだ、かつての名分論が機能していた時代の思考ではないことを——だから近代人はアイデンティティなる愚劣な観念に悩まねばならなくなる——理論家の植木は痛感していただろうし、そもそも当時、それを奇妙なものと思わない人がいただろうか。封建時代に弥漫《びまん》した上下定分の理を失って、別の人間が同じ場を分け合う矛盾、あるいは同じことだが一人の人間が別の人格をもつ矛盾、この矛盾を解消する手立ては、人間を生成変化の循環のなかにおき、名や格を離れていく非合理を差異として肯定する以外にないと、「気違ノ親玉」植木がそのように考えたとしても、なんらおかしなことではない。

もちろん、同じ場を複数の異なる人格が競うそれは、生成変化の循環といっても戦い以外のなにものでもない。彼は加藤が進化論を政治にもちこむ以前から、食うか食われるかの世界を認めていた（加藤の『人権新説』は一八八二年、植木の「喰合ノ世ノ中」は西南戦争の一年後の一八七八年である）。こうした戦闘的《アンタゴニスティック》な世界観は、スペンサーに起因しない。[*48] 武士が自己規定を失って、主体未然の者となって以来、彼らの周囲は主体化＝存在をめぐる激烈な闘争の場になったのである。だから、この世界観なしには、次のような憲法は可能にならないといいうるし、またその意味を考えることさえできないといいうる。

第七十条　政府国憲ニ違背スルトキハ日本人民ハ之ニ従ハサルコトヲ得
第七十一条　政府官吏圧制ヲ為ストキハ日本人民ハ之ヲ排斥スルヲ得。政府威力ヲ以テ擅恣暴虐ヲ逞フスルトキハ日本人民ハ兵器ヲ以テ之ニ抗スルコトヲ得
第七十二条　政府恣ニ国憲ニ背キ擅ニ人民ノ自由権利ヲ侵害シ建国ノ旨趣ヲ妨クルトキハ日本人民ハ之ヲ覆滅シ新政府ヲ建設スル事ヲ得[*49]

「東洋大日本国国憲案」である。彼はときの帝王を打倒する権利を得ると同時に、同じ玉座を占有すること、いいかえれば「天皇と偕に寝ね、又皇后と同衾して寝ね、交媾する」こと、すなわち近親相姦にして異種交雑を夢見ることが可能になる。人びとは、法によって最大の自由を保障された帝王である。だが不思議なことに、法を逸脱した支配者を打倒するに司法の裁きではなく、「兵器」による「覆滅」、すなわち革命をもってせねばならない奴隷でもある。反―法的法、帝王あるいは法自身が革命を要求する根源的無―法《アナーキー》状態。

結論

つきつめれば、植木はただ〝世界を食らえ〟といっただけである。だがそのことは、われわれの国家をめぐる思考に決定的な変革をうながしている。食われた世界のほうは、消滅するわけではなく、糞に向けて新たな生成変化を開始するからである。つまりいずれが食われるにせよ、食われた側はその体内で別の仕方で生きている。自由民権家の思想を論じる多くの先行研究が、国権と民権とを対立させ、そのいずれに比重をおいているかを、評価の基準にしてきた。また、そうした基準に基づくから、自由民権家の対外観が、対立するはずの小国主義[*50]から帝国主義（国権拡張）のあいだで、なぜいとも簡単に動揺してしまうのか、研究者にはその理屈が理解できなかったのである。だが、そうした支配と服従・忠誠と反逆の二項対立モデルこそ、じつは暗黙に封建時代の固定観念をひきずった、ほとんどすべての自由民権家からの批判対象である。民衆が民衆の姿のまま国家に達することについて、二項対立モデルでは、これを矛盾としてしか把握できないからである。

もちろん、二項に共通した部分をもつ第三項を立てることで対立を媒介する、対話＝弁証法のモデルはありうる。だが、闘争を抑圧するこのモデルだけが解決というわけではなく、闘争を維持しながら、矛盾を通過しないモデルがありうる。植木の民権論が国権にあまりに譲歩しているとみえるときでさえ、食らうべき相手としてそれを必要としているにすぎなかった（加藤の国権論においてさえ、上等平民の胃腸内で民衆は依然生きている）。民権家に食われた国家は、その胃腸のなかで変質しつつ、新たな生を維持するのだから、食うか食われるかの対決は認められても、対立構造とは区別しなければならない。すなわち、植木が想定しているのは、二項対立モデルではなく、入れ子状モデルである（その意味で、彼が真に敵視するのは、二項対立モデルに回帰するような、戦いを不可能にする国権による圧政と、戦いを避けて選択される人民の隷属である）。

一君万民をかかげる自由民権運動とは、万民がその精神において天皇なるものを通過するような、そうした巨大な生成変化の循環運動である。この運動を理解せずに部分を切り取って並べるなら、民権と国権のあいだで変節を繰り返す転向者か、さもなければ猿と人間とを同一視する支離滅裂しか読み取れなくなる。国権派と民権派とは、あるいは帝王と奴隷とは、対立しているというよりもよく似ている。封建制と自由同権とでさえ、よく似ているのだ。革命とは——のちにわれわれがマルクスを通じて知ることになる——互いに相反する階級間闘争の結果というよりも、互いによく似た者どうしの、存在を賭けた闘争の反復、その期せざる結果なのである。

註

＊1　ジャック・デリダ（足立和浩訳）『グラマトロジーについて』下巻（現代思潮社、一九七七年、原著一九六七年）、二四七、二五三頁。
＊2　酒井シヅ訳『杉田玄白 解体新書』（講談社学術文庫、一九九八年）、三三一～三三三頁。
＊3　前掲註2『杉田玄白 解体新書』、一九七～八頁。
＊4　西周「百学連環」（『明治啓蒙思想集 明治文学全集3』筑摩書房、一九六七年）、五三～五四頁。
＊5　福沢諭吉『文明論之概略』（岩波文庫、一九九五年）、八〇頁。
＊6　杉亨二「スタチスチックの話」（横山雅男『杉先生講演集』、一九〇二年）、一四五～一四六頁。
＊7　杉亨二「明治三年七月建白書」（横山雅男『杉先生講演集』、一九〇二年）、二九頁。
＊8　大久保利和ほか編『大久保利通文書』第二（早川純三郎、一九二七年）、一九一頁。
＊9　呉文総『純正統計学』（丸善、一九〇三年）、一〇六頁。
＊10　「社会のことを一見すると混雑したもので新聞紙で見ても日々に斯ういふことが起ッたとかどういふことがあッたとか云ふやうに混乱して居ります」前掲註6「スタチスチックの話」、二四二頁。
＊11　福沢諭吉『学問のすゝめ』（一八七二年、岩波文庫、一九八六年）、四三、五〇～五一頁。
＊12　福沢諭吉「通俗道徳論」（『時事新報』一八八四年一二月一日～六日、『福沢諭吉全集』第一〇巻、岩波書店、一九七〇年）、一二六頁。
＊13　前掲註6「スタチスチックの話」、一四二頁。
＊14　上田万年「日本語研究法」一八八九年、皇典講究所講演筆記（『明治文学全集』第四四巻、筑摩書房、一九六八年）、一八一～一八二頁。
＊15　小島一騰『日本新字』（新字会、一八八六年）。
＊16　上田万年「国語に就きて日本国民の執るべき三大方針」（『国語のため 第二』富山房、一九〇三年）、九九～一〇〇頁。
＊17　エドワード・S・モールス口述、石川千代松筆記「動物進化論」（『石川千代松全集』第一巻、興文社、一九三五年）、一六頁。
＊18　加藤弘之『人権新説』（谷山楼、一八八二年）、一三頁。

＊19　福沢諭吉『国会論』前編（丸善、一八七九年）。

＊20　福沢諭吉『帝室論』（丸善、一八八二年）。

＊21　加藤弘之が最初に進化論に言及して天賦人権説を否定したのは一八七九年一一月の講演「天賦人権ナキノ説并善悪ノ別天然ニアラザルノ説」である。なお、馬場辰猪が一八八二年七月から八月にかけて、『自由新聞』に二〇回連載した「本論」（『馬場辰猪全集』第二巻、岩波書店、一九八八年）のほうが、相互依存性を高めていくとされる通俗的な社会進化論としては正当な理解であろう。

＊22　前掲註18『人権新説』、一〇二頁。

＊23　前掲註19『国会論』前編、五九～六二頁。

＊24　前掲註19『国会論』前編、二二～三頁。

＊25　前掲註19『国会論』前編、五〇～五一頁。

＊26　植木枝盛「天賦人権弁」一八八三年一月（『植木枝盛集』第一巻、岩波書店、一九九〇年）、二〇一～二〇四頁。

＊27　前掲註18『人権新説』、六九～七三頁。

＊28　植木枝盛の政治論研究としては、家永三郎の古典的な研究（『植木枝盛研究』岩波書店、一九六〇年）があるが、近年では米原謙『植木枝盛――民権青年の自我表現』（中公新書、一九九二年）、小畑隆資「植木枝盛著『民権自由論』（明治一二年）考――『天賦自由』と『民権自由』」（『岡山大学法学会雑誌』第五六巻第三・四号、二〇〇七年）、同「植木枝盛の憲法構想――『東洋大日本国国憲案』考」（『文化共生学研究』第六号、岡山大学、二〇〇八年）、渡辺憲正「自由民権論の思想構造――植木枝盛（一八五七～九二）の理論的「転換」に即して」（『関東学院大学経済経営研究所年報』第三六号、二〇一四年）などがある。

＊29　植木枝盛「無天雑録」一八八〇年三月一日（『集』第九巻）、一二九頁。

＊30　前掲註29「無天雑録」一八八一年一二月三〇日、一九七頁。

＊31　前掲註28『植木枝盛研究』、三九七頁。

＊32　植木枝盛「植木枝盛日記」（『集』第七巻）、二五八、二七一、三〇三、三一三頁。

＊33　日記の年次に「寰宇大皇帝降誕第弐十□□」などと記入した。

＊34　前掲註29「無天雑録」一八八一年二月一〇日、一七四頁。

＊35　前掲註28『植木枝盛研究』、四〇〇頁。
＊36　山路愛山『日本人民史』（岩波文庫、一九六六年）、二〇〇頁。一九一七年、愛山はこの書を執筆中に病死。
＊37　山路愛山「日本の歴史に於ける人権発達の痕迹」（『国民之友』一八九七年一月、『山路愛山集 明治文学全集三五』筑摩書房、一九六五年）、三三一頁。
＊38　山路愛山「余は何故帝国主義の信者たる乎」（『独立評論』第一号、一九〇三年、前掲註37『山路愛山集』）。
＊39　山路愛山「英雄論」（『女学雑誌』女学雑誌社、一八九一年一月）。
＊40　前掲註29「無天雑録」一八八〇年七月三一日、一四七頁。
＊41　植木枝盛「何ソ封建ノ世ヲ愛セサル」（『愛国新誌』第一四・一五号、一八八〇年一一月二〇・二八日、『明治文化全集』第六巻、自由民権編・下巻、日本評論社、一九九二年）。
＊42　植木枝盛「喰合ノ世ノ中」（『土陽新聞』一八七八年三月一〇日、『海南新誌・土陽雑誌・土陽新聞（全）』弘隆社、一九八三年）、一二一頁。
＊43　植木枝盛「天狗経」一八七七〜九〇年（『集』第九巻）、三四六〜三五三頁。
＊44　植木枝盛『民権自由論』（集文堂、一八七九年、『集』第一巻）、一〇頁。
＊45　前掲註44『民権自由論』、五頁。
＊46　植木枝盛「人民ノ国家ニ対スル精神ヲ論ズ」（『愛国新誌』一八八〇年一一〜一二月、前掲註41『明治文化全集』第六巻、自由民権編・下巻）、一一五頁。
＊47　前掲註11『学問のすゝめ』において、福沢は国民の職分を「一人にて主客二様の職を勤むべき者なり」（六四頁）といっている。なお、この問題を論じたものに、牧原憲夫『客分と国民のあいだ――近代民衆の政治意識』（吉川弘文館、一九九八年）がある。
＊48　最初の訳書である松島剛訳の『社会平権論』が一八八一年から一八八三年にかけて行われている。
＊49　植木枝盛「東洋第日本国国憲案」一八八一年八月（『集』第六巻）、一〇五〜一〇六頁。
＊50　田中彰『小国主義』（岩波新書、一九九九年）。

第四部

自然史的転回

自然史的転回とは、人間中心主義の学問のひとつだった歴史学を、新しい時代にふさわしい姿に再編するための根拠と条件を示した学術用語である。本書での使用がこの用語の初出になるので、自然史的転回という表現を採用した理由を述べておきたい。

歴史学はこれまでも、自然への目配りをしっかり行ってきた。災害史がその代表であり、土地開発の歴史もそれに当てはまるだろう。だが歴史の主人公は常に人間でありつづけ、自然環境は歴史の舞台装置か、せいぜい脇役にすぎなかった。

一九世紀までの地球に存在した豊かな自然環境を例にあげるのはやめておこう。せめて第二次世界大戦以前の自然環境が維持できていれば、自然が歴史の舞台装置や脇役のままであっても、問題にはならなかったはずだ。

しかし、自然環境の様子そのものがおかしくなった。第二次世界大戦終了後に起きた人口爆発、森林の大量伐採、殺虫剤や農薬と窒素肥料の大量使用、パーム油プランテーションの新拡大、全世界での都市化の急激な進行、化石燃料の大量消費と二酸化炭素の大量排出、プラスチックなど化学製品の大量使用など、あげればきりがないほどの人間活動の急拡大がその要因である。大加速（グレート・アクセラレーション）とも呼ばれるこの人類活動拡大すべての責任を、資本主義という世界システムに求める意見も多い。

悪化する自然環境のなかで、とくに問題なのが地球温暖化と、種の大量絶滅をもたらす生態系の崩壊である。しかし地球温暖化が止まる気配はないし、種の大量絶滅は急速に進行中である。人間中心主義であった歴史学がその学問的責任を負うような問題ではないが、時代遅れの学問という批判には積極的に対応しなければならない。その場合、軸足の一つを自然環境に置き直すか、人類の存在そのものを地球史の上に位置づけ直すか、方法はいくつかあるだろうが、いずれにせよ歴史学の再編は避けられないだろう。

それを導く表現が気候論的転回では問題を限定しすぎるし、自然論的転回は自然論という用語自体が近代的手垢《てあか》にまみれすぎている。歴史学にふさわしい用語として、自然史的転回という表現を採用した。

（西谷地　晴美）

第一一章

古代日本の気候変動と銭貨発行の関係分析

村上 麻佑子

はじめに

気候適応史プロジェクトによって復元された樹林年輪セルロースの酸素同位体比（以下、本章では便宜的に湿度データと呼ぶ）を、古代の重要文献である六国史と照らし合わせると、湿度が異常に高い年、異常に低い年には、水害や旱害、飢饉や不作といった災害が発生している事例を多くみつけることができる。[*1] 加えて興味深いのは、そうした災害発生時に、銭貨発行や流通に関わる政策が施行される傾向にあるという点である。

仮に、気候変動によって発生した災害と、銭貨に関する政策のあいだに関連が見いだせるとすれば、古代の統治層が銭貨に対し、災害や飢饉の発生時になんらかの社会的ダメージを抑制するための機能を期待していた可能性が指摘できる。そうした観点から、本章ではこの仮説の妥当性について論じたうえで、そこから導き出される古代社会像について考察したい。

これまで、古代銭貨が発行され、流通した理由については、次のように考えられてきた。第一に、和同開《わどうかい》弥《ちん》と平城京、隆平永宝《りゅうへいえいほう》と平安京の時期的関連から、都城造営のための雇役民《こえきみん》たちに対する国家の支払い手段として利用されたとされる。[*2] だが都城造営の機会は限られており、和同開弥や隆平永宝以外の銭貨には別の解釈が必要とされた。それゆえに、銅銭と原材料である銅とのあいだの価格差に注目し、鋳造で発生する差益分を発行収入として朝廷が得る目的も考えられたが、その後、銭貨発行で得られる財政的利得は、当時の産銅量や鋳造発行量、銭貨の回収率の限界から、十分なものではなかったとも指摘された。[*3]

そうした問題を補足する議論としては、「実物貢納経済」の限界を補う目的や[*4]、より具体的に国家財政の円滑化のために交換手段としての機能が期待されたとする説[*5]、あるいは、王権のイデオロギーを仮託した理念的な政策であったとの見方[*6]が提示されている。

また九・一〇世紀の平安京における銭貨政策については、都市の物価問題や貧民対策と結びついてあらわれることから、都城の社会関係を維持する、より日常的な労働力への給付へと発行目的が変化したとする解釈[*7]も出されている。こうした複合的な要因のなか、商品経済が未発達な古代社会にあって、朝廷の手で強制的に銭貨発行と流通が実現されたという理解が一般的である。

だがこれまでの解釈のなかに、気候変動による災害や飢饉と銭貨発行のタイミングに関連を見いだしたものはみられない。この分析から何がみえるか、検討の余地があるだろう。

データについて

使用したデータについて

分析の前に、今回使用したデータに関する説明を行う。*8 まず気候変動をあらわす数値データとして使用したのは、おもに夏の降水量である。日本では春から夏にかけての農作物の出来が、飢饉や災害の発生を左右する可能性が高く、その農作物の生育に夏の降水量が大きく関わっているからである。降水量のデータは、樹林年輪セルロースの酸素同位体比から復元された一年単位の夏の降水量の変動データ（偏差）である湿度データを利用した。また八〇〇年以降については、樹木年輪によって東アジアの夏の平均気温の変動を復元した気温データ（偏差）を用い、湿度データを補って気候変動を理解する参考にした。

文献史料の側では、六国史のなかにみられる気象災害に関する史料を抽出して数え、その年単位の時間分布をとって比較の対象としている。ただし、六国史は史料件数そのものが少なく、件数が必ずしも災害の大きさを表現するとは限らない。したがって、月ごとの頻度を数え、災害を測る指標にした。具体的には『続日本紀』『日本後紀』『続日本後紀』『日本文徳天皇実録』『日本三代実録』から、旱魃《かんばつ》、雨災害、飢饉、不作という四種類の災害を対象に抽出し、月ごとに数えている。さらに、「是年旱」など一年を通した特徴として表現された災害記事に関しては、災害の規模が大きいことを勘案して、それぞれに「一二」を上限数として計算を行った。抽出したことばは以下のとおりである。

・旱魃を表現………旱、祈雨、請雨、不雨
・飢饉を表現………飢饉、飢
・雨災害を表現……霖《ながあめ》、祈止雨、水害、洪水、未霽、祈霽
・不作を表現………不作

このうち、飢饉と不作については、前年の穀物の収穫量が不足する結果として起こる現象といえる。穀物の収穫高を左右する夏の降水量との影響関係を考慮し、前年の七月から翌年の六月までの飢饉と不作記事を、前年の降水量の影響を受けたデータとみなして、それぞれの年に振り分けて算出している。

湿度データの災害記事との整合

加えて、湿度データの使用に際する留意点について述べておきたい。

湿度データが急激に増減している年には、災害記事が複数みつかることが多い。年単位の正確な湿度データの存在は、史料に限りのある古代史研究において、当時の環境を知る手がかりが増えたことを意味している。しかしながら、湿度データと文献史料から抽出された災害記事の整合性については、不自然な部分も存在している。

湿度データを〇・二の間隔ごとに振り分けて、六国史の年ごとに災害記事が合致するもの（○）、不明（?）、合致しないもの（×）を数え、その傾向を調べてみたものが次ページの表である。湿度データが〇以上については、平均よりも乾燥していることを意味することから、旱魃記事との整合性を、〇未満のデータについ

湿度と災害記事数との関係

湿度データ（年輪セルロース酸素同位体比〈偏差〉）	○の意味	災害記事との一致数
1.00 ～	旱害	○(13)?(5)×(6)
0.80 ～ 0.99	旱害	○(7)?(1)×(2)
0.60 ～ 0.79	旱害	○(5)?(7)×(6)
0.40 ～ 0.59	旱害	○(8)?(9)×(2)
0.20 ～ 0.39	旱害	○(9)?(6)×(2)
0.00 ～ 0.19	旱害	○(6)?(9)×(9)
−0.19 ～ −0.01	水災害	○(4)?(13)×(1)
−0.39 ～ −0.20	水災害	○(5)?(11)×(2)
−0.59 ～ −0.40	水災害	○(1)?(11)×(2)
−0.79 ～ −0.60	水災害	○(4)?(5)×(3)
−0.99 ～ −0.80	水災害	○(2)?(3)×(2)
～ −1.00	水災害	○(4)?(6)×(1)

ては、平均よりも湿潤であることから、水災害と整合するかどうかを調査している。なお、不明を意味する「?」については、

(i)記述がみられないもの、

(ii)旱害・水害双方の記述があるか、飢饉災害の情報のみが記され、一年間の湿度の特徴がとらえにくいもの、

(iii)局所的な災害情報しか記載がなく、湿度の全国的な特徴がわからないもの、

の三種類が含まれている。

まず、湿度データのうち、平均よりも乾燥した箇所からみてみる。湿度データが一以上で合致するのは、二四例中一三例、以下表のとおりであるが、まとめると、旱害記事は湿度データが〇・二以上の場合、約半数が一致することがわかる。

それでは湿潤傾向にある時はどうか。湿度データがマイナス一以上で合致するのは一一例中四例、以下表を確認すると、水災害記事については、湿潤傾向の強弱にあまり影響ないことがみえてくる。

したがって乾燥傾向や湿潤傾向が強ければ、災害関連記事

がみられるはずとの予測に反し、湿度データの偏差と災害記事のあいだにはそれほど強い関連を見いだすことができない。ただこの表からするに、湿度データのうち乾燥傾向にあるほうが、湿潤傾向にある場合より、文献史料と整合する傾向が強いことはいえそうだ。七世紀から九世紀にかけての時期は、その前後と比較して乾燥化が進むため、国家は旱魃への危機意識が高く、結果として史料に残されやすかったとも考えられる。

湿度データは、江戸時代の日記記録との検証から、中部日本のみならず近畿地方でもよく一致し、また東北から九州地方までを網羅するかたちで整合すると考えられている。にもかかわらず、古代の六国史において十分に一致しない原因としては、統治レベルで災害の記録を残す際に、恣意的に取捨選択が行われていた可能性を想定する必要がある。

災害記事は、毎年記録を残すとは限らず、被害があったとしても政治的に不利益が出る場合などには、歴史に残さなかった可能性もある。とはいえ、この恣意的行為を新たに見いだせること自体は、湿度データの有用性を意味するものといえるだろう。

湿度データの平均的な数値の意味

また、旱魃と水災害が同じ年に起こったとき、湿度データは全体のデータのなかで平均的な数値（具体的にはゼロに近づく）となる場合がある。実際、たとえば嘉祥元年（八四八）の場合、湿度データはマイナス〇・〇六で平均に近い湿潤傾向にあるが、文献的には「天下水害」で不作の年であり、降水量が非常に多かった可能性が高い。その年の具体的な出来事を確認すると、六月に長雨が発生するが、七月には反対に「祈雨」

が行われており、八月に再び京、摂津、河内で洪水が生じている。要するに、この年は水災害と旱魃が同時に発生していたとみられ、そのために湿度データの数値としては平均に近いものとなっていたと考えられる。

このように湿度データについても、即座に文献史料と結びつけて理解するのは早計である。湿度データも文献史料も、それぞれが現実をそのまま表現しているわけではないことに留意しながら、個別に条件を確認しつつ解析を行っていくことが求められる。

銭貨発行記事との関連

ここからは、本論のテーマである銭貨に関する記事と湿度データとの関係に、議論を移したい。古代銭貨といえば、富本銭[*9]や無文銀銭、皇朝十二銭などが知られるが、今回は六国史を中心に、比較的史料の多い和《わ》同開珎《どうかいちん》、万年通宝《まんねんつうほう》、神功開宝《じんぐうかいほう》、隆平永宝《りゅうへいえいほう》、富寿神宝《ふじゅしんぽう》、承和昌宝《じょうわしょうほう》、長年大宝《ちょうねんたいほう》、饒益神宝《にょうやくしんぽう》、貞観永宝《じょうがんえいほう》という九種類の銭貨について分析を行った。

それぞれがどういった気候変動のなかで銭貨発行に至り、またその後どのように展開していくかを理解するため、発行の年の一〇年前から、発行後五年間も含めてグラフを作成している（グラフ1~8）。棒グラフは災害記事の量を意味し、濃く色づけしている年が発行年を指す。また折れ線グラフのうち、濃い色が湿度データ、薄い色が気温データをあらわしている（気温データは八〇〇年以降のみ記入）。

和同開珎の場合（グラフ1）

グラフ1をみると、まず慶雲二年（七〇五）に湿度データにも裏づけられる全国的な旱害が発生し、二〇か国で飢饉と疫病も併発していた。翌慶雲三年から同四年には、疫病による飢饉が起こっており、連年続く飢饉のなか、和銅元年（七〇八）二月に催鋳銭司《さいちゅせんし》が設置され、五月に銀銭、七月から八月にかけて銅銭が発行されている。

グラフ１　和同開珎発行前後の災害記事の件数と古気候データの偏差

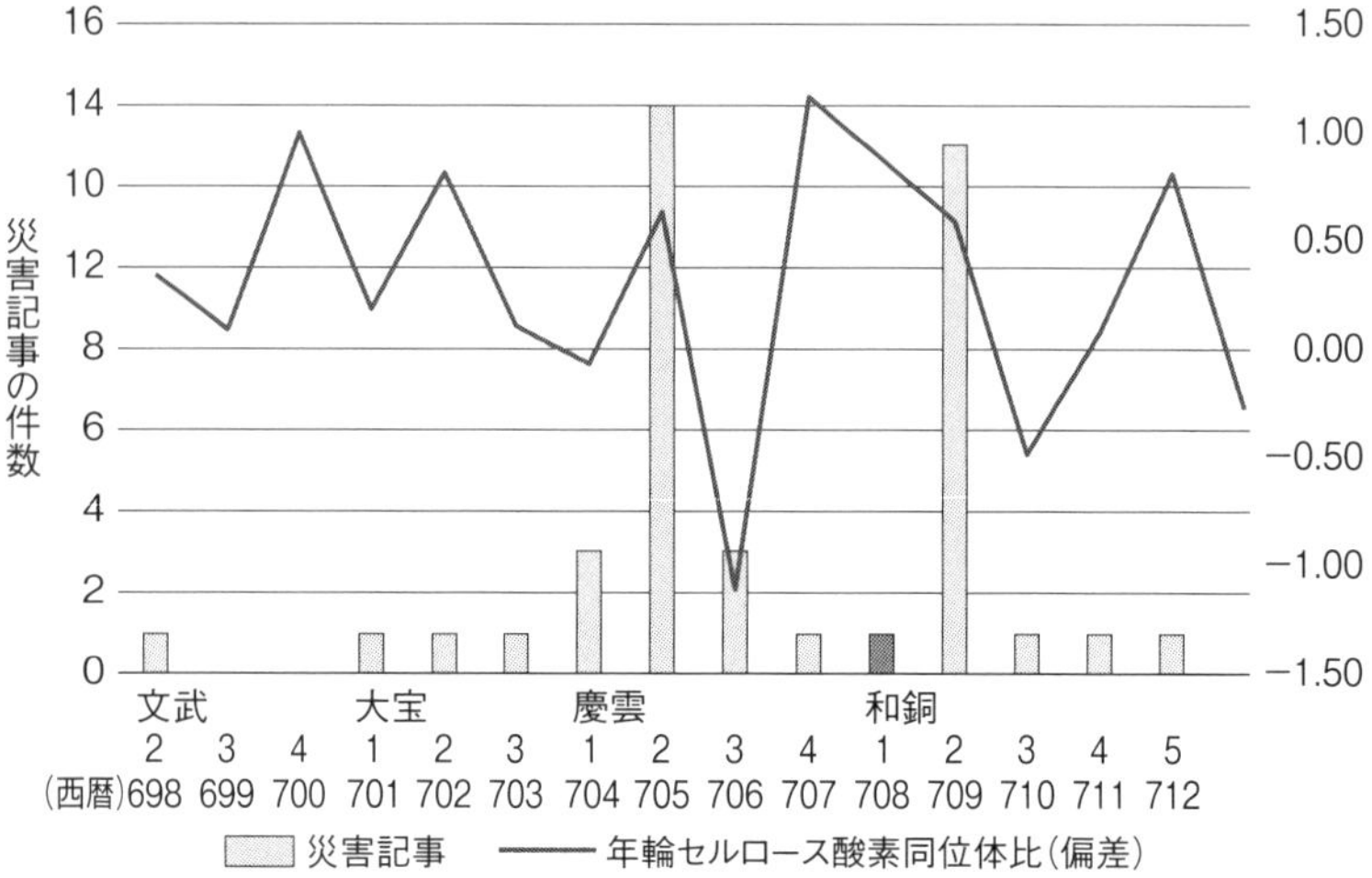

さらに発行の翌年にあたる和銅二年をみると、非常に湿潤な年で史料的にも長雨飢饉が生じている。この年の三月には、交易の際、物価が銀銭四文以上は銀銭を用い、三文以下はすべて銅銭を使う政令、八月に銀銭を廃止して銅銭のみを使用する政令が発せられている。多発する飢饉に加え、当該年の長雨で起こる恐れのあった飢饉への危機意識がもたれたことが推測され、そうした状況下で、安価な銅銭を流通させる政策が行われていた。

　では、一体なぜ銅銭を普及させる必要があったのか。和同開珎についてはすでに考察を試みたため[*10]、要点のみ述べると、この時期、政府によって穀物の供給システムが整備されていったことが深く関わっている。まず、大宝元年（七〇一）に大税を諸国の正倉に貯備し管理する命令が下され、大宝律令が施行されたことを皮切りに、義倉や田租の法の改定（慶雲三年）も行われ、全国的に穀物を生産・備蓄し、中央へ運ぶ流通構造ができあがっていく。これにより、飢饉の際、穀物を安定供給できる構造が整い、次なる災害対応の手段として、銭貨を利用し貧民に穀物を安く購入させる政策を実行できる状況が生まれた。

そして和銅元年から同三年にかけ、銀銭を廃止し銅銭に一本化する政策が実施され、平城京造営のための雇役や和雇などを含め、都市に集まった民衆による銭貨利用の促進が行われていく。また実際、和銅四年四月に大和と佐渡で飢饉が発生すると、翌月には銭貨をもった民衆に有利な穀物と銭貨の交換レートが公布され、さらに一〇月には蓄銭叙位令が出され、穀物を所有する富裕な者と、飢饉のため食料が不足する貧窮者とのあいだで、銭貨を通じて交易を行わせ、民衆救済を図る政策が開始された。

したがって、和同開珎の発行や流通政策は、裕福な貴族層からは所有する穀物を放出させる術として、都市でその日暮らしをする貧民に対しては、銭貨を介して穀物を手に入れ、生活させる手段として取り入れられたと考えられる。銭貨の発行理由には、従来指摘されてきた、平城京を造営するための大量の雇役民《こえきみん》への支払い手段であることに加えて、非常時の救済対応策としての目的を加味してよいと思われる。

万年通宝・神功開宝の場合（グラフ2）

万年通宝の発行された天平宝字四年（七六〇）は、湿度データをみるとマイナス一・二三でかなり湿潤な年にあたるが、史料的には水害の記事はみられず、全国的に疫病が流行した年であった。また万年通宝（銅銭）、大平元宝《たいへいげんぽう》（銀銭）、開基勝宝《かいきしょうほう》（金銭）を発行した三月より以前の数年間に、京畿内や全国規模での災害史料は確認できない。気候の安定した時期が続いていたとみられ、万年通宝等などについて、非常時の飢饉対策として発行されたとはとらえにくいことがわかる。

では、なぜ発行されたのか。少し遡って天平宝字二年をみると、八月に恵美押勝《えみのおしかつ》（藤原仲麻呂《ふじわらのなかまろ》）に鋳銭と挙稲《きょとう》、家印の使用が許可されており、この時期は、恵美押勝による政治改革が推し進められた時期といえる。またこの年は、翌三年の水旱疾病についてあらかじめ危惧されており、年が明けた天平宝字三年五月にも再び天災水異が危ぶまれ、一〇月から一二月に市のあたりに飢民（おもに諸国から徴発された運脚や役夫を想定）が増える事態を想定して、諸国に常平倉《じょうへいそう》、京に左右平準所《さゆうへいじゅんしょ》を設置する政令を発している。

すなわち、飢饉災害が発生するより前に、災害への未然の対応策として、常平倉や平準署の設置が計画されていたのであり、万年通宝などの発行も、こうした改革の一環であったと考えられる。

それでは神功開宝についてはどうか。神功開宝は、万年通宝の発行から五年という極端に短い期間を経て発行された。その時期のグラフをみてみると、大規模な災害が多発していたことがわかる。降水量の急激な増減によって旱と長雨が起こり、さらに疫病も重なって、毎年飢饉が発生する異常事態に陥っていた。その混乱のなか、再び天平神護元年（七六五）九月に神功開宝の発行に至っている。その詳しい経緯を『続日本紀』からみていこう。

天平宝字五年と同六年は、ともに不作による飢饉が数か月単位で発生し、同七年も引き続き飢饉が続いたため、朝廷は、貧窮者の負債の免除（一月）や左右京で穀を売って、穀物の価格を安定させる取り組みを行う（四月）。だがそれでも収束せず、さらに諸国で賑給《しんごう》（無償供与）を繰り返し、その年の田租も免除されている（八月）。再び称徳天皇への譲位が行われた同八年も全国で飢饉が発生し賑給が繰り返され、東西市には乞食があふれかえり（三月）、八月に飢饉対策として、大和以下数か国に池を築造し勧農を行っている。田租も免除され（一〇月）、この年は恵美押勝の乱もあって、米一石が一〇〇〇銭に上がったと特記された。

グラフ２　万年通宝・神功開宝発行前の災害記事の件数と古気候データの偏差

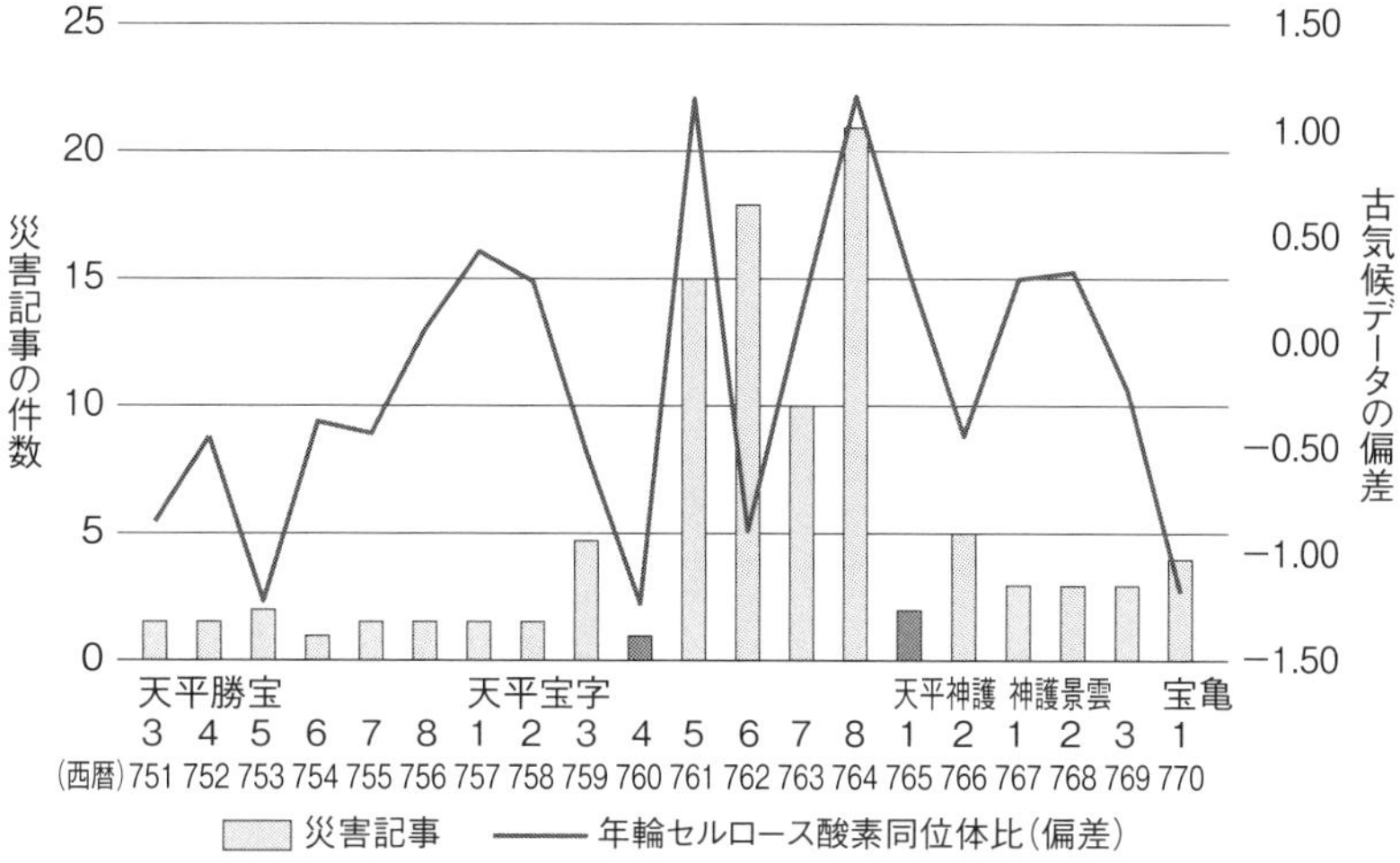

続く天平神護元年にも全国規模で飢饉が発生し賑恤《しんじゅつ》と賑給を頻発、二月には籾を各二〇〇〇石分、東西市にて一斗一〇〇銭で売り、また京の米の価格が高いことから西海道諸国の私の米を漕運するよう命じている。三月になると加墾《かこん》禁止令が出され、「勢力之家」で百姓を使い競って墾田するあまり、その労働の対価として穀物が消費される事態を、朝廷が阻止しようとする動きがみられる。東西市では、穀一〇〇〇石（四月）や籾一〇〇〇石（五月）、籾一〇〇〇石と塩一〇〇石（六月）を貧民に、七月には官人に限って籾三三〇〇石余りを売っている（七月）。またこの間、米を売った者や銭と米を献上した者への叙位も行われた（六月・八月・一〇月）。そして、ついにこの年の九月、神功開宝の発行がなされる。

これらの経緯から、政府は飢饉への対応策として、まずはすでに所有している穀物倉の穀物や他の地域に備蓄した穀物を賑給や東西市で積極的に売り、また減税や勧農政策によって対処を試みたことがわかる。しかしながら、それでも飢饉はおさまらず、天平神護元年になると、個人の所有する米を強制的に回収し、また私的な墾田を禁止して穀物の大量消費を阻み、より徹底した穀物の確保に取り組むところとなった。加えて当初は都の貧民に繰り返し穀物を売っていたが、七月に入ると官人に限って籾を売っており、ますます穀物が枯渇していった状況も推測される。

そのなかで発行された神功開宝は、万年通宝の一〇倍で、和同開珎に対しては一〇〇倍の価値をもったと考えられている。[*11] 当時は和同開珎がおもに流通しており、深刻な飢饉と穀物不足のなか、実質一〇〇倍の価値をもった新銭が発行されたことになる。

その理由をいくつか検討してみよう。まず、新銭を発行して官吏や貴族に配り、それを「財源」に非常時の対策として穀物を買い集めた可能性はあるだろうか。だが、先にも述べたように、飢饉が発生して人びとが求めるのは穀物であって銭貨ではない。ゆえに新銭による穀物の大量購入は、悲惨な飢饉発生時、現実的に成り立ちがたい。

次に、貨幣を市場に供給して穀物価格のインフレをわざと起こし、その高い価格を目当てに穀物が市場に引き寄せられ、市場の活性化を期待する、いわゆるマネーサプライの効果を期待した可能性はどうか。しかしこれも、人びとが災害や飢饉であえぐ異常な状況下では、目先の利益を得ることよりも、穀物を保持することのほうが得策であり、穀物が市場に出回ることは困難であったと考えられる。

深刻な穀物不足を考慮すると、一〇〇倍の価値をもった新銭の発行は、枯渇していた穀物の代わりに、飢饉にあえぐ貧民の使用を想定して投入された、苦肉の救済策ではなかったかと思われる。実際史料をみると、国家の所有する穀物が徐々に不足していく様子や、救済のために穀物の市場への放出を繰り返し行っても、状況がまったく改善されない様子がみてとれる。そうしたなか政府は、従来の一〇〇倍の価値をもった貨幣を貧民に頒布することが、少しでも生活を立て直すうえで役立つことを期待して、新銭発行に至ったのではないだろうか。

最終的には、湿度も平均値に近い宝亀三年（七七二）八月、新銭の価値が下落し、価値の混乱をきたしたことを受けて、和同銅銭の使用を禁止、万年通宝と神功開宝の新旧両銭を等価として流通銭の基本とし、一〇月には加墾禁止令も解除された。これは、朝廷が新銭の高い価値を保持する必要はなくなり、また穀物も通常通り墾田によって消費しても差し支えないと認識された結果ととらえられ、京畿内がひとまず災害復旧を果たし平時に戻ったことを意味するとみられる。*12

隆平永宝の場合（グラフ3）

隆平永宝発行前の二年間には、延暦一三年（七九四）七月に京畿で大地震が確認されるものの、気象災害は記されておらず、また湿度データにも強い偏りはみられない。ただし、延暦一四年には、八月に畿内諸国で長雨奉幣、京で穀物価格の高騰が生じ、一〇月には志摩で飢饉、またこの年の大和《やまと》平群《へぐり》郡、河内《かわち》高安《たかやす》郡では長雨で損害が甚大であったと『日本後紀』に記録されている。さらに翌一五年二月には水害や旱害に備えて租税を銭から稲に変更する政策や、五月に大和、山城、摂津、河内で屯田《とんでん》稲を貧民に売って足りない苗を補う勧農を行っており、朝廷が穀物不足を危惧して対策を講じていたことがわかる。旧銭の一〇倍の価値をもつ隆平永宝が発行されたのは、延暦一四年一一月のことであった。

もう一つ注目したいのは延暦八年で、この年は湿度データも一・五を超える急激な乾燥傾向にあり、文献的にも炎旱《えんかん》、疫病、不作、飢饉も全国的に多発した災害の年であった。この一〇月に鋳銭司が再設置、鋳銭長官も任命されており、これも旱害による飢饉の影響が推測される。

だが、延暦八年の大規模な飢饉では神功開宝の増鋳がなされたのに対して、その六年後の延暦一四年の場合には新銭発行が選択されたのはなぜだろうか。鋳銭司再設置の八年前にあたる延暦元年の記事をみると、農業を重視し、倹約につとめる撫育《ぶいく》政策を宣言したうえで、造宮省、勅旨省、法花司とともに鋳銭司の廃止が行われていた。このとき、銭の価値がすでに卑しくなっていることが廃止の理由にあげられている。したがって飢饉が発生しても、神功開宝は価値が卑しくて貧民救済の効果は得られず、むしろ農業生産を重視し穀物を確保する根本的な方策のほうが、飢饉対策として意義があると判断されたとみられる。結果としてそこから八年間、新銭が鋳造されることはなく、勧農や租税制度改革によって、財政の立て直しが図られることとなった。

そうした政治判断が下される一方で、延暦二年からは、長岡京の造営がはじまる。これによって京に集まる雇役民が急激に増加し、彼らが日常生活で使用する銭貨が不足する事態も生じたとみられる。そのため、改めて銭貨を利用する方針へと転換する必要が生まれ、飢饉を直接的なきっかけとして、旧来の神功開宝を鋳造するに至ったのではないか。

しかし、隆平永宝発行の詔をみると、神功開宝は私鋳銭も多くつくられて価値が下落し、「貯蓄」に充て「宝用」するには適さない貨幣になっていたという。したがって、延暦八年に神功開宝を増鋳したものの、銭貨不足の解消には至らなかった可能性がある。それゆえに、次に飢饉で銭貨が必要となった際には、一〇倍の価値をもった新銭を発行する決断がなされ、新たな飢饉の発生が危惧された延暦一四年に、新銭の発行へと

グラフ３　隆平永宝発行前の災害記事の件数と古気候データの偏差

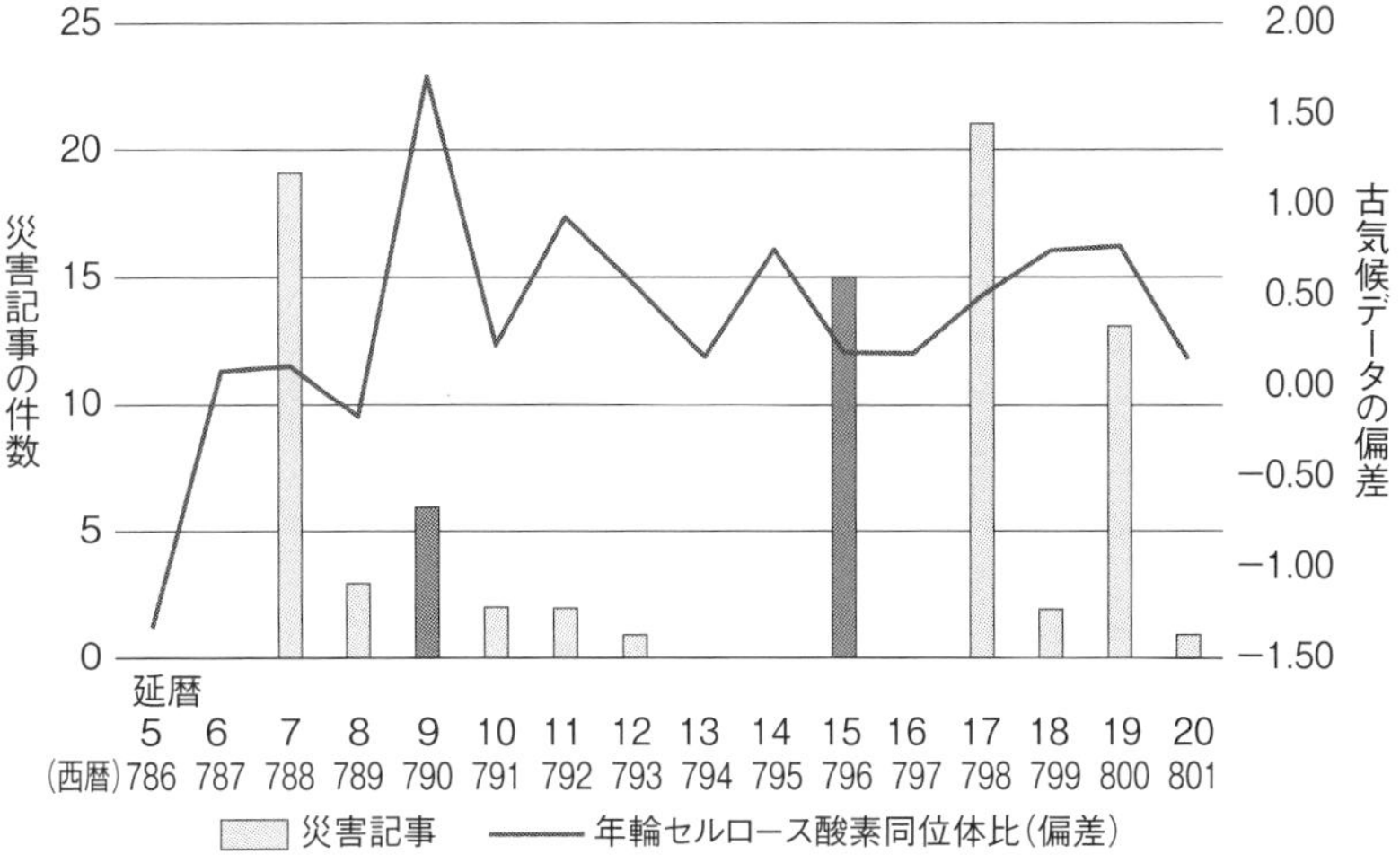

至ったと考えられる。

　実際のところ発行の年には、それほど大規模な飢饉に発展せず、予測的な救済措置であった可能性が高い。また延暦一六年にも不作による飢饉が発生したが、この際、一二月に畿内の官稲を放出して、飢えた百姓に時価より安く売ることと、鋳銭司史生を二員増やして新銭の供給量を増加させることがほぼ同時に行われている。さらに『類聚三代格』によれば、同年九月に畿外の官吏や民衆が銭貨を「貯蓄」するため、京畿内の士庶が「資用」する量に不足が生じているとして、畿外における銭貨の蓄積を禁止し、銭貨を国家へ納入するよう命じ、代わりに正税である穀物を支給する太政官符が出されている。

　これらのことから延暦一四年から同一六年にかけての飢饉では、政府の備蓄する穀物には余裕があり、むしろ銭貨不足のほうが深刻であったことが推測される。隆平永宝は、京畿内に都城造営のための雇役民が全国から集まり、銭貨を利用して生活する人びとが急増したことを背景に、飢饉発生時に高まる銭貨需要に応える目的で発行されたものといえる。

富寿神宝の場合（グラフ4）

富寿神宝については、発行前年の弘仁八年（八一七）に湿度データ一以上の乾燥で、史料的にも六月に天下諸国で旱のため祈雨がなされ、全国的に旱害が生じている。翌九年も前年の不作の影響や、旱による祈雨儀礼が繰り返しみられ、弘仁一〇年まで続く全国的な飢饉へと発展していった。こうした旱魃《かんばつ》飢饉の状況下の弘仁九年一一月、新銭（当十銭）が発行される。[*13]

また同じ年の八月には、畿内諸国の田租を、銭ではなく稲で収めるよう命令が下され、朝廷で畿内の穀物を抱え込む動きが確認される。弘仁一〇年二月にも、毎年の不作により百姓が飢饉に陥り、穀物倉は空であるため、畿内の富豪の輩の貯えを困窮者に借貸させ、秋の収穫時に返還する奏上が許可されている。したがって当時、穀物不足が問題化していたことがうかがえる。

加えて興味深いのは、弘仁一〇年六月に京中の「窮弊者」に対して、銭の支給がなされたことである。これは、穀物が足りないために銭貨が支給された状況を意味しており、実際、朝廷から貧民に穀物が配られた形跡はみあたらない。ゆえに富寿神宝の発行は、穀物不足が深刻な状況にあって、さらなる飢饉が起こる可能性を想定しつつなされたものと位置づけられる。九世紀には銭貨を利用して生活を成り立たせる都市民が多くいたことから、[*14]穀物供給の次に有効な救済手段として、新銭が発行されたと考えられる。

その後、弘仁一一年、翌一二年には豊作が続くものの、一三年には湿度データに強い乾燥傾向がみられる

グラフ４　富寿神宝発行前の災害記事の件数と古気候データの偏差

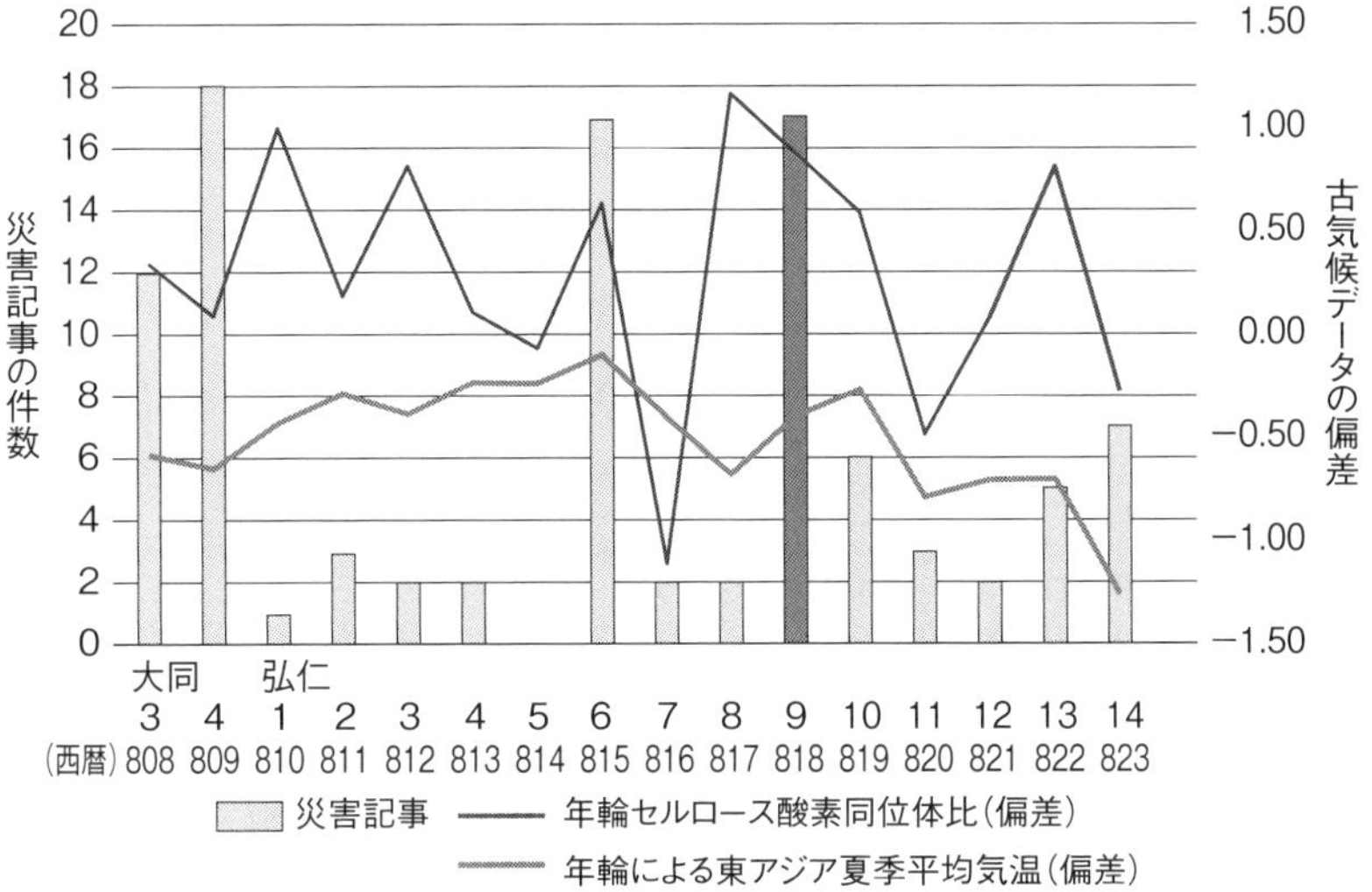

ように再び「炎旱」となり、山城国で飢饉が発生（七月）、同月に新銭百貫を諸王貧者に賑給している。翌一四年には天下で疫病も蔓延し、二月に左右京の飢えた民衆に銭を賜与、三月一六日には京師で米の価格が騰貴し、人びとは皆米が買えず飢えていたため、穀倉院の穀一〇〇〇石を放出し、減価で貧民に売ったと記録されている（『類聚国史』）。またその六日後には、穀倉院の穀を用いて京内の人民に賑給（無償供与）がなされている（『日本紀略』）。さらに同年一月には新銭一〇〇貫を大和国に与え、田地を築造する費用とした勧農政策もみられる。

以上のように富寿神宝もまた、飢饉に際して政府によって利用され、都市民に支給されたものであった。

そして、この頃から飢饉対策として穀物と銭貨の賑給が同時並行でなされる事例が増えていく。このことは、九世紀以降、国家の銭貨政策が新たな局面を迎えていたことを物語っている（後述）。

承和昌宝の場合（グラフ5）

承和昌宝は承和二年（八三五）一月に発行されているため、飢饉対策としてとらえるならば、それ以前に目を向ける必要がある。

そこで確認すると、天長四年（八二七）から同七年までは地震が多発、天長八年には湿度データが湿潤を示し、史料的には不作により諸国で飢饉が発生する。同九年も急激な乾燥によって五月に疫病と旱害が生じており、その後、大雨洪水も起こって翌一〇年まで全国で飢饉と疫病が続く。天長一〇年は旱害や水害の記事はみられないものの、全国的に飢饉と疫病に悩まされ、承和元年（八三四）も乾燥傾向のなか、六月に旱、七月に長雨で、翌二年まで飢饉が畿外諸国で発生している。

こうした状況のなかで、国家はどのような災害対策をとっていたのか。この時期行われていたのは基本的に賑給で、塩や布などの物品が特別に記されていないことから、おもに稲穀を飢えた人びとへ支給していたと考えられる。京畿内の賑給に限ると、天長八年、同九年に一度ずつ、同一〇年に全国規模の賑給がなされている。したがって当時、朝廷は備蓄した穀物を放出できる状況にあったとみられる。ちなみにその後、承和四年一二月には、藤原緒嗣が、天下の官庫が空であり不作の年であるため、財政を縮小するために不要の官の廃止を上表している。したがって穀物の備蓄は、連年続いた災害の影響から減少傾向にあったと推測される。

とはいえ承和二年一月段階についていえば、備蓄に余裕はあった可能性がある。その点からすると穀物不足が深刻であったための代替策として、新銭発行に至ったとはとらえがたい。

グラフ５　承和昌宝発行前の災害記事の件数と古気候データの偏差

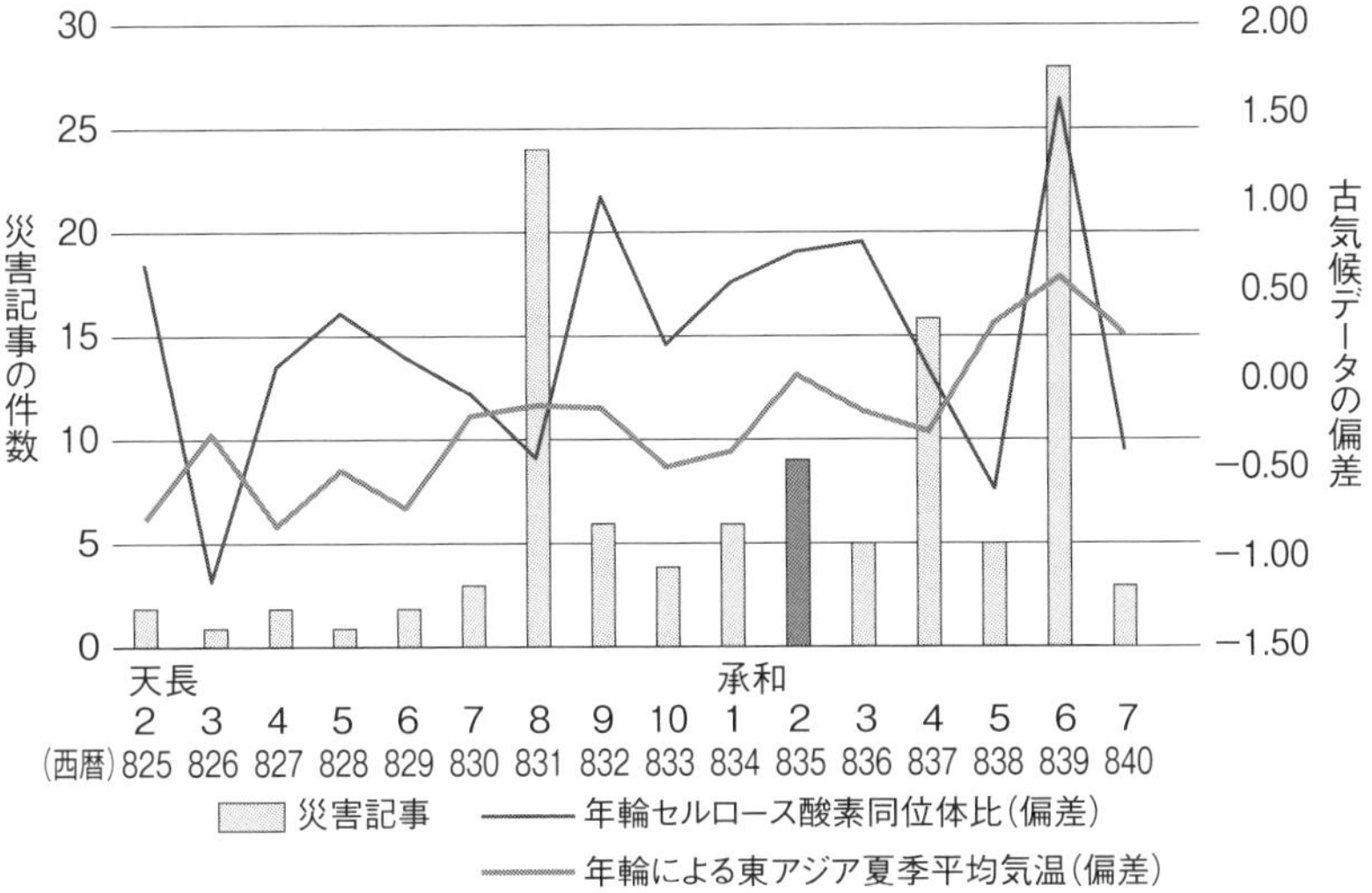

では、いったいなぜ発行されたのか。注目したいのは、飢饉対策として、穀物の収取や再分配とは異なる次元でなされていた、神祇への奉幣や仏教経典の転読である。気候悪化の平常化を願う臨時の祈雨・止雨奉幣、および春秋二季の祈年穀奉幣《きねんこくほうべい》は、嵯峨朝（八〇九〜八二三）以降制度的に整えられ、旱災や疫癘《えきれい》、雨を防ぎ、豊作を祈願する仏教経典の転読も、嵯峨朝から頻繁に行われるようになる。すでに奈良時代から災害や飢饉への事後的対応として奉幣や転読は行われていたものの、平安京に遷都後、災害を予測し、未然に防ぐための措置としてあらわれてくる。要するにこれは、国家の災害対策が場当たり的なものではなく、計画的に実行されるようになっていったことを示している。

　このことを当時の新銭発行と合わせて考察するに、災害や飢饉への未然の対応が平安期以降、制度的に定まっていく動きとともに、新銭発行についても、災害による危機的状況を回避するための定例的な措置として位置づけられるようになったとみられる。

長年大宝の場合（グラフ6）

長年大宝の発行された嘉祥元年（八四八）は、グラフ6からもわかるように、湿度データはマイナス○・○六の湿潤傾向で、六月に長雨、八月に洪水が発生し、天下水害で不作の年であったと、翌年の正月記事に記されている（『続日本後紀』）。新銭が発行されたのはこの年の九月のことであった。

その前年にあたる承和一四年（八四七）も湿潤傾向で五月に長雨、左右京で飢饉（これは前年の旱害の影響）、六月も長雨、七月にも止雨奉幣がなされ、水害にみまわれていた。新銭発行後の嘉祥二年については、四月に飢饉が発生し、穀物価格の高騰と銭の価値下落を受けて、都での時価によって公定価格を決定するように変更が行われている。また六月にも京で飢饉が発生し、一〇月京中の飢民に銭の賑恤がなされていた。

こうした流れをみると、承和一四年、嘉祥元年と続いた水害による不作の影響から、朝廷は飢饉の発生が予測できる状況にあり、また嘉祥二年には、実際に飢饉で穀物不足が生じた可能性がある。したがって、嘉祥元年九月の段階で飢饉の発生が避けられないと判断し、貧民に分配することを見越して発行がなされたのではないだろうか。この長年大宝の発行も、新銭発行が飢饉救済策として定例化した流れのなかで把捉できる。

ちなみにグラフにみられる承和六年も、湿度データは一・五六の非常な乾燥傾向にあり、炎旱不作の年とされている。このときなされた災害への対応としては、七月に蕎麦を植えるように勧農、一〇月に大小麦を食料とせず馬に与えることを禁止、翌七年二月に勧農政令、五月にも雑穀生産の奨励策がとられ、同月に飢饉で苦しむ都市民への賑給として、米と銭が与えられている。

承和六年と嘉祥元年の対応の違いを考えてみると、承和六年の場合、基本的に穀物増産のための政策がな

グラフ６　長年大宝発行前の災害記事の件数と古気候データの偏差

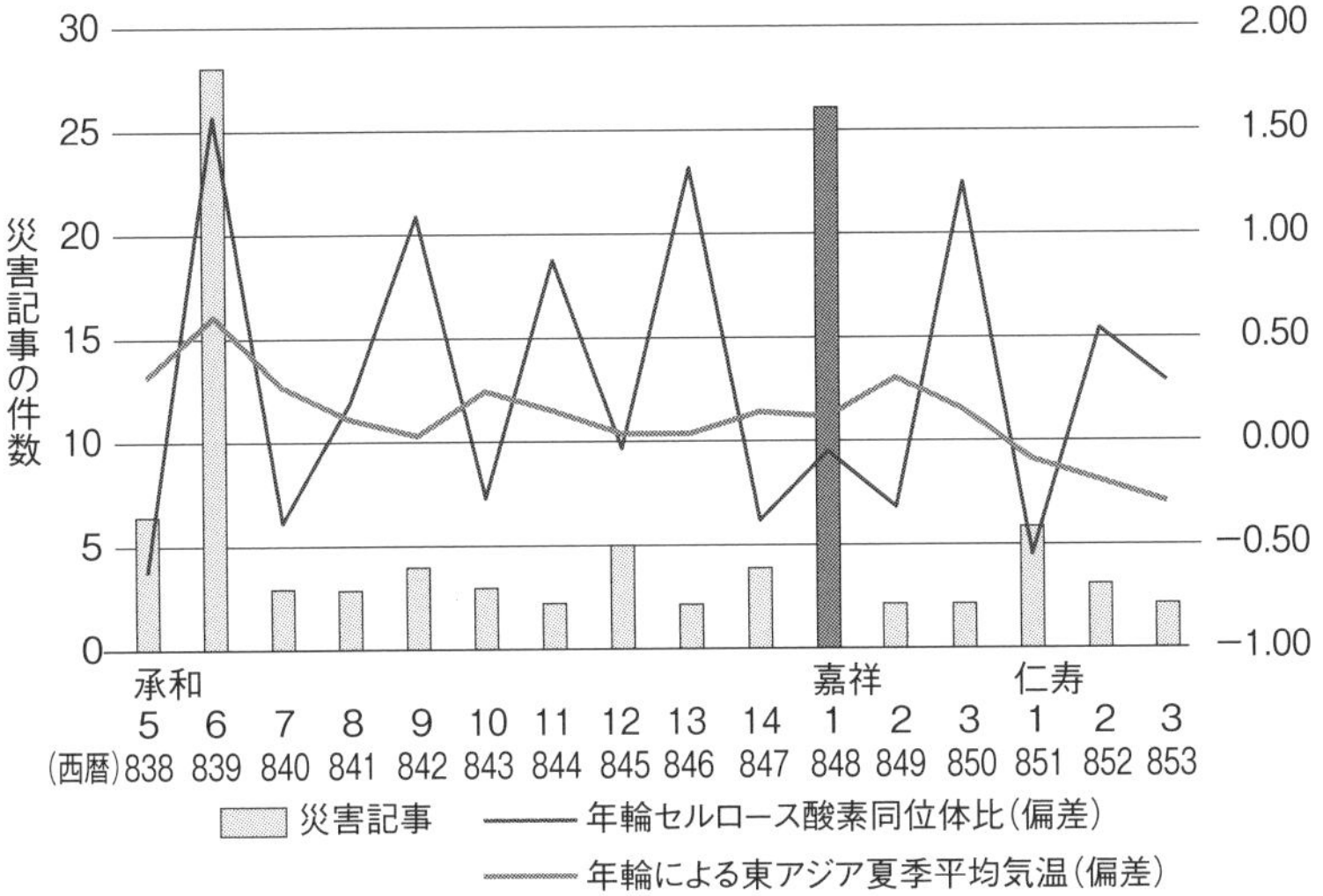

されているのに対し、嘉祥元年は賑給のみで勧農政策がみられない。承和六年の穀物増産政策のほうが飢饉にはより有効な手段と思われるが、天候不順が繰り返し起こると作物が育たず、十分な効果を発揮できない恐れもあった。実際、承和九年から同一三年にかけては承和の変（承和九年七月）のほか、全国規模、あるいは京畿内での旱害や飢饉が生じており、穀物増産のようなハード面の対策が十分に機能しなかったとみられる。

そうした反省をふまえ、次に水害による不作で飢饉の発生が予見されたとき、別の措置として、新銭の発行が決断されたのではないか。一〇倍の価値をもった新銭を配給することで、価格の高騰した穀物を購入できるよう、貧しい都市民に便宜を図ろうとしたと考えられる。

加えて承和六年段階で新銭を発行することは、先例と比較したとき、前回の承和昌宝の発行（八三五年）からタイミングとして近い。さらに長年大宝発行の年の六月には嘉祥《かしよう》へと改元もなされていて、新銭発行の詔で「今は天嘉祥を賜い、暦年号を改む。若し鉢文貨制を旧に仍りて悛《あらた》めざらしむれば、恐るらくは変通の規に乖《そむ》くことを〈現代語訳〉今は天から嘉祥を与えられ、それによって年号を改めた。もし銭貨の文字や幣制を旧来のままで改めなければ、変化に適応できないことを恐れる）」と発行の動機が語られ、新銭発行には政治的な仕切り直しの意図も込められていたことが読み取れる。こうした点も両者の対応を分けた要因であろう。

以上のことから長年大宝の発行当時、新銭の発行政策は、気候変動や疫病によって生じた飢饉への対応策としてすでに慣例化されており、勧農政策や賑給などとともに、時機を見はからいながら執行されたとみられる。

饒益神宝の場合（グラフ7）

饒益神宝は貞観元年（八五九）四月に発行されている。この年の湿度データはマイナス〇・一八で湿潤傾向にあり、四月に武蔵・下野・陸奥・出羽・加賀で飢饉、六月に長雨大水と京での飢饉が発生していた。全国的に飢饉が発生し穀物が不足した環境にあったことが知れるが、それより以前にはどういった状況にあったのだろうか。

前年の天安二年（八五八）は湿度データがマイナス〇・四六で、史料にも四月から五月まで長雨洪水が起こったことが残されている。五月の洪水では、京が大規模な水災害と飢饉にみまわれ、左右京の貧窮者に対し、穀倉院の穀二〇〇〇石と民部廩院《りんいん》の米五〇〇石、大膳職《だいぜんしき》の塩二五石が賑給された。六月には旱も発生し

グラフ7　饒益神宝発行前の災害記事の件数と古気候データの偏差

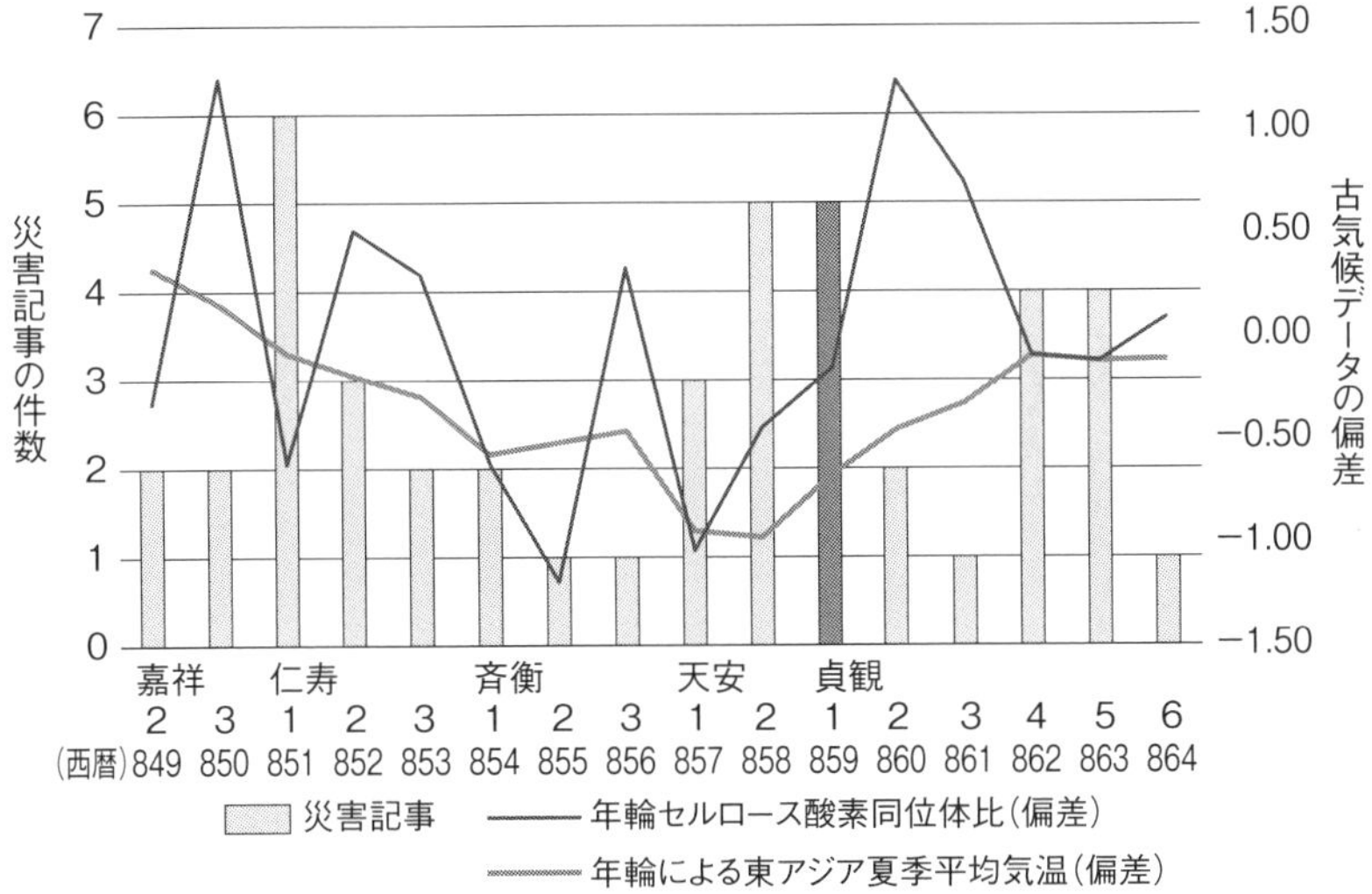

て祈雨奉幣が行われており、また気温も低かったことがわかる。貞観元年の全国的な飢饉はこうした異常気象に起因したものであったとみられる。

さらにその前の年にあたる天安元年も湿度データがマイナス一・〇四で非常に湿潤な年であり、実際、五月に長雨により京で洪水が発生している。六月の下旬になると一転して雨が降らなくなり、八月まで旱が続いたとされる。気温データも低く、一〇月には雨とともに雪が降ったと記録されている。

以上のことから天安元年から二年連続で水害が起こり、引き続き京で飢饉が発生する可能性のあるなかで四月に新銭発行が行われたことがわかる。これもまた、事前に予測されて施された慣習的な措置とみなすことができる。かつ、貞観元年は清和天皇即位の翌年にあたる年で、政権交替を受けた革新の意図もくみ取れる。

貞観永宝の場合（グラフ8）

貞観一二年（八七〇）は一月に貞観永宝（当十銭）が発行されたあと、二月、六月に京師で飢饉が発生していることから、飢饉発生を危惧しての発行であったと推察される。

具体的に遡って確認してみると、貞観八年は二月から穀物価格の高騰が起こり、東西津頭（近江の大津と山城の山崎津）で白米一石が七二〇〇文、黒米一石が四四〇〇文で売られていたことを受け、左右京の白米の価格を一升二六文から一升四〇文に、黒米を一升一八文から一升三〇文に値上げすることが定められている。ここで米は値上げされてはいるものの、左右京ではほかより安く提供されており、飢饉対策として穀物を安く売る政策が続けられていたことがわかる。閏三月には京の貧窮者を川辺に集めて新銭五万文、飯二五〇〇を配給し、その月から八月にかけては京師も含めた全国で立て続けに飢饉が起こり、賑給が実施されている。湿度データは湿潤傾向を示しているが、四月五月は長雨、六月七月は旱魃で不作となったとみられ、その影響は翌年にまで及んでいる。

そこで貞観九年をみると、二月に京邑で飢饉が発生し、米三二〇石、籾二〇〇〇石、塩三五石、新銭一〇〇貫が東西京の貧民に賑恤されている。さらに四月に入ると東西京に常平所がおかれ、官米を米一升新銭八文で売ったところ、買いに来るものが雲のごとくであったという。このときも米一石が新銭一四〇〇文に騰貴しており、官米を安く売る政策が「俗弊」を救うものと認識され実行されていた。また五月には、延暦一七年（七九八）に銭貨の貯蓄を禁止した太政官符を出したにもかかわらず、畿外の富豪の輩がなおも銭貨を資金として運用せず「富強之名」を奢《おご》る目的で貯蓄を続けたため、辺鄙での通用はなくなり、朝廷による鋳

グラフ８　貞観永宝発行前の災害記事の件数と古気候データの偏差

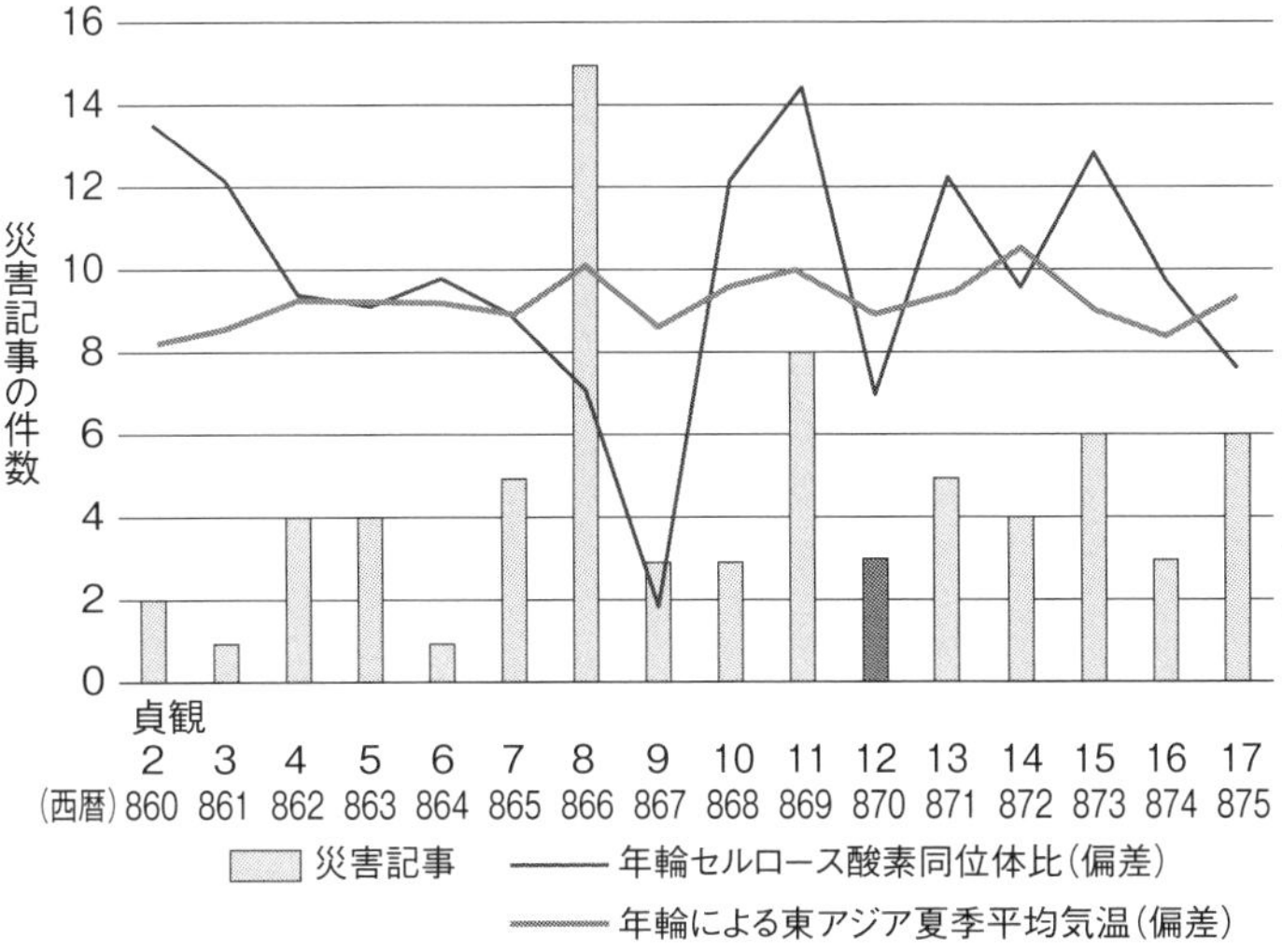

造の負担が大きくなったとし、畿内の周辺と西日本諸国で貯蓄の禁止と銭貨の提出を命じている。このことから、当時京畿内では飢饉に際し、穀物だけでなく銭貨不足も発生していたことがわかる。

だが、なぜ銭貨不足は問題となるのだろう。これより二年前の貞観七年六月に出された禁制をみると、京畿内と近江国で売買の際、文字や輪郭を損なっている悪銭を選び取って受け取らず、米や綿を買おうにも買えず、飢え凍える人間がいたことが問題視されている。すなわち、当時都市には米などの生活物資を、銭貨で買いながら生活する貧民が多くいる一方で、貯蓄目的で銭貨を手放さない富豪の輩もいた。この状況で飢饉が発生し撰銭が行われると、穀物だけでなく銭貨も足りなくなり、都市部で飢民が増える危険があったとみられる。それゆえに銭貨不足は問題視され、貞観七年段階では貧民へ再分配するために死蔵された銭貨を集めようとしていた。この銭貨不足が、のちに貞観永宝を発行する際の動機になったと推測される。

ちなみに貞観九年は著しく湿潤傾向にあり、史料的にも四月から五月まで長雨と洪水、八月九月にも大雨が記録される水害の年であった。翌一〇年は乾燥傾向にあるものの、飢饉は淡路国のみ（六月）で、翌年に影響を与える不作も起こっていない。ところが貞観一一年（八六九）は、湿度データは一・四九の非常に乾燥した年にあたり、六月に旱魃で九月に不作となり、一二月にも山城国の旱が特記されている。この旱魃による飢饉を予測し、また不足する銭貨を補う目的で新銭の発行が決断され（貞観一二年一月）、八月に鋳銭司が新銭一一一〇貫文を進上するに至ったと考えられる。

銭貨発行の果たした役割

ここまで六国史にみえる九種類の銭貨について、おもに発行のタイミングに注目して、気候変動に伴う災害、飢饉との関連について分析を行った。その内容をまとめておきたい。

新銭発行時の特徴

まず、万年通宝《まんねんつうほう》を除く八種類の銭貨について、災害が数年来続き、飢饉による危機的状況が深刻なタイミング、あるいは飢饉発生を危惧する状況のなかで発行がなされていることを確認できた。災害の質については旱害、水害、疫病に明確な違いはみられず、その結果として生じる不作、飢饉、穀物価格の高騰と連動した発行といえる。

ただし、大規模な飢饉が生じたからといって、必ずしも新銭発行に至るわけではない。勧農政策や倉に備蓄された穀物の放出、私的に所有する穀物の飢饉地への輸送など、穀物の確保や供給を重点的に行う事例も多くなされている。政策の出現状況をみると、むしろ穀物の確保と供給のほうが優先されており、とくに隆《りゅう》平永宝《へいえいほう》以前の八世紀の新銭発行については、打つ手がなくなった際の最終的な手段として行われたものと理解できる。

また飢饉対策以外にも、都城造営や政治改革の時期にあたり、複合的な理由で新銭発行に至ったケースもある。和同開珎《わどうかいちん》と隆平永宝については従来から指摘されているように、都城造営のための雇役民《こえきみん》への支払い手段という目的も想定されていたとみられる。新銭発行は飢饉対策を一つの目的としながらも、複合的にとらえる必要がある点に留意したい。

加えて、とくに京畿内における飢饉や穀物価格高騰への対応として、新銭発行が行われていたことも重要と思われる。新銭発行と関連する飢饉は、全国規模か、あるいは京畿内で生じたもので、おもに京畿内における都市民への飢饉対策として行われていた。

九世紀における銭貨政策の転換

九世紀の新銭発行については、富寿神宝《ふじゅしんぽう》以下において飢饉を予測した慣例的な措置とみなせる事例があらわれ、また飢饉時に京での賑給《しんごう》として穀物と銭貨が同時に支給されるようになっていく。これらはおもに、平安京で銭貨に依存してその日暮らしをする貧民を対象に、行われたものであった。すなわち、穀物とともに銭貨を利用して生計を立てる都市民が多くいる環境が定着していたために、飢饉が発生した際、一〇倍の価値の新銭を発行することが救済措置として機能したものと考えられる。

さらに同じ時期、律令体制の見直しや、災害、飢饉に対する奉幣や転読などの制度化が進められている。こうした動きと呼応し、都市における災害や飢饉への処置としてより効果的な対応が志向されたことで、新銭発行も定例的に行われるようになったとみられる。

中国との比較

日本で鋳造された銭貨は中国由来のものであることから、最後に中国における災害飢饉と銭貨発行の関係について、駆け足ではあるが確認しておく。*15

中国で統治者による貨幣鋳造が行われたのは、『国語』周語下の大銭発行記事や『国語』魯語上、『管子』山権数などをみる限り、災害による飢饉の発生がきっかけであった。それは当初、高額貨幣（「重幣」と呼ばれる）を中心に発行され、外国に穀物輸送を依頼する際や、負債奴隷となった民衆を買い戻すために利用されていた。

銭貨がおもな流通媒体となった契機は戦国時代にある。越の計然（『史記』貨殖列伝）や魏の李悝《りかい》（『漢書』食貨志上）の説話にあるように、列強国において災害や飢饉に備え、国内の農民層が貯備していた穀物を低額な貨幣と交換する流通政策を取ることで、自立的な国家運営がめざされるようになった。その結果、成立したのが戦国秦の半両銭《はんりょうせん》であり、以後中国の国家的貨幣は、半両銭を基にした低額な銭貨を中心に展開することとなる。

前漢期にも悲惨な飢饉時において、銭貨の発行がなされている。たとえば武帝の匈奴征伐の翌年元狩三年（前一二〇）に発行された三銖銭《さんしゅせん》は、山東地域において水害による大飢饉が発生し、高騰した穀物を買い占め、私鋳銭によって利益を得る商人たちを挫く目的で、発行されたとされる（『漢書』食貨志上）。この場合、穀物価格の高騰と銭貨の価値の下落が深刻化するなかで、利益を独占する富裕な商人を破産させる目的が、銭貨発行政策に期待されていた。

以上のことからして、まずは、災害、飢饉時に国家が民衆救済を目的に銭貨を発行するという点で、中国と日本のいずれも共通することが指摘できる。ゆえに銭貨は、気候変動による災害や飢饉、あるいは疫病などによる社会的ダメージを抑制する機能を、古代の統治層に期待され発行された貨幣であったと考えてよいだろう。

ただし中国の銭貨は、飢饉発生を抑制することを目的に、豊作と凶作の両方のタイミングで、生産者である農民と消費者である商工業者や都市民のあいだでの、価格調整手段として展開するのを理想としたのに対し、日本ではもっぱら飢饉発生時の都市民の救済措置として機能した点に相違がある。[*16] 中国の場合、銭貨はそもそも生産者である農民が使用することを第一義に、国家によって通用させられており、農民は銭貨を通して穀物売買に参画していた。したがって、凶作により穀物価格が高騰すると消費者の被害が拡大し、豊作により下落すると生産者（農民）の被害が大きくなるため、統治者は時機をみながら価格調整を行う必要があった。

ところが日本では、すでに和同開珎の段階から、銭貨の発行と流通政策はほとんどが災害飢饉の発生と関わって実行され、穀物価格は民間市場より安く、銭貨の価値は高く設定されることが常であった。このことから、日本で統治層が銭貨に期待したのは、都市民や、都市へ定期的にやってくる運脚、雇役民、兵士などを救済・保護することに当初から限られており、生産者である農民は考慮されなかったとみてよいだろう。

言い換えると古代日本において、銭貨は穀物と交換できる貨幣媒体という性質は保持しながらも、中国で重視された農民保護の目的をもたなかった。その代わりに、平城京、平安京などの都市空間で、政府の直接的な保護を必要とした人びとと、都城の造営やその経営維持のために必要不可欠な労働者に対して、重点的に銭貨政策を施していたと考えられる。こうした日本独自の銭貨の動きからは、八、九世紀段階、銭貨の流通する京畿内と、流通しなかった畿外地域で、まったく異質な社会関係が構築されていた様相をみてとることができる。

おわりに

本章では、日本の古代国家が行った銭貨発行が、気候変動による災害や疫病、飢饉といった非常時と関わって展開していた可能性について検討を行ってきた。その結果、銭貨発行は災害による危機的状況に直面した際、とくに京畿内の都市部で、労働力を糧に生活する民衆を重点的に保護する目的からなされたものであることがみえてきた。銭貨発行は基本的に、政府による穀物の備蓄と供給が不足する場合の代替案としてあり、また鋳造は中断されることも多いことから、政府にとって負担の大きい事業であったともみられる。にもかかわらず、非常時においても現状の社会構造を維持し続けるために、やむをえず銭貨を発行、通用させていたととらえることができる。

こうした銭貨発行のあり方からするに、古代における銭貨流通は、古代の商品経済の発達度合いとは関係なく展開したものといえるだろう。従来、日本の古代銭貨が京畿内を中心に流通したことは、経済が未発達ななかで、国家が強制的に流通させた予期せざる結果と評価されることが多かった。しかし災害や疫病、飢饉に際し、政府は都城を維持する労働者を保護する目的で、意図的に銭貨を活用しており、銭貨が京畿内を中心に展開したことは、政府にとってもとから想定の範囲内のことであったとみられる。

そもそも中国においても、国家は銭貨を、農業を基盤とした分業社会を保護する目的で利用しており、銭貨は商品経済の発達の結果として生み出されたものではなかった。日本と中国、いずれの地域でも貨幣発行は、農業保護とともに、社会構造を維持するための活路として国家によって見いだされたのであり、これは人びとの自然な経済活動とは別の次元で成立したものと把捉すべきである。

そして、気候変動と銭貨政策の密接な関連性は、災害や飢饉、疫病といった、人間社会の抱える致命的な課題に繰り返し直面しながら、社会を保つために奔走する宿命を負った古代国家の姿を物語っている。

註

＊1　今津勝紀「日本古代の気象と王権」（『気候変動から読みなおす日本史3　先史・古代の気候と社会変化』臨川書店、二〇二〇年）、一六二～一七四頁。
＊2　栄原永遠男『日本古代銭貨流通史の研究』（塙書房、一九九三年）。
＊3　黒田洋子「八世紀における銭貨機能論」（『弘前大学国史研究』第八九号、一九八九年）、一～四六頁。
＊4　鬼頭清明「奉写一切経所の財政と銭貨」（『日本古代都市論序説』法政大学出版局、一九七七年）、一九六～二〇三頁。
＊5　前掲註3「八世紀における銭貨機能論」。
＊6　金沢悦男「古代における国家と王権」（『歴史学研究』第七五五号、二〇〇一年）、二七～三八頁。
＊7　櫛木謙周「平安京の生活の転換」（『新版古代の日本　近畿Ⅱ』角川書店、一九九三年）、二三七～二六〇頁。
＊8　樹木年輪セルロースの酸素同位体比に基づく降水量変動の復元の方法、およびそのデータの特徴については、中塚武「日本史の背後にある気候変動の概観」（『気候変動から読みなおす日本史1　新しい気候観と日本史の新たな可能性』臨川書店、二〇二一年、二一～四七頁）にまとめられている。中塚氏のこの論稿のなかでは、夏季気温の変動データについても説明がなされている。
＊9　富本銭についても災害や飢饉との関わりが『日本書紀』から読みとれる。富本銭が発行されたとみられる持統天皇八年（六九四）の数年前から、稲や私財に関する負債の返済免除の詔や水害、稲の賜与、官稲の貸し出しや勧農政令が出されており、鋳銭司設置は災害飢饉への対応が施される流れのなかで行われたといえる。ただし、当時は穀物生産と流通の管理体制が不十分であったため、有効に機能したとは考えがたい（村上麻佑子「飢饉・疫病と農業・貨幣の誕生」小路田泰直編著『奈良女子大学叢書6　疫病と日本史――「コロナ禍」のなかから』敬文舎、二〇二〇年）。
＊10　前掲註9「飢饉・疫病と農業・貨幣の誕生」。
＊11　栄原永遠男「和同開珎の流通」（『新版古代の日本　近畿Ⅱ』角川書店、一九九三年）、三五九～三六〇頁。
＊12　宝亀一〇年（七七九）八月にも「百姓いたずらに古銭を蓄えて、還りて施いることなきを憂う」と勅して、さらに神功開宝、万年通宝と和同銅銭を等価にしている。この年の前後も京畿内に飢饉は発生しておらず、新銭の価値は平時に段階的に旧銭と等価に戻されたと考えられる。

＊13　富寿神宝については当十銭であることが明記されていないが、先行研究によって旧銭の一〇倍の価値で発行されたものと考えられている（井上正夫「平安中期の銅銭流通途絶と使庁権力拡充の問題」『社会経済史学』第六六号、二〇〇〇年）、三～二二頁。

＊14　櫛木謙周氏は、九、一〇世紀前半に銭によって米を買わねばならない人びとが平安京に多数いたことを指摘している。また常平倉をはじめとする流通政策をからめた救貧政策や、穀倉院、民部廩院といった公的救済財源、および平安前期の銭が、この時期に平安京でのみ機能したことを受け、これらが、王権と都市民が直接関わる、平安京独自の都市経済を築くうえで活用された政策であったことを論じている（前掲註7「平安京の生活の転換」参照）。櫛木氏の議論は、本稿の九世紀の新銭発行の意味を考えるうえで大いに参考となる。

＊15　前掲註9「飢饉・疫病と農業・貨幣の誕生」。

＊16　例としては『管子』軽重にみられる説話や『史記』貨殖列伝にある越の計然の説話、『漢書』食貨志上の魏の李悝の説話、官の宣帝時の耿寿昌による常平倉設置などがあげられる。

第一二章

絶滅の意味

渡邉瑞穂

はじめに

絶滅動物のカテゴリーに分類されているニホンオオカミについて、その姿をはっきりと拝みたいと思う場合には、剥製を見にいくほかない。東京・上野の国立科学博物館の地球館にある展示室では、哺乳類と鳥類の剥製が展示されている。中心に向かって高くなる楕円状の展示台に哺乳類たちがずらりと並ぶ。その光景は、人びとに動物たちの姿かたちの豊かさを感じさせるものらしい。子どもたちは興奮してはしゃぎ声を上げ、ディズニー映画『ライオン・キング』の劇中歌を熱唱しはじめる者もおり、剥製たちは熱視線に晒されるがままの時間を過ごしている。ニホンオオカミもまた、哺乳類たちの群れの中にうずもれるようにして、小ぶりな顔と身体を観覧通路に向けている。

ニホンオオカミという生き物は絶滅を経験しているのだが、この生き物と関わりをもち続けてきた人間は、絶滅に際してどのような反応を示してきたのだろうか。

ここでは、大正末~昭和に書かれた随筆、投稿を対象として、オオカミの絶滅がささやかれたあとの時期に、それぞれのやり方でオオカミに思いを馳せた人びとの言動に着目していきたいと思う。

絶滅説浮上後の行動と言説

ニホンオオカミが絶滅した可能性については、動物学者によって大正末頃から指摘されていた。[*1] 一九四六年には、オオカミ研究家であり雑誌『動物文学』主幹であった平岩米吉が同誌上で生存説を否定するに至ったという。[*2]

絶滅説の浮上後にみられる反応がある。それはオオカミの姿や生存の痕跡を捜索する動きや、オオカミに遭遇しない状況に説明を付そうとする動きである。

捜索の動機

姿を見せないオオカミの捜索を行った者は、どのような動機で取り組んだのだろうか。

飛驒古川出身の新聞記者であった斐太猪之介《ひだいのすけ》（一九一一～七九）は、奥吉野の大峰山脈、台高《だいこう》山脈、和歌山県の日高川源流などを踏破して、オオカミの姿の撮影をめざした人物である。

捜索に着手した動機として斐太は、人間社会の俗念を変革することは難しいが、保守的な考えの堅持と新しい観念にたつ冒険の双方の均衡の上にこそ人類が絶滅せず進化した道筋があった、としたうえで以下のように述べている。

日本に太古からいたオオカミというものは、分類学が入ってきてからはウルフ〔ここでは大陸のオオカミを指す─引用者註〕の亜種で、小形のものだとされ、明治三十八年以来絶滅したということになっている。学界の権威が、口を揃えてそういうので、一部の人をのぞいて、日本人は、みなそう思ってしまっている。時折、咆哮《ほうこう》を聞いた人や足跡をみた人や毛糞《ふん》をみた人があっても、それは野犬だろうとか、クマの鳴き声も知らないのに、それはクマの吠え声だろう、くらいで片づけてしまった。それは、新しいことを嫌い、安全であった過去の経験の枠内で、安心して生きてゆこうというネオフォビアな性格が、そうさせたのではなかったかと思う。哺乳学界だけでのことではなく、人間社会全般にわたって、新しいことに興味を抱く反面、それを嫌う性格もなかなか強いということである。

私は、亡びたというオオカミを十八年探索して、ついに糞をみつけた。続いて、いろいろな場合の足跡を写真にとり、遂に念願の咆哮を聞き、不完全ながら姿の写真も二枚ものにした。現在、大峯山脈に親子四頭の一家が活動しており、大台ガ原山（三津河落山・日出ガ岳一帯）を中心とする密林に、成獣一頭が生き残っていることを断言できる。

哺乳類、鳥類、昆虫類など、野生動物の生態を研究しながら、オオカミを追跡し始めたのは十八年前であった。私も最初は、学者の文献によって、学名ニホンオオカミなるものは、ウルフの亜種で、中形犬くらいのものかと思っていた。ところが奥吉野、熊野、飛騨、中国山脈東部、鈴鹿山脈、奥美濃などを歩き回って、姿を見た人、声を聞いた人、糞を知っている人、仔を拾った人などから体験談を聞き集めているうちに、学界に分かっているのは、徳川時代に殺されたオオカミの頭骨のことだけであって、姿や習性は、ほとんど理解されておらず、実際のオオカミは、ウルフなど犬科の動物と全く違った機能をもつ足を持っており、習性も全く違っていて、日本独特の哺乳類であることを知った。[*3]

日本に太古からいたオオカミは、ウルフの亜種とされ、日本人は皆そう思うようになった。しかし体験談を聞き集め調査するうちに、日本のオオカミの姿や習性はほとんど理解されていないこと、実際の日本のオオカミは、大陸のオオカミなど犬科の動物とは異なる日本独特の哺乳類であることを知ったと述べる。ここから読み取れることは、捜索に踏み切った動機が、亡びたとされるオオカミの生存や分類に関する通説への疑問であり、既存の先入観を検証したいという意思であったということである。

オオカミの不在に何を見いだしたか

次にみてみたいのは、オオカミの姿が見えなくなっているという事態を人びとがどのように解釈したのかという点についてである。

奈良県十津川村出身の医師であった中森瀞八郎《なかもりせいはちろう》（一九〇五〜六二）は、山犬（狼）に関する投稿を募集した雑誌『動物文学』に対して以下の文章を寄せている。

今、全国で何処と何処が彼等の最近迄出没した地方かを数へるなら、当吉野地方も必ずやその一つに挙げられるであらう。理由はいふまでもなく特別な山地であり、文化隔り人煙乏しく、山高からずと雖も谷深く、樹木よく繁茂し、彼等の生活條件に適してゐるからである。こゝでその衰亡の判然たる原因が一つ認められる。即ち山林が開発され、丁々たる斧の音が奥の奥まで木魂し、人夫の出入が愈々多くなつたことである。これでは狼の如き敏感な獣は堪へられぬであらう。

（中略）然し以上の理由（山材の開発、原始林の乱伐と人工林の出現。―引用者註）だけではなほ半分の説明もできかねる。即ち彼等は他の獣の如く狩り立てられ、或は殺傷される事はないと言つてよいから、この方面では減ることはない。原始林は減つたがまだ〳〵住するに事かく程ではないと思ふ。そして他の動物にしても減つては来たが、猪でも鹿でも其他のものでも充分棲息してをり、禁猟獣の羚羊などは見事に増殖して来てゐるのだから同一條件で狼だけがゐなくなる筈はない。（中略）

そこで私は狼の生殖能力が突然失はれるやうなことがない限り、絶対に生存せずとは断言できぬと思ふ。（中略）それでは何故姿を見せぬかといふと、それは敏速に逃げ去つてしまふからではなからうか。（中略）まだ狼の横行してゐた頃の老人達に当時の様子を聞いてみても、狼に直面したものは甚だ少いといふのもその一証左と言へるだらう。ともかく、狼滅亡の理由はなか〳〵難問題で一概に断ずる訳には行かない。[*4]

ここでの中森は、山林開発と人夫の出入りの増加がオオカミを衰亡させた原因と認めるものの、オオカミが絶対に生存せずと断言できるほどの状況ではないとの判断を示している。そのなかでオオカミが姿を見せない理由は、敏速に逃げ去ってしまうからだとする。絶滅を断言することを避け、オオカミの生存を考えるにあたっては、人が把握できる領域の外を思っているといえる。

また同じ募集を受けて、オオカミが絶滅した要因を推測し、寄稿した者もいる。

以上の物語的な吾が母の話〔五〇年ほど前母親が娘時代に、牝犬を飼っている知人の家の周りを夜な夜なうろつく動物がいた。その後牝犬が生んだ子犬は普通の犬の子の様ではなく、こわい顔をしていたという内容―引用者註〕はさながら日本に於けるヤマイヌの歴史を物語つてゐると思ふ。即ちヤマイヌは五十年前頃から猟銃による捕獲のためにその数を急激に減じ従つて牝牡の比例を失して家畜犬を相手とする生殖をよぎなくされるに及び、次第に純系の性質を失ひ、飼い犬的となり、益々人家に近づいて生活する様になつた。そのため人目にふれては、捕獲される浮き目に会ふ機会も多く、遂に絶滅の運命をたどつたものと推される。[*5]

ここでは絶滅に至る過程として、捕獲による頭数の急減をあげるのみならず、純系の性質を失ったオオカミが人家に近づき、人目にふれ捕獲される機会が多くなったことを提示している。「飼い犬的」な性質となり、人家に接近し人目にふれることが絶滅の運命につながったとみているといえる。

生き方を変える主体

人びとに絶滅を推測させる背景として、オオカミによる生態の変化にふれる言説は、ほかにも存在する。まず一つ目にみるのは、柳田國男（一八七五～一九六二）による『狐猿随筆』所収の論である。柳田は日本にオオカミなしと断定する前に考察すべき点があるとする。

之を要するにこの日本語でオホカミと謂つた獣ならば、私はまだ日本のどこかの山にも居るだらうといふ説である。彼等の血筋は僅かばかり、飼犬の中にも伝はり、又里の犬が何かの機会に山に復つて彼等と混じた例も有り得ると思つて居るのだが、さりとて只の野ら犬をその狼の中に算へようとするのでは無い。野ら犬はいくら風来になつて遁げまはつて居ても、犬とは元どほりに仲間の交際をして居る。配偶期に於ては尚更のことである。之に反して山に居る猛獣は社会がまるで別であり、従うて習性も異なる発達を遂げて居て、特殊の事情が無い限り混同はして居ない筈である。さういふ純なる野獣が日本にはなほ居るか否かゞ問題になつて居るので、それを自分はまだ居りさうだと言ふのである。但し其数の非常に減じてしまつたことゝ、群で行動する習性が無くなつてしまつたことゝ、この二つだけは争ふ余地が無いやうである。その上更に一つの重要なる変遷は、人に対する兇暴性が、近世に入つて著しく増加して来たかと思はれる点で、私はこの三つは相互に関係した新現象、即ち日本狼の歴史であらうと思つて居るのである。[*6]

ここで柳田は、人が生活技術を改良するのと同様にオオカミの習性も変化していると認める意味において、オオカミにも歴史があるとみている。

次に見たいのは、生物学者、人類学者であった今西錦司（一九〇二〜九二）による、一九四八年の「動物記」所収の論である。これは、柳田國男の説に対する応答として知られている。

今西は、日本のオオカミが絶滅の道をたどらねばならなかった理由について解答を出した人として柳田をあげる。柳田の仮説の前提にあたる、オオカミの生活様式の常態を群れだとする見方を否定し、狼には孤狼の面と群狼の面の二面があったのだとする。

ところでわたくしは、こういう説明〔狼の常態に関する説明。狼は孤狼で見いだされることもあれば群狼で見いだされることもあると指摘。―引用者註〕ではどうしても割りきれないような狼が、やはりある時代の日本にいたのでないか、という疑いをいだくものである。その狼というのは、わたくしがさきに引用した『遠野物語』に出てくるような狼である[*7]。（中略）それ〔交尾のためのあつまりとも解釈しがたい、一〇〇をもって数えるような大きな群れ―引用者註〕は一度現われたきりで、どこかへ行ってしまって、二度とふたたびその姿を現わさぬような群れであった。わたくしがいままで説いてきた、狼の社会生活の常態とは、どこか本質的にちがったところがある。それはまさに異常な群れでなければならない。

かかる異常な群れが出現するということは、なにか生存上の危機と結びついた異変が、狼の社会に発生したことを示すものでないだろうか。環境の変化してゆく方向は、いずれにしても狼の生存に不利な条件を与えるばかりであったから、ほっておいても狼は絶滅に瀕してゆくのほかなかった、というのも一つの見方である。これに対し、環境の悪化にある程度まで抵抗し、また順応もしてみたが、それもある限度までのことであって、その限度がきたときには生物として、いままでとは全然ちがった反応を現わして、これに答えるようなことがないであろうか。そして、窮鼠かえって猫を噛むように、この反応がむしろ常態をもっては説明できないところに意義がある。だからわたくしにいわせると、日本の狼も絶滅の一歩手前というところまでいったから、こういう異常な群れをつくらねばならなくなったのだ。

しかも、こういう異常な群れの現われた遠野郷では、そのあと狼の数が激減したというのであるから、それはじっさいにも絶滅の先駆的現象であったということができる。柳田氏は群れの解体のなかに絶滅の前兆をみようとしたが、わたくしは反対に、こうした異常な群れの成立のなかに、日本の狼の絶滅の前兆を認めたいのである。*8

ここで今西は、異常な群れの出現に対して、生存上の危機と結びついた異変がオオカミの社会に発生したことを示すものと推測している。オオカミはただ絶滅に瀕していくのではなく、環境の悪化が順応可能な限度を超えた際にまったく異なる反応で答えることがないだろうか、と述べる。その反応が、常態をもって説明できないものである点に意義を見いだしている。

異常な群れの出現は、オオカミの社会における異変のあらわれであり、環境の悪化に適応しきれなくなった際の応答だとする。柳田はオオカミをも歴史をもつ主体とみたが、オオカミを生存上の危機のなか、常態とは異なる反応で応答する者としてみた意味で、今西もまたオオカミに一つの主体をみているといえるのではないだろうか。

生物多様性の損傷への意味づけ

生物多様性の損傷

ここまで振り返ってきたのは、オオカミが絶滅した可能性が指摘されはじめた大正末〜昭和にみえる言説だった。その後にあたる現在もまた、地球全体の規模で絶滅が進行中の時代とされる。現在において、絶滅や生物多様性の損傷はどのように意味づけられているのだろうか。

二〇一九年に発行されたIPBES[*9]による報告書は、一つの問題を提起している。それは、自然と自然が人びとにもたらしている生態系サービスが世界的に悪化しつつあるという問題である。同報告書では、自然がもたらしている寄与として、二つの内容があげられている。まず一つ目は、「人びとの身体的健康と文化の維持に欠かせないさまざまな資源[*10]」である。食料、飼料、エネルギー、薬品、遺伝資源、大気、淡水などがある。二つ目は非物的な貢献であり、「個人や人間集団が主観的または心理的にとらえる生活の質[*11]」への寄与である。例としては、生活の質や文化的一体性に欠かせない発想（インスピレーション）や学習、身体的・心理的経験、アイデンティティ形成への寄与が言及されている[*12]。

物的貢献にとどまらない自然の恩恵をとらえたこの報告書は、地球全体の自然が過去五〇年間に人類史上かつてない速度で変化し、生物多様性も減少しつつあることを指摘したうえで、自然の保全と持続可能な利用、持続可能な社会を実現するには経済、政治、技術すべてにおける変革が必要だと訴えている[*13]。

想像の限界

現在絶滅を食い止めようとする際の動機づけとなっているのは、私たちが受容し、理解し得た自然の恩恵が損なわれつつあることへの危機感である。また絶滅の可能性を自覚した際に取り組んできた動きのなかには、オオカミの生存を期待する、あるいは確信するに至る調査や考察が含まれている。それはかつての生態系を目標に据えたうえで、私たちが知っている姿としての生態系を取り戻そうとする動きだといえる。

ここで一つ気にかかることがある。それは、絶滅に対応する際の動機づけも解釈も、すべて人間の視点に基づく行動だという点である。私たちは人間である以上、私たちが受容し得る刺激を通して私たちが描いた像でしか生き物たちを理解することができない。人間が人間以外の生き物の生態を生きることはそもそも困難だったのかもしれないが、絶滅の進行は、人間が人間なりに構築してきた予想を覆す反証となるような生き物や生き方を失わしめた。その意味において、元来の困難が深まっていく過程だといえるのではないか。そう考えると、絶滅の可能性に直面するなかで私たちが生み出してきた動きというのは、私たちが感じ得る刺激を基に構築してきた、私たちなりの理解のみを通して生き物をみざるを得ない時代のはじまりを象徴しているのではないだろうか。

博物館での沈黙に包まれた展示ケースと、活気に満ちた観覧通路とを思い出す。そこにいたのは、人間による解釈以外の姿を想像してもらえなくなった生き物たちと、みずからの想像の限界を知り得なくなりつつある生き物だったようにみえた。

註

＊1　志村真幸『日本犬の誕生 純血と選別の日本近代史』(勉誠出版、二〇一七年)、二〇〜二一頁。

＊2　前掲註1『日本犬の誕生 純血と選別の日本近代史』、三六〜三七頁。

＊3　斐太猪之介『オオカミ追跡一八年――ニホンオオカミはまだ生きている』(実業之日本社、一九七〇年)、一二〜一三頁。

＊4　中森瀞八郎「吉野の狼の話」(『動物文学』第六八号、一九四〇年)、二八頁より引用。ただし旧字は新字で表記している。

＊5　八木誠政「ヤマイヌの話」(『動物文学』第五七号、一九三九年)、六四頁より引用。筆者は昆虫学者の八木誠政(一八九四〜一九六七)か。なお旧字は新字に置き換え、かつ『動物文学』誌上で投稿への註記を行っていた平岩米吉が解説のため本文に付した強調点も省略している。

＊6　柳田國男「狼のゆくへ――吉野人への書信」(『定本 柳田國男集』第二二巻、筑摩書房、一九六二年、初出一九三三年)、四三五頁より引用。ただし旧字は新字で表記している。

＊7　佐々木嘉兵衛という人物がある秋の暮れに遭遇した、何百とも知れない群れで走って来るオオカミを指す。

四一　和野の佐々木嘉兵衛、ある年境木越の大谷地へ狩りにゆきたり。死助の方より走れる原なり。秋の暮れのことにて木の葉は散り尽くし山もあらはなり。向かふの峰より何百とも知れぬ狼こちらへ群れて走り来るを見て恐ろしさに堪へず、樹の梢に上りてありしに、その樹の下をおびただしき足音して走り過ぎ北の方へ行けり。その頃より遠野郷には狼はなはだ少なくなれりとのことなり。

(柳田國男『新版 遠野物語 付・遠野物語拾遺』角川学芸出版、二〇〇四年、初出一九一〇年、三三頁)

＊8　今西錦司「遊牧論そのほか」(『今西錦司全集』第二巻、講談社、一九七四年)、三七八〜三七九頁より引用。

＊9　IPBES：生物多様性及び生態系サービスに関する政府間科学――政策プラットフォーム。二〇一二年四月に設立された政府間組織であり、生物多様性や生態系サービスの現状と変化をめぐる研究成果を基に政策提言を行う。https://www.biodic.go.jp/biodiversity/activity/policy/ipbes/files/ipbes_pamphlet1603.pdf

＊10 生物多様性及び生態系サービスに関する政府間科学——政策プラットフォーム（環境省、公益財団法人地球環境戦略研究機関（IGES）訳『IPBES 生物多様性と生態系サービスに関する地球規模評価報告書』政策決定者向け要約、二〇二〇年、原著二〇一九年）、一二頁より引用。
＊11 前掲註10『IPBES 生物多様性と生態系サービスに関する地球規模評価報告書』、五三頁より引用。
＊12 前掲註10『IPBES 生物多様性と生態系サービスに関する地球規模評価報告書』、一二頁より引用。
＊13 前掲註10『IPBES 生物多様性と生態系サービスに関する地球規模評価報告書』。

第一三章

人新世における自然史的転回と歴史学

西谷地 晴美

はじめに

二〇一九年の年末に、中国の武漢からはじまった新型コロナウィスル感染症の流行は、翌年には世界的なパンデミックを引き起こし、世界の日常を一変させた。その衝撃をいかに受け止めるべきか、世界の言論界はさまざまな発信をはじめている。[*1]

一方、メッセンジャーRNAワクチンのような、新しい手法による新型コロナウイルス対応ワクチンを、米国のファイザーとモデルナ両社が瞬く間に完成させ、すでにその接種がはじまっている。この新型ワクチンは、当初想定されたインフルエンザワクチン並みの重症化予防効果だけでなく、発症そのものを九五％に迫る確率で予防する驚異的な性能の高さによって、人類が今回のパンデミックを克服する決め手になっていくだろう。

しかし八〇億近い世界の人びとが、集団免疫効果も含めて、なんらかのワクチン接種の恩恵にすぐにあずかれるようになるわけではない。ワクチン免疫の持続期間とワクチン供給能力との関数が引き起こすワクチン争奪戦を勘案した場合、発展途上国の新型コロナウイルスパンデミックがワクチン接種によって収束するまでには、なお一〇年近い歳月を要するに違いない。[*2]

その間、国連も世界各国も、感染対策とワクチン確保と経済復興に追われ、種の大量絶滅や地球温暖化の進行を食い止めるために必要な、貴重な時間と虎の子の資金とエネルギーインフラ改革のモチベーションを奪われることになる。これは地球の生態系にとっても、人類にとっても、きわめて懸念される事態である。

現代社会が直面する諸矛盾と向き合ってきた日本史学も、その影響を大きく被るだろう。なぜならば、東日本大震災と福島第一原子力発電所の大事故が発生した二〇一一年三月一一日以降、目の前で日々展開する原発再稼働問題に圧迫されながら、未来を決定する地球温暖化をめぐる議論が、日本の言論界だけでなく日本史学界からも消えていった厳然たる過去があるからだ。[*3] その前例をふまえれば、人新世《アントロポセン》のはじまりという地質学的な時代の大転換を自覚して、日本史学がみずからのあり方を根本から見つめ直し、学界全体でとことん考え抜いて、人新世という時代にふさわしい日本史学を創り上げていく重要な仕事が、このままでは間違いなく先延ばしになってしまうだろう。

本章は、そのような思考停止を回避するために緊急に作成した、日本史学に求められる自然史的転回の提言である。

時代認識の転換

人新世における集団幻想

ここではまず、人新世という新しい時代概念について、あらかじめ学問上の注意を喚起しておきたい。

人新世とは、二〇〇〇年に大気科学者パウル・クルッツェンと生態学者ユージン・ストーマーによって提起された、地質学上の時代概念である。それによれば、一万二〇〇〇年間続いてきた完新世という時代（間氷期に該当する時代）はすでに終了し、現在は地球温暖化が進んでいく人新世の時代に入っている。人新世の地層は、地中に大量に入り込んだコンクリート、プラスチック、放射性物質などによって、完新世の地層と明確に区別可能なだけでなく、すでに大気組成、気候、自然環境も完新世のそれと異なっている。

この人新世という時代概念に関するこれまでの議論では、人新世という表現は環境悪化の責任を人間一般に転嫁させてしまうので、責任の所在を明確にするために資本新世と呼ぶべきだという主張がなされている。[*4]そしてこの手の議論のほとんどは、グローバル資本主義から別の経済システムへの転換こそが、問題解決の道であることを説いている。[*5]

人新世という表現や概念をめぐるこのような議論の構えは、本質的な内容を含んでおり、学問的に重要でもある。だから社会の諸矛盾に敏感な良心的な人びとは、地球環境悪化の原因をなしてきた世界システムを変革することで現在の危機を食い止めようというこの手の議論に、大きな関心を示すだろう。良心的左派の研究者ならば、人新世の到来をかつてのマルクス主義のような学問的正義を主張する好機ととらえるに違いない。[*6]

しかし今の世界システムの功罪を学問的に議論したうえで、社会的にそれを理想的な姿に変革していくような悠長な時間は、もはや私たちにはほとんど残されていない。根本的なエネルギー転換（脱炭素）を一五～二〇年以内に実現しなければ、地球温暖化の進行と種の大量絶滅を食い止めることができないまま、今の地球環境が自律崩壊する軌道に乗ってしまう可能性が、科学的に想定されはじめている。[*7]脱炭素だけでなく、地球に対する自由開発行為の停止（持続可能な開発）も、熱帯雨林地域などで急速に進んでいる生態系の崩壊を中断させるうえで、喫緊の課題である。[*8]

このような厳しい制限時間のなかで、生命の危機に直結するこれ以上の環境悪化を食い止めるためには、脱炭素と自由開発行為の停止を、不平等のかたまりのごとき今の体制のなかで実現していく以外に、現実的な道はない。グローバル資本主義が本源的に世界中で引き起こしてきた、胸が悪くなるような搾取や差別や不平等の解消、そのために必要な世界システムの改革は、その学問的追究を進めながらも、政策実現の優先順位を今は後回しにせざるをえないのだ。それほど、人新世初期の世界が直面している気候危機の度合いは深刻なのである。

しかし、人新世をめぐる議論に参加している文化系の研究者が、どれだけこの点を理解しているのか、私にはきわめて疑わしい。人新世の矛盾を語る彼ら自身が、未だに完新世という安定した仮構世界に身をおいているようにみえるからだ。しかしこの点は、人新世の議論そのものに関心を示さない多くの歴史研究者にも、共通しているように思われる。

まだ完新世が続いているという、文化系研究者の集団幻想を取り払わないかぎり、議論は前に進まない。

過去からの声

図1は、IPCC第4次評価報告書（二〇〇七年）に掲載されたデータで、北半球における七〇〇～二〇〇〇年の平均気温の変化を示している。一八〇〇年代後半から二〇〇〇年まで続く濃い太線は、温度計などの計測機器によってとられたデータである。一九〇〇年頃までみられるさまざまな細線は、年輪・珊瑚・氷床コアなどの分析で得られた複数の気温代替データを元に復元された、一二の研究データをあらわしている。縦軸の数値は、一九六一～九〇年の三〇年間の気温平均値を基準値としたとき、過去の気温がそこからどれくらい差があったかを示している。たとえば二〇〇〇年の気温は、一九六一～九〇年の三〇年気温平均値から〇・五℃上昇していることが読み取れるだろう。

図1は、歴史学を専攻する者にとっても興味深いデータであり、私たちの関心を過去へ導いてくれるグラフでもある。*9 しかしこの図1を見て、現在が過去と異なる地質学上の時代に入り込んでいることを察知したり実感したりできる人が、はたしてどれだけいるだろうか。地球温暖化に関する十分な知識がなければ、近年の平均気温の上昇は、特異な姿ではあるものの、過去に何度も起きた気温の上下動と同様な変化に思えるだろうし、いずれ気温は元に戻るかのような錯覚にとらわれる人もいるだろう。

一般の人びとが、図1のような過去と現在のデータだけから、完新世の終焉や人新世の到来を読み取るのは至難の業なのである。まして、問題関心の視線が常に過去に向いている歴史学に携わる人びとは、なおさ

図1　北半球の平均気温の変化（700〜2000年）

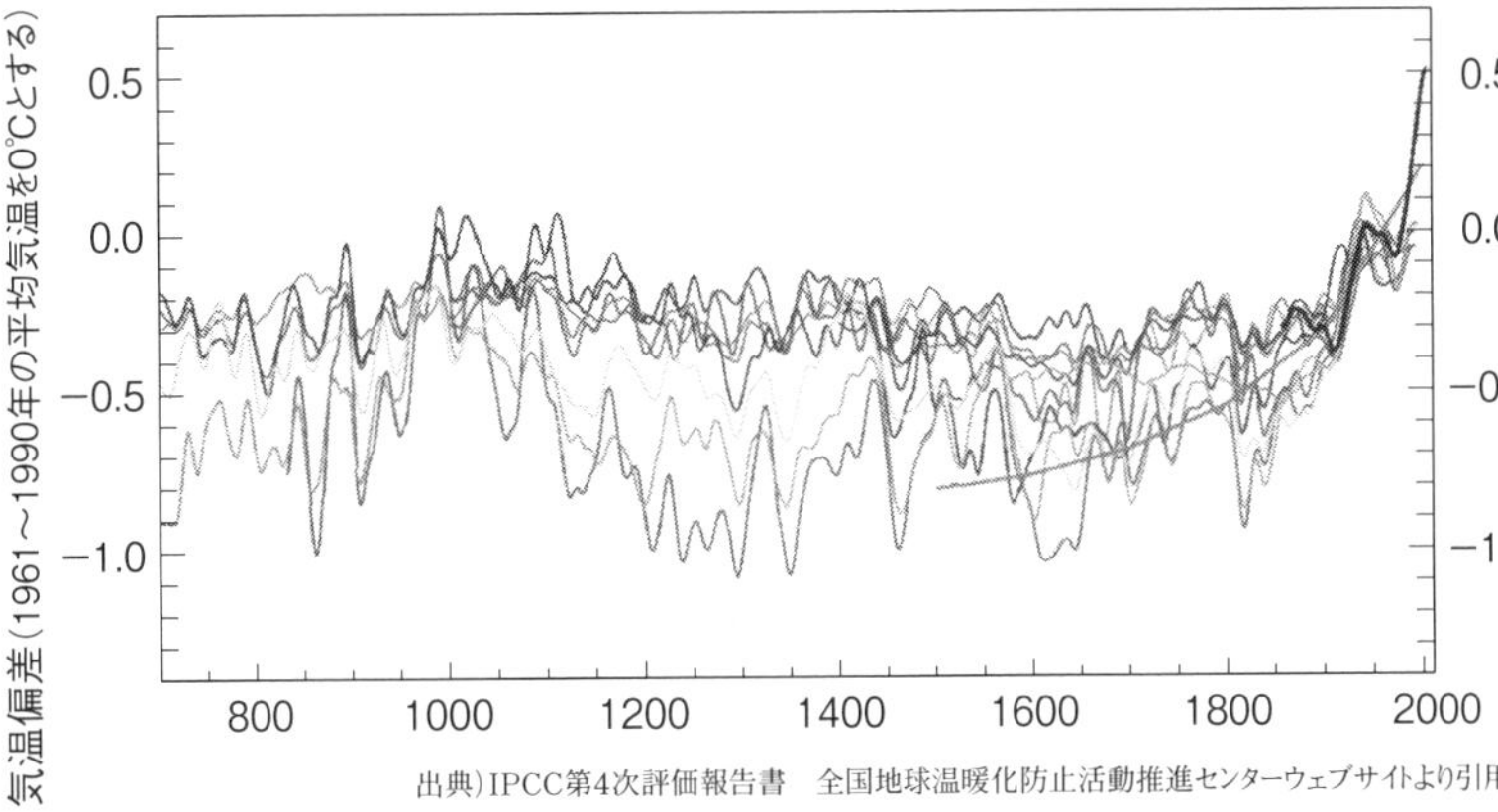

出典）IPCC第4次評価報告書　全国地球温暖化防止活動推進センターウェブサイトより引用

らそうであるに違いない。

歴史の研究では、過去からの声を聞き分ける感性が大切になるが、過去や現在の声を聞くだけでは、自分の立ち位置に気づけない場合があることを、私たちは自覚する必要があるだろう。完新世の終焉や人新世の到来のような、従来の文献史学が扱ったことのない地質学的時代の大転換を察知して、自分たちの立ち位置を知るためには、未来のデータが欠かせないのである。

未来からの声

図2は、ＩＰＣＣ第5次評価報告書（二〇一三年）に掲載されたデータであり、観測結果とコンピュータシミュレーション予測に基づいて、一九五〇～二一〇〇年までの気温変化を示したグラフである。二〇〇五年以降の予測部分は、複数の気候モデルに基づく予測データであり、一九八六～二〇〇五年の二〇年間の気温平均値を基準値とした場合、二一〇〇年までにどれだけ気温が上昇するかを示している。

やや濃いめの帯が右肩上がりに続いていく予測部分は、二一〇〇年における温室効果ガス排出量予測のなかで、最大排出予測量に対応する気温上昇シナリオである。私たちが有効な温暖化対策をとらないケースに該当する、この最悪のシナリオによる二〇八一～二一〇〇年の二〇年気温平均値の最大は、前述の基準値から四・八℃の上昇になる。

一方、二〇五〇年以降横ばいになる濃いめの帯の予測部分は、将来の気温上昇を一℃以内、つまり産業革命期の気温から二℃以内に抑えるという目標のもとに開発された、温室効果ガス排出量をもっとも低く抑えた場合の予測シナリオである。ちなみに、二酸化炭素を大量に排出している中国、米国、インド、ロシア、日本なども含めて、世界全体が二〇五〇年以降カーボンニュートラルを実現するという、この最善のシナリオは、現時点ではすでに達成することが困難になっている。

二酸化炭素などの温室効果ガス排出削減が実施されていく時期とその削減量によって、二〇八一～二一〇〇年の気温平均値がとりえる範囲は広がるので、予測部分の総体は、二〇〇五年を始点として底辺が右上がりの三角形のかたちになっている。

図2　1950〜2100年までの気温変化（観測と予測）

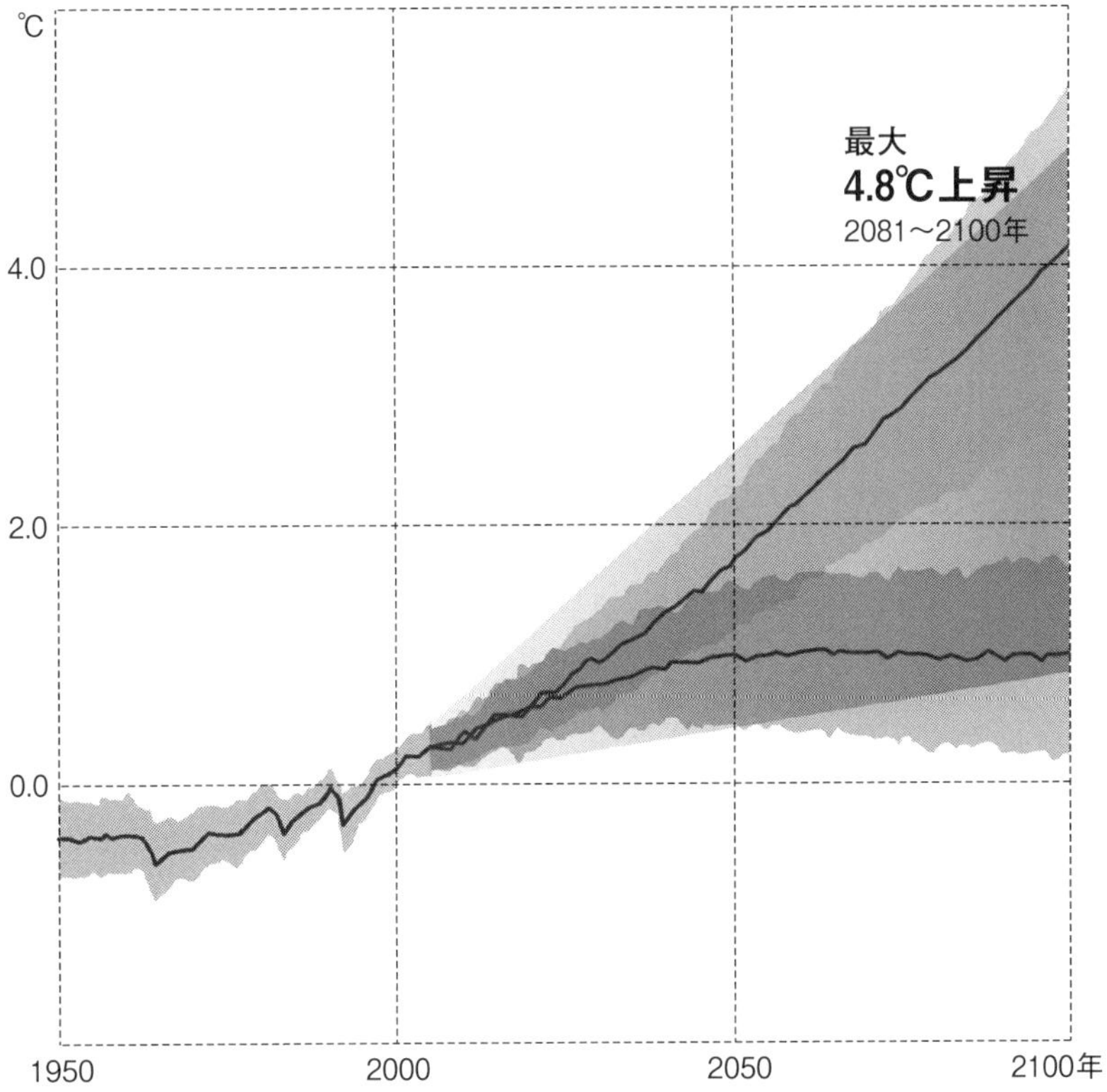

出典）IPCC第5次評価報告書　全国地球温暖化防止活動推進センターウェブサイトより引用

ところで、この図2の未来予測部分は、無機質なコンピュータシミュレーションにすぎないが、未来の地球が現在の私たちに語りかけている声を、平面上のグラフに変換したものでもある。しかし、この図2から地球上のさまざまな動物の悲鳴や人びとの嘆きが聞き取れる人は、よほどの感性と知性の持ち主に違いない。しかも図2は、温室効果ガス排出量を徹底的に低く抑えることができれば、よりよい結果が得られることを、実現可能性を度外視して提示したグラフでもある。そのため、未来からの声は複雑に混

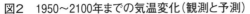

線してよく聞き取れず、自分たちがすでに別の時代に足を踏み入れていることも、この図ではよくわからない。可能性がいくつもある未来からの声を聞き分けながら、自分の立ち位置を判別するのは、思いのほか難しいのである。

人新世初期の自覚

図3は、IPCC第4次評価報告書（二〇〇七年）に掲載されていた二つのグラフを合体して作成されたものである。七〇〇～二〇〇〇年まで一三〇〇年間のグラフは前掲の図1と同じであり、図の右端に見える二〇〇〇～二一〇〇年の色の濃い縦長の三角形は、地球全体の平均気温予測データである。縦軸の数値は、一九八〇～九九年の二〇年間の気温平均値を基準値としたとき、過去と未来の気温がそこからどれくらい差があるかを示している。図1と図3の縦軸の基準値は微妙にずれているが、無視してよい。図3の右端に記された六・四℃と一・一℃は、二〇九〇～九九年の一〇年間の気温平均値が、基準値からどれくらい上昇するかについての予測値である。この予測値は、第4次評価報告書を作成する時点で可能性が高いとされた数値の最大値と最小値なので、第5次評価報告書に掲載された図2の予測値と異なっているが、ここでは問題にしない。

さて、この図3をもう一度見てほしい。七〇〇～二〇〇〇年まで過去一三〇〇年間の平均気温の推移は、温暖な時期や冷涼な時期はあったものの、おおよそ上下一℃のあいだにきれいに収まっている。奇跡の一万年、あるいは奇跡の七〇〇〇年と呼ばれる、気温が相対的に安定していた完新世の特徴が、ここからも読み

図3　700〜2100年までの気温変動（観測と予測）

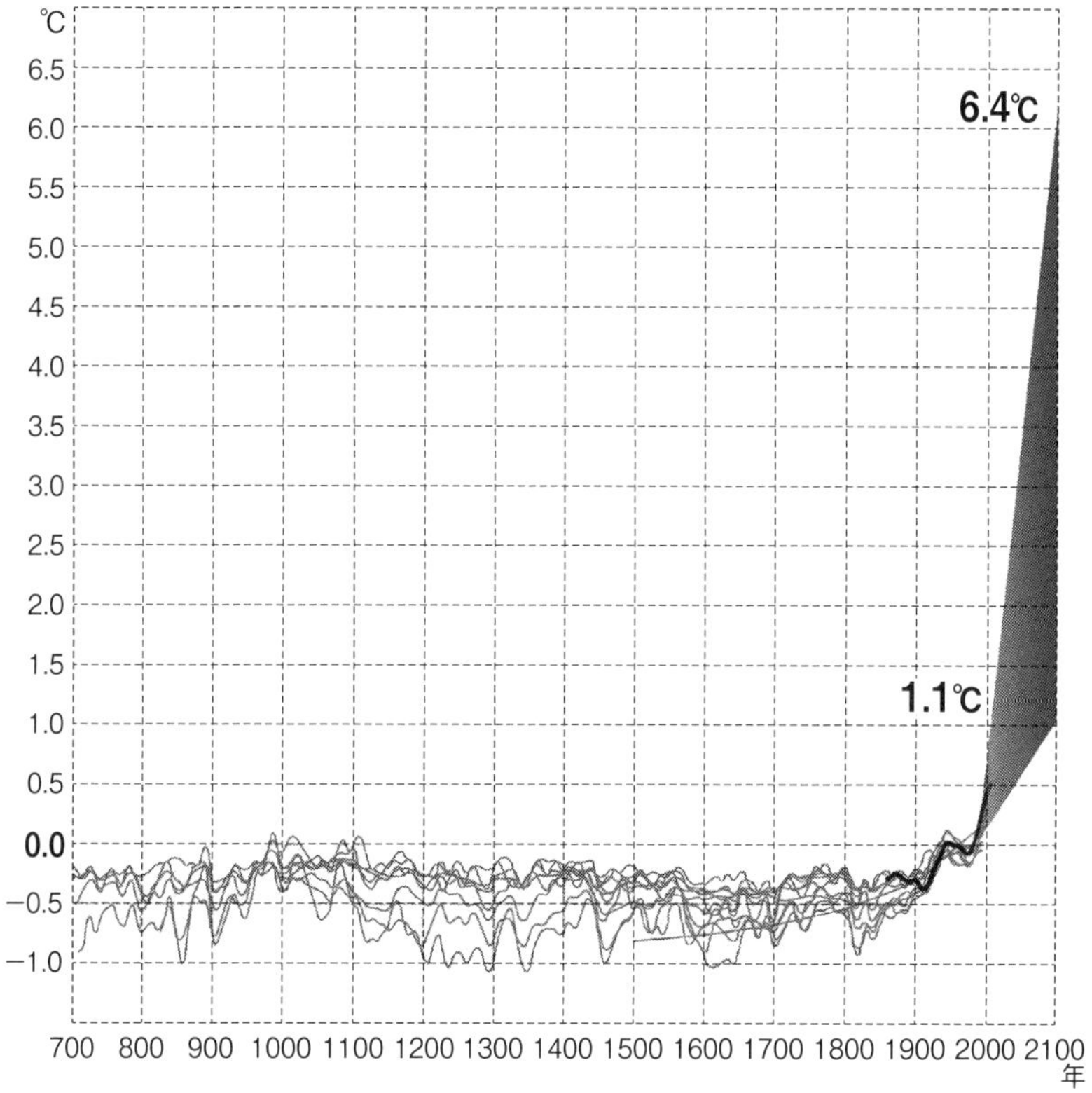

出典）IPCC第4次評価報告書　全国地球温暖化防止活動推進センターウェブサイトより引用

取れるだろう。

それに対して、二〇〇〇年以降の平均気温の推移はどうなっているのか。

一万二〇〇〇年前に氷期から間氷期へ地質時代が一変したとき、氷期と間氷期との平均気温差はおよそ五℃だった。図3の右端に壁のようにそびえ立つ未来の気温予測を見て、過去と未来を同じ時代と感じてしまう人は、歴史をとらえる感性が相当麻痺している。図3の説明を受けたほとんどの人は、大きな胸騒ぎを覚えながら、中世から近世へというような時代の変化とはまったく異質な、地質学的な時代の大転換が進行していることを、直感的に感じ取るに違いない。

　平均気温という側面から単純化していえば、この壁のようにそびえ立っている三角形が、人新世という時代の初期の姿をあらわしている。気候が相対的に安定していた完新世という時代はすでに終了し、二〇二一年の現在は、人新世初期の時代に完全に入り込んでいる。農耕・牧畜の開始から産業革命以降の工業化に至るまで、人類に自由な活動を許容してきた完新世という時代は、もうどこにもありはしないのだ。

　だから、自然環境の可逆性と永続性に支えられた完新世的な時間意識のなかで人新世を議論する研究態度を、ひいては完新世的時間意識のなかで学問や社会の課題を悠長に議論するような従来型の研究態度を、私たちはただちにかつ根本的に改めなければならない。人新世初期の時代において、文化系研究者がまず自問しなければならないのは、自分たちが身につけてきた完新世的な時間意識であり、その時間意識が学問にもたらしてきた影響の大きさであり、つまりは人文学の完新世的属性そのものなのである。

歴史学の自然史的転回

ポストヒューマン

現在が人新世初期であることを自覚したならば、人新世における歴史学の課題はどうなるのだろうか。この点を考える前に、私たちはフェミニズム理論家で現代哲学者でもあるロージ・ブライドッティが語る以下の懸念に、耳を傾けておく必要がある。[*10]

人間なるものの危機とその後に降り注いだポストヒューマンの死の灰は、人間に最も深くかかわる学問領域、すなわち人文学に悲惨な結末をもたらしている。今日、先進的な民主主義国家のほとんどに広まる新自由主義的な社会風潮のなかで、人文学の研究は、「ソフト」サイエンスという水準からも格下げされて、有閑階級のための花嫁学校のようなものになってしまっている。専門的な研究領域というよりも個人の趣味にかかわるものとみなされた人文学は、二一世紀のヨーロッパにおける大学の教育課程から消滅する深刻な危機のもとにあるとわたしは思っている。

ブライドッティのこの懸念は、人文学には人間中心主義という欠陥と、方法論的に抱えるナショナリズムという欠陥があり、この二つの欠陥は現代の学問において致命的であるという、人文学に向けられた非難に対して、示されたものである。

「人間に最も深くかかわる学問領域」である人文学に向けられた、人間中心主義批判や「ポストヒューマンの死の灰」とは、本来的には男性中心主義、白人中心主義、植民地主義、理性的人間という、ヨーロッパ近代の人間観の否定を意味している。しかしこの問題に人新世概念が加わると、「ポストヒューマン理論は、わたしたちが、人間の行為者と人間以外の行為者の双方と地球規模で相互作用をおこなうにあたっての基本的な教義を再考する手助けともなりうる」とブライドッティ自身が述べるように[*11]、人間中心主義批判やポストヒューマンは、容易に人間一般の批判論に接続する構えをとることになる。この議論の先には、ピーター・シンガーの動物解放論[*12]や、人間と動物との関係を主権者同士の戦争ととらえるディネシュ・J・ワディウェルのような理解[*13]が待ち受けているだろう。

ここには、環境悪化の責任を人間一般の行為に転嫁させてはならないという人新世概念をめぐる議論とは異質な、自然や動物に対して人間一般を対峙させようとする学問的志向が存在しているように思われる。

その評価も含めて、人新世における人間の立ち位置や果たすべき役割の考察は別の機会に譲りたいが、人新世における歴史学や人文学の背後には、ヨーロッパ近代の人間観の否定という、完新世の時代に解決できずに人新世に持ち越された正当な議論から、地球における人間一般の活動そのものを否定する環境原理主義的な主張に至るまでの、さまざまな思想がありえることに注意を払っておきたい。

歴史学の課題

ここでは、人新世における歴史学の課題を四点だけ述べることにしよう。

ところで、これまで述べてきたように、過去からの声だけを聞いていたのでは、自分たちの立ち位置がわからないというのが、人新世初期の特徴なのだとすれば、人新世における歴史学の課題は、未来を見通したものである必要がある。さらに、地球温暖化をはじめとする自然環境の変化が、完新世から人新世への大転換の基盤なのであるから、それに対応する課題が歴史学には求められる。

以上の点をふまえれば、人新世における歴史学の課題の第一は、自然が社会に与え続けた長期的影響の考察であり、より挑戦的にいえば新しい環境決定論の構築である。

たとえばかつての日本史学は、社会体制や時代の転換の要因を、必ず人の行為に求めてきた。変化の主要な要因を外部の自然に求めようとする議論には、環境決定論というレッテルを貼って、暗黙のうちに排除してきた。まさに人間中心主義としての歴史認識が、日本史学の王道であった点に、疑問の余地はないだろう。

しかしこれからは、歴史の変動に自然環境の長期的な変化がどれほど関与していたのかについて、詳細に分析し直す必要がある。あるいは、一℃の範囲内で変動してきた平均気温の長期的な変化が、社会にどれほど大きなストレスを与えてきたのかを、通時的に明らかにすることも重要になる。そうすることで、温暖化が果てしなく進む状況に対して歴史学が警鐘を鳴らすことも可能になるだろう。

歴史学の課題の第二は、人が自然に与え続けた長期的影響の考察である。これは従来の山川藪沢《せんせんそうたく》の開発史や耕地開発の歴史、あるいは漁業史研究の活用が可能であるが、今後重視されるのは、種の大量絶滅を念頭においた、生態系への長期的影響の考察になる。だからこの課題においては、考察の対象を土地のありようではなく、動物や植物などの生命のありように移し替える必要がある。

課題の第三は、平時と非常時に関する新しい考察である。本源的非常時が果てしなく続いていく人新世においては、本源的非常時を仮構的平時に読み替えることで、人びとは日常性を維持しようとする点については、すでに別稿で簡単な指摘を行ったが[*14]、十分とは言いがたい。長期にわたるコロナ禍に対する人びとの行動変容をふまえると、歴史における平時と非常時の総合的研究を早急に行う必要があるだろう。

課題の第四は、経済格差と不平等に関する研究の刷新である。人新世において、経済格差と不平等は拡大し続けている。すでに述べたように、その解消を待っていたのでは気候危機対策が手遅れになるので、今は政策的優先順位を後回しにせざるをえないが、これを放置などできない。この問題は、人新世の歴史学においても重要な研究課題のひとつである。

完新世の歴史のなかで、経済格差と不平等の存在を前提とした社会が、なぜ自滅することなく継続できたのか。この点について、野蛮という概念を捨て去ったうえで、私たちはもう一度その理由を再考する必要があるだろう。また、人と人とのあいだの格差や不平等が解消できない人類に、人と自然、人と動物との「不平等」を解消することが可能なのかどうかも、あわせて考えなければならない。

人間とはいったい何者なのかを問う、この第四の課題が存在するかぎり、時代が人新世に転換したからといって、人間を考察する学問という構えを歴史学は安易に捨て去るわけにいかないのである。

おわりに

人新世の到来は、遠い未来の話だと思っていたことが、実はもう起きていたという、とてもショッキングな出来事である。しかし私たちは、それを早急に自覚しなければならない。時間が経過するほど、自然も社会も被害が増大していくからだ。

奇跡の一万年とも呼ばれる、相対的に気候の安定していた完新世は終了した。地球温暖化がこのまま進行すれば、八〇億近い人びとが生きる社会が、従来通りに存続できるだけの水と食料の確保が困難になる。世界の貧困層を中心にして、多くの人びとが気候変動の犠牲になり、自然界の多くの種（動植物）が絶滅していくだろう。

だから今こそ、自然とは何か、世界とは何か、人間とは何者なのかを、私たちはあらためて総合的に問い直さねばならない。その答えは未来にあるわけではない。答えは過ぎ去った過去のなかにあり、それを取り出して人びとに示すことが、これからの歴史学の重要な役割になるだろう。もし私たちが、自然史的転回による歴史学の再構築に失敗すれば、ブライドッティの懸念が現実のものとなることを、覚悟しなければならない。

註

＊1　たとえば、『新しい世界――世界の賢人16人が語る未来』(講談社現代新書、二〇二一年)など。小路田泰直編著『奈良女子大学叢書6　疫病と日本史――「コロナ禍」のなかから』(敬文舎、二〇二〇年)は、奈良女子大学にゆかりの深い日本史研究者グループが、このパンデミックを学問的にいち早く受け止めた一冊である。

＊2　世界の経済格差が、ワクチン獲得をめぐる不平等性、すなわち命の不平等性としてあらわれ、その矛盾が顕在化しているが、これは地球温暖化をめぐる経済格差問題やその矛盾(環境悪化責任の所在をめぐる問題)と表裏の関係にある。

＊3　この点については、西谷地晴美編著『気候危機と人文学』(かもがわ出版、二〇二〇年)を参照されたい。

＊4　たとえば、クリストフ・ボヌイユ、ジャン＝バティスト・フレソズ『人新世とは何か』(青土社、二〇一八年)など。

＊5　人新世概念を否定しない斎藤幸平『人新世の「資本論」』(集英社新書、二〇二〇年)も、脱資本主義における脱成長を説く。このような良心的な議論に、本文で後述する制限時間内の実現可能性という必要不可欠な現実的条件が加わると、私たちの未来像はどうなるのだろうか。そのための思考が、これからの言論界における重要な課題のひとつになるだろう。

＊6　研究そのものの批判が本章の目的ではないので、ここではナオミ・クライン『これがすべてを変える』〈上・下〉(岩波書店、二〇一七年)をあげるにとどめておく。この本は同氏の『ショック・ドクトリン』〈上・下〉(岩波書店、二〇一一年)とともに、世界の現状を理解するための必読の書である。

＊7　この点については、前掲註3『気候危機と人文学』を参照してほしい。なお、二〇二〇年に菅義偉内閣が提起した二〇五〇年カーボンニュートラルをめざす政策は、パリ協定をふまえた世界標準の内容であり、その意味で評価すべきものだが、この世界標準そのものが、危機回避においては明らかに後手に回っており、手遅れになる可能性を否定できない。EUの脱炭素先進国が計画の前倒しを図っているのは、このためである。

＊8　ヨハン・ロックストローム、マティアス・クルム『小さな地球の大きな世界――プラネタリー・バウンダリーと持続可能な開発』(丸善出版、二〇一八年)。

＊9　日本に関係する同様のデータや研究を知りたい人には、中塚武監修『気候変動から読みなおす日本史』〈全6巻〉(臨川書店、二〇二〇～二一年)が最適である。この研究は、過去の気温データだけでなく、年輪内セルロース

の分析で得られた過去の湿度代替データが使われている点が斬新である。
＊10　ロージ・ブライドッティ『ポストヒューマン――新しい人文学に向けて』（フィルムアート社、二〇一九年）、一二三～二四頁。
＊11　前掲註10『ポストヒューマン――新しい人文学に向けて』、一七頁。
＊12　ピーター・シンガー『動物の解放 改訂版』（人文書院、二〇一一年）。
＊13　ディネシュ・J・ワディウェル『現代思想からの動物論――戦争・主権・生政治』（人文書院、二〇一九年）。
＊14　前掲註3『気候危機と人文学』、一七五～一七七頁。

あとがき

二〇二〇年、コロナ禍のなかで、私たちは本書の準備を進めた。キャンパスに集うことができず、論文作成に向けての研究報告をオンラインで実施した日もあった。誰もが時代のうねりを、大きな変化の渦中に自分たちがいることを感じていた。机上の史料をともに覗《のぞ》き込むことができず、書物を回覧することも憚《はばか》られる。人と人との距離のとり方、接し方が瞬く間に変わっていく。新型コロナウイルス感染症の世界的な流行は、変容する人間の諸関係に目を向けてきたはずの私たちに、研究の視点や方法を改めて問うことを迫っているようにも思われた。

「新しい生活様式」、さして難解なことばではない。しかし、しばしば耳にするそれは、いかなるものを指しており、また何によってもたらされたのか。この問いに応えることは、容易ではあるまい。この間、医療と経済が二項対立的に語られてきたが、そこには、いわゆる感染症対策のみでは解消しえない問題の深刻さと、それを十分に把握できてはいない現状が示されていよう。また、国や地域により対応がさまざまであることを思えば、変化の要因を新型コロナウイルスのみに求めることも妥当ではなかろう。つまり、「新しい生活様式」ということばの広がりには、いま生じている変化が一過性のものではなく、社会の構造的変化を伴っているかもしれないこと、そして、おそらくそれを多くの人が感じているであろうことがうかがわれるのである。

感染症のとらえ方、それへの関与の仕方が多様であるとすれば、そこに歴史学として考えるべき問題が立ちあらわれる。それらの多様性は、すべてがそうではないにせよ、時間を経て形成された社会のありようの表現だからである。その意味では、過去に起きた感染症のみが研究の対象となるわけではなく、そこに緒を見いだすとしても、扱う事象は広がりをもつはずである。そして、自分自身が、さらには多くの人がいまこの時に感じている変化を、思考を深化させるものとしてとらえ返し、歴史学の方法を問い直すことも求められているのではなかろうか。

ところで、ウイルス感染を当事者の責任とみなす人びとの割合が、日本は他国に比べて高いことが報道されている。また、感染者や医療従事者、すなわちみずからにウイルスをもたらす可能性があると思われる人びとへの差別や排除が広がっているとも伝えられる。両者は表裏の関係にあり、その背景には、検査の拡充とそれをふまえた感染者の隔離が積極的には進められず、感染の拡大防止が人びとの自己規制に委ねられているという現実があろう。そうした政策への批判はあるものの、行政の強い関与を望まない声も聞かれることからすれば、それは行政担当者の問題であると同時に、この社会の問題でもある。

もっとも、人は必ずしも社会のありようを分析し、新型コロナウイルスに関する知識を収集して判断を下し、特定の人びとを排除しているわけではなかろう。感染への不安や嫌悪など、さまざまな感情が人にそうした行動をとらせてもいることに留意したい。また、定着した感のある「ソーシャルディスタンス」も、人は感染症対策として必要な知識をふまえ、一定の距離を保つばかりではない。それまでの関係性がそこに入り込み、快・不快の感覚も作用する。そして、人は人を排除する一方で、人との結びつきを求め、集うのである。「生活様式」をとらえるということは、そうした関係の構築、再編にはたらく感情や感覚をも問題化することであろう。

歴史学は、これまで感情の類を積極的に取り上げ、論じてはこなかった。むしろ、史料のなかに垣間見られる感情も、研究者自身のそれも退けようとする傾向があったといえよう。もちろん、それらが顧みられなかったわけではない。日常的な思考や行動の様式をとらえて歴史を記述する試みとして、アナール学派を中心に展開された心性史を思い起こす人もあろう。それを牽引したリュシアン・フェーヴル（一八七八〜一九五六）は、「感性」や「情動」に注目することの重要性を指摘していた。また飢饉や感染症の流行、経済の変動と死亡率などを総体的に把握しようとする歴史人口学においても、心理的な要因に目配りがなされてきた。ただ日本においては、それらの成果も結果的には、歴史の方法を問い直す契機となるよりも、一つのエピソードとして受け入れられたように思われる。

しかし近年、日本でもその名を冠した書物が刊行され、「感情史」に注目が集まりはじめている。他の学問分野との対話をとおして、驚きや怒り、恐れ、同情などといった感情を歴史学においていかに扱うかが問われているのである。感情は私たちの内にあるのか、それとも外部に存在するのか、時代や地域により異なるものか、あるいは普遍的なものか、感情はどのような史料から読み取ることができるのか、その議論は多岐にわたっている。「感情」はいかなる概念か、それはフェーヴルが「感性」や「情動」といったことばでとらえて記述しようとしたものをどう継承し、あるいは批判するものとなるのか、議論の可能性と課題を見据え、私たちもまた、みずから方法を模索しなければならない。ただ、歴史をとらえるうえで「感性」「感情」に着目することの重要性が、いま改めて認識されていることは疑いなかろう。

「やはり『感性』なのですね」、本書のタイトルを伝えたとき、執筆者のひとりはそう語った。卒業論文について考えはじめたころ、自分自身を深く見つめ自分の問いを立てること、学問的深さのある問いを得る感性の大切さを説かれたことが記憶に残っていたという。研究の対象となる過去の人びとの感性ばかりでなく、いまこの時を生きている人の感性もある。本書に採録された論考は、そうした人びとの問いから成っている。それらは響き合い、時代を紡いでいるであろうか。

二〇二一年三月

西村　さとみ

八ヶ代 美佳（やかしろ みか）／奈良女子大学特任助教
研究分野：日本近代史
主な著書・論文：『孫文と北一輝 ――革命とは何か』（敬文舎、2017年）、「西欧型近代国家モデルとの対峙 ――北一輝と孫文の『革命』構想から」（小路田泰直・田中希生編『明治維新とは何か？』東京堂出版、2018年）、「北一輝と天皇 ――『国家機関の一つの天皇』から『国民の天皇』へ」（小路田泰直・田中希生編『私の天皇論』東京堂出版、2020年）

平野 明香里（ひらの あかり）／奈良女子大学大学院博士後期課程
研究分野：日本近代史、思想史
主な著書・論文：「『夜明け前』と明治実証主義史学」（小路田泰直・田中希生編『明治維新とは何か』東京堂出版、2018年）、「日本近代史学史と〈信仰〉――平泉澄を中心に」（『新しい歴史学のために』第293号、2018年）、「吉本隆明〈南島論〉と天皇制」（小路田泰直・田中希生編『私の天皇論』東京堂出版、2020年）

田中 希生（たなか きお）／奈良女子大学研究院人文科学系助教
研究分野：日本近現代史
主な著書・論文：『精神の歴史』（有志舎、2009年）、「明治維新新論 ――王政復古と島崎藤村」（小路田泰直・田中希生編『明治維新とは何か？』東京堂出版、2018年）、「天皇とは何か ――死・性愛・戦争」（小路田泰直・田中希生編『私の天皇論』東京堂出版、2020年）

村上 麻佑子（むらかみ まゆこ）／奈良女子大学大和・紀伊半島学研究所協力研究員／岡山大学大学院ヘルスシステム統合科学研究科特任助教
研究分野：日本貨幣史
主な著書・論文：「日本における古代銭貨流通の契機」（『寧楽史苑』第62号、2017年）、「装飾品から考える人間社会」（奈良女子大学叢書２『日本史論 ――黒潮と大和の地平から』敬文舎、2017年）、「飢餓・疫病と農業・貨幣の誕生」（奈良女子大学叢書６『疫病と日本史 ――「コロナ禍」のなかから』敬文舎、2020年）

渡邉 瑞穂（わたなべ みずほ）／奈良女子大学大学院博士後期課程
研究分野：日本動物思想史
主な著書・論文：「ニホンオオカミの絶滅」（奈良女子大学叢書５『大和・紀伊半島へのいざない』敬文舎、2020年）

西谷地 晴美（にしやち せいび）／奈良女子大学研究院人文科学系教授
研究分野：日本中世史
主な著書・論文：『日本中世の気候変動と土地所有』（校倉書房、2012年）、『古代・中世の時空と依存』（塙書房、2013年）、『気候危機と人文学 ――人々の未来のために』（編著、かもがわ出版、2020年）

執筆者一覧 （執筆順）

長田 明日華（おさだ あすか）／奈良女子大学大学院博士後期課程
研究分野：日本古代・中世史、文化史
主な著書・論文：「うつほ物語の〈声〉」（『寧楽史苑』第64号、2019年）、「仮名文学の誕生と『やまと』」（小路田泰直・田中希生編『私の天皇論』東京堂出版、2020年）、「熊野御幸と和歌」（奈良女子大学叢書5『大和・紀伊半島へのいざない』敬文舎、2020年）

小菅 真奈（こすが まな）／奈良女子大学大学院博士後期課程
研究分野：日本古代・中世史、文化史
主な著書・論文：「うつほ物語の色」（『寧楽史苑』第65号、2020年）、「平安・鎌倉期の文学作品にみる天皇 ——色彩表現を中心に」（小路田泰直・田中希生編『私の天皇論』東京堂出版、2020年）、「『山伏』とは何か」（奈良女子大学叢書5『大和・紀伊半島へのいざない』敬文舎、2020年）

加藤 かしこ（かとう かしこ）／奈良女子大学大学院博士後期課程
研究分野：日本古代・中世史

西村 さとみ（にしむら さとみ）／奈良女子大学研究院人文科学系教授
研究分野：日本文化史
主な著書・論文：『平安京の空間と文学』（吉川弘文館、2005年）、「唐風と国風」（田中史生編『古代日本と興亡の東アジア』竹林舎、2018年）、「隔てること・つなぐこと ——奈良・平安期の疫病をめぐって」（奈良女子大学叢書6『疫病と日本史 ——「コロナ禍」のなかから』敬文舎、2020年）

斉藤 恵美（さいとう えみ）／奈良女子大学特任助教
研究分野：日本思想史、仏教史
主な著書・論文：「大麻の日本史」（『日本史の方法』第2号、2005年）、「奈良時代の弥勒信仰と阿弥陀信仰 ——法相宗の弥勒信仰を手掛かりとして」（『寧楽史苑』第60号、2015年）、「熊野信仰と鳥」（『古代学』第11号、2020年）

亀松 花奈（かめまつ かな）／奈良女子大学大学院博士後期課程
研究分野：日本古代・中世史、政治思想史
主な著書・論文：「天皇の統治 ——『おさむ』と『しらす』を通して」（小路田泰直・田中希生編『私の天皇論』東京堂出版、2020年）、「温泉を訪れた天皇たち」（奈良女子大学叢書5『大和・紀伊半島へのいざない』敬文舎、2020年）

大島 佳代（おおしま かよ）／奈良女子大学大学院博士後期課程
研究分野：日本中世史
主な著書・論文：「成立期鎌倉幕府と大河兼任の乱」（『ヒストリア』第275号、2019年）、「中世前期将軍小考」（『歴史評論』第838号、2020年）、「中世前期における内乱と天皇」（小路田泰直・田中希生編『私の天皇論』東京堂出版、2020年）

奈良女子大学叢書 7

歴史学の感性

2021年 3 月28日　第 1 版 第 1 刷発行

編　者　西谷地 晴美・西村 さとみ・田中 希生
発行者　柳町 敬直
発行所　株式会社 敬文舎
〒160-0023　東京都新宿区西新宿 3-3-23
ファミール西新宿 405 号
電話　03-6302-0699（編集・販売）
URL　http://k-bun.co.jp
印刷・製本　中央精版印刷株式会社

造本には十分注意をしておりますが、万一、乱丁、落丁本などがございましたら、小社宛てにお送りください。送料小社負担にてお取替えいたします。

Printed in Japan ISBN978-4-906822-60-7